JN099277

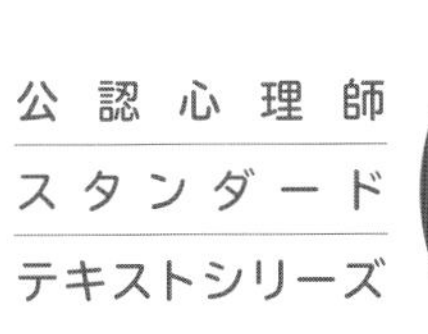

［監修］
下山晴彦・佐藤隆夫・本郷一夫
［編著］
三浦麻子・小島康生・平井 啓

心理学研究法

ミネルヴァ書房

● 監修者のことば

多様化する社会のなかで,「心」をめぐるさまざまな問題が注目されている今日において,心の健康は誰にとっても重要なテーマです。心理職の国家資格である公認心理師は,まさにこの国民の心の健康の保持増進に寄与するための専門職です。公認心理師になるためには,心理学に関する専門知識および技術をもっていることが前提となります。

本シリーズは,公認心理師に関心をもち,これから心理学を学び,心理学の視点をもって実践の場で活躍することを目指すみなさんのために企画されたものです。「見やすく・わかりやすく・使いやすく」「現場に出てからも役立つ」をコンセプトに全23巻からなる新シリーズです。いずれの巻も広範な心理学のエッセンスを押さえ,またその面白さが味わえるテキストとなっています。具体的には,次のような特徴があります。

① 心理学初学者を対象にした,学ぶ意欲を高め,しっかり学べるように豊富な図表と側注(「語句説明」など)で,要点をつかみやすく,見やすいレイアウトになっている。
② 授業後の個別学習に役立つように,書き込めて自分のノートとしても活用でき,自分で考えることができるための工夫がされている。
③「公認心理師」を目指す人を読者対象とするため,基礎理論の修得とともに「臨床的視点」を大切にした目次構成となっている。
④ 公認心理師試験の準備に役立つだけでなく,資格をとって実践の場で活躍するまで活用できる専門的内容も盛り込まれている。

このように本シリーズは,心理学の基盤となる知識と臨床的視点をわかりやすく,学びやすく盛り込んだ総合的テキストとなっています。心の健康に関心をもち,心理学を学びたいと思っているみなさん,そして公認心理師を目指すみなさんに広くご利用いただけることを祈っております。

下山晴彦・佐藤隆夫・本郷一夫

編著者まえがき

本書は，公認心理師の資格取得を目指す方々が学部で履修する必要のある25科目のうち，「④心理学研究法」を学ぶためにまとめられたテキストです。公認心理師の業務の目的は，公認心理師法の第1条に明示されているとおり，「国民の心の健康の保持増進に寄与すること」にあります。それを実践する際に心がけるべきことは多種多様にありますが，心理学という学問体系を形成する根幹の一つは研究法です。心理学諸領域の基礎的な知見や理論を学んだうえで，それらをふまえて自らテーマを設定して研究を計画し，収集したデータを分析・考察するという一連の科学的実証手続きを遂行するためのスキルとテクニックを習得することは，必ずしも研究を生業とはしない心理職の方々にとっても必須です。そのためには，単に心理学がこれまでに明らかにしてきたことを知識として学ぶだけではなく，自らがその学問としての営み（つまり，研究）に参画できるようになることが重要なのです。

本書を編むに際しては，公認心理師資格取得を目指す方のみならず，心理学を専攻する学部生や，広く人間の心理や行動についてその様態やメカニズムを明らかにしたいと考える方々など，心理学研究法について基礎的な知識を得たい方々すべてに有用な内容となることを心がけました。基本的な研究法と位置づけられる「実験法」「調査法」「観察法」「面接法」のほかに，「介入研究法」「バイオマーカーを用いた心身医学研究」の章を設けたのは，多様な「心理の仕事」の現場で実践されている応用的な研究法についても学んでいただくためです。さらに，すべての研究法に共通する，研究計画やリサーチ・クエスチョン（研究の核となる問い）の立て方を詳細に講じるとともに，レポートや論文などで成果を共有・公表する際に留意すべき点についても具体的なノウハウをまとめました。各章の執筆者はいずれも第一線で活躍する心理学者で，まさに現在の心理学研究法について，新鮮な情報をわかりやすくまとめてくださっています。

本書を通じて，心理学を「研究」してみたい，そのために多くのことを学びたい，と思ってくださる方が少しでも増えることを，そして，より質の高い心理学研究の産出に寄与できることを願っています。

2019年11月　編者を代表して　三浦麻子

目次

本書の使い方

❶ まず，**各章の冒頭にある導入文（この章で学ぶこと）**を読み，章の概要を理解しましょう。

❷ 本文横には書き込みやすいよう罫線が引いてあります。気になったことなどを自分なりに書き込んでみましょう。また，下記の項目についてもチェックしてみましょう。

- **語句説明**……重要語句に関する説明が記載されています。
- **プラスα**……本文で解説している内容に加えて，発展的な学習に必要な項目が解説されています。
- **参照**……本文の内容と関連するほかの章が示されています。

❸ 本文を読み終わったら章末の「**考えてみよう**」を確認しましょう。

- **考えてみよう**……この章に関連して調べたり，考えたりするためのテーマが提示されています。

❹ 最後に「**本章のキーワードのまとめ**」を確認しましょう。ここで紹介されているキーワードはいずれも本文で取りあげられているものです。本文を振り返りながら復習してみましょう。

公認心理師
スタンダードテキストシリーズ

心理学研究法

臨床の視点

心の問題の改善と支援は，心理師の仕事であると同時に，すべての人にとって日常的な営みでもあります。心の問題と一口にいっても，きわめて多岐にわたる様態があり，またさまざまな要因が複雑に絡み合っています。そのため，問題の本質を理解し，解決の糸口を見出すためには，問題の全体像を把握することと仔細に理解することの両方が必要です。こうした複眼的視点を獲得するために有用なのが，心の問題を科学的アプローチで研究する方法を学ぶことです。本書では，多様な心理学研究法について，それぞれの特徴を明確に示しつつ，実践のノウハウを豊富に紹介しています。心の問題の最適解に近づくために，解法の引き出しをなるべく多くしておきましょう。

第1章 心理学研究法概論

この章の目的は，心理学を学ぶ人や，心理の専門職に就く人が，研究法について一定の知識を身につけ，研究を実践するという経験の重要性について学びを深めることです。そのために「心」とは何かという根本的な問題から説き起こしたうえで，心理学研究に関わる重要かつ基本的ないくつかの概念を紹介し，最後に，以降の章で紹介する研究法について概説します。

1 公認心理師が研究法を学ぶことの意義

本書を読む方の多くは，大学・大学院で心理学を学び，それを実践する経験を積んだうえで，国家資格・公認心理師の取得を目指しておられることと思います。心理の専門職としての公認心理師が携わる主たる業務は，保健医療，福祉，教育など，社会のなかで心理的支援が必要とされる現場で，心の健康維持と向上を目指した援助を行うことです。ですから，心理学を学ぶことは必要だとはいえ，それを研究するわけではない，と思われるかもしれません。しかし，そうした業務に携わる際，研究法について一定の知識を身につけること，いや，そればかりではなく，実際に心理学研究を実施する経験を積むことはとても重要な意味をもちます。

“心理の専門職に就く人は現場で科学者たるべし”という考え方を「**科学者―実践者モデル**」(scientist-practitioner model) といいます。心理の専門職が医師や看護師，あるいは教師などと協働することの意義は，彼らとは異なる角度から同じ現場を見つめる視点を導入できるところにあるのです。その視点こそが，科学者としてのそれなのです。科学者としての視点を手に入れるためには，その方法を理解し，身につけることが必要なのです。

人間の心のはたらきを科学的に見つめるまなざしは，心理の専門職に就く人にとって有用なばかりではなく，社会生活のあらゆる場面でも機能します。他者の心の状態を推測する心の機能のことを「心の理論」(Theory of Mind) といい，人は成長するなかで「自分と他人は違う」ことを徐々に知るようになります。ではどう違うのか，なぜ違うのか。社会生活のなかには，心の理論をより深め，自分と他者の違いに折り合いをつけることが必要になる場面が数々あります。そんな時，自らの思いに振り回されすぎない科学的な視点をもつことは，互いにとってより適応的な社会生活を導くことでしょう。自己流ではない確立した方法論を身につけ，研究を実践する経験を通してこそ，それを手に入れることができるのです。

2　チームアプローチによる支援と心理師の役割

上に述べたとおり，公認心理師（以下，心理師とする）が関わる現場は，医療・保健，福祉，教育，司法・矯正，産業に関係した施設であることが想定されています。では，それらの現場での心理師の“持ち味”とはなんでしょうか。以下では，医療・福祉・教育の現場に着目して考えてみます。

まず，医療の現場を代表する病院について考えてみましょう。読者のなかには，「チーム医療」という言葉を聞いたことがある人もいるのではないでしょうか。医師や看護師，臨床検査技師，言語聴覚士など医療の現場で働くさまざまな職種の人々が，患者さんを支えるチームのメンバーとして連携し，支援にあたることを指す言葉です。心理師は今後，このチームに加わって，心理的な側面からの支援に力を注ぐことが期待されています。

心理師を除く「チーム医療」のメンバーは，主に身体の不調に目を向けて支援を行っています。しかし，身体の不調は心の状態とおおいに関係しています（「心身相関」といいます）。心理師は，心理学研究法の各種スキルを存分に生かして，患者さんの心の状態を科学的に把握し（たとえば，心理ストレス尺度を使ってストレスの程度を測定するには「調査法」を用います），その心の状態が身体の不調とどのような関係にあるか，チーム内の他のメンバーとも情報交換や議論を重ねることで，患者さんの心身の機能回復の実現に貢献することができます。

同じことは，福祉の現場の一つである老人福祉施設にもあてはまります。わが国の高齢化はますます進んでおり，2040年頃には，およそ3人に1人が65歳以上になるという推計も出ています（国立社会保障・人口問題研究所，2018）。こうした施設でも，さまざまな専門職の人々が職務にあたっていますが，やはり**チームアプローチ**の重要性が広く認識されるようになってきています。心理師は，この「チーム福祉」に加わり，利用者の方の支援にあたることが期待されます。利用者の方に納得してケアを受けてもらうためには，その方の日常生活をつぶさに観察して心の状態を把握することや（後述する「観察法」がここに生かされます），家族の話にしっかり耳を傾け，他の人には相談しづらい悩みごとや不安について情報を得ること（「面接法」のスキルが必要です）など，心理師にしかできないことがたくさんあります。これらのことをチーム福祉の他のメンバーと共有することが，利用者の方の効果的な支援につながります。

一部の福祉の現場では，残念なことに，スタッフによる利用者の方への虐待などが大きく取りあげられることがありますが，その背景には，それぞれの専門職どうしの風通しの悪さがあるといわれています。スタッフの心理状態を把握し，その支援にあたることも心理師に求められる仕事の一つでしょう。

最後に，教育の現場をみてみましょう。いじめや自殺，不登校，校内暴力など，これまでにも，心理の専門職は学校現場で重要な役割を果たしてきました。教師は，クラス運営のほか，授業の準備や部活動の指導などたくさんの業務をこなさなくてはなりません。一人ひとりの生徒の動向に注意をそそぐ時間や労力には限界があります。一方心理師は，問題を抱えた生徒に寄り添い，家庭や学校での悩みに耳を傾け，その情報を教師や保護者，場合によっては地域の医師や児童相談員などと共有することで，問題の解決の糸口を見つけることができます。心理師には，「チーム学校」の核となって，さまざまな職種の人々をつなぐハブ*の役割をこなすことが期待されています。

語句説明

ハブ
ネットワークの中心，中核。

近年は，震災や災害の場面での子どもの心のケアにも大きな注目が集まっています。こういう局面でこそ，研究法の各種スキルを使って生徒の心の状態を客観的に把握することが求められます。そのデータを他職種の人々と共有し，周囲の保護者や教師，地域の住民に何ができるかを話し合うことで，解決策を導き出すことができます。

このように，図1-1のような心理師を中心とする「チームアプローチ」は，社会のさまざまな現場で効果を発揮することが期待されています。

図1-1　心理師を中心とする「チームアプローチ」のイメージ

さまざまな職種の人々が連携して支援に取り組んでいる様子

3　心とは何か

1　心という概念

心理学，あるいは心理の仕事の対象はいうまでもなく「心」です。ここまでは，それを「当たり前」のこととして扱い，それが何であるかは特に論じずにきましたが，あらためて考えてみましょう。「私たちの「心」はどこにあると思いますか？」「「心」とは何だと思いますか？」オープンキャンパスや一般市民向けのセミナーなど，心理学になじみのない方々にその手ほどきをするとき，まずこう質問することがよくあります。「心」は私たちにとって身近な，いや，自分そのもののような言葉でありながら，この問いに答えるのはとても難しいのです。

いや，難しいというより，不可能，といってしまったほうがいいのかもしれません。なぜなら，そもそも「心」というものは，実際にあるかどうかという議論の対象になり得ないものだからです。とりあえず「ある」と考えて，その前提で話を進めているだけなのです。それ以上の明確さがないので，表現することも難しく，あいまいです。そして，心理学が「心」に関わる研究をする，つまりデータを収集する際に，直接的に対象にしているのは「行動」であり，それを心のはたらきの現われだとみなしています。ということは，間接的にどんな心のはたらきを見出したいがために，直接的にはどのような行動を対象にデータを測定しているか，という対応関係が適切であることが，心理学における実証のロジックで最も重要だということになります。

さらに，人は行動の背後にある心のはたらきを意識できる場合もありますが，たとえ自らのものであってもそのすべてを意識できるわけではありません。実際のところ，人間が展開している日常的な活動のうち，意識的になされているものはごくわずかです。たとえば，なぜ特に勉強したわけでもないのにだいたい正しい文法で言葉（母語）を話すことができるのかという，自分が「話せる」仕組みを意識できているでしょうか。また，なぜ私たちが立体的にものを認識することができるのか，あるいは，図1-2のようないわゆる錯視図形を，なぜ物理的にあるがままの形や色で知覚することができない（左右の中心円の大きさは同じなのに，左のほうが大きく見えてしまう）のか，といった視覚の仕組みを意識できる人もいないでしょう。私たちが意識している（できる）ものとしては感情や欲求などがありますが，これもその内容を意識することはできても，なぜそれが生じるのかを意識することはほとんどなく，考えてわかるものでもない場合が多いです。しかし，こうした「無意識」の行動の背後にメカ

プラスα

エビングハウス（Ebbinghaus, H.）

ドイツの心理学者（1850-1909）。記憶や視覚など知覚心理学領域で先駆的かつ顕著な業績を残した。

図1-2　錯視図形

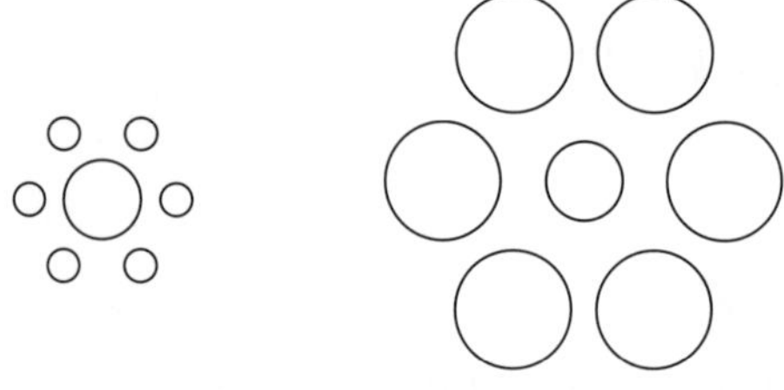

エビングハウス錯視：中心円の大きさは同じだが，左のほうが大きく見える

ニズムが何もないわけではありません。つまり，心のはたらきを知ろうとするとき，それを意識できるものだけに限ってしまうと，わかることはごく限られたことになってしまうのです。心理学では，それが本人の意識にのぼるものであるかどうかによらず，心のはたらきについて推論するために，行動に手がかりを求めます。

心理学研究の一番の難しさはここにあります。心のはたらきがどのようなものかを意識することは研究者自身にすら困難なのに，行動とそれが表象している心のはたらきの対応関係が適切かどうかを問われるのですから。それにあえてチャレンジするのが心理学を研究するという行為なのです。

2　測定の妥当性と信頼性

では，行動と心のはたらきの対応関係を適切なものとするためには，どのようなことに気をつければよいのでしょうか。それは測定の「**妥当性**」と「**信頼性**」です。妥当性とは測定したいものをきちんと測定できているかどうかで，信頼性とは得られた結果に一貫性がみられるかどうかです。この両者が満たされていることが非常に重要です。

妥当性は測定の有意味性，つまり目的の心理的状態や行動を確かにそれとして測定できている程度を指し，これに対して，信頼性とは測定の精度，つまりなんらかの心理的状態や行動を安定して測定できている程度を指します。たとえば，引っ越しをするときに，転居先の洗濯機置き場の幅を目分量で測定し，「入るだろう」と思って今使っている洗濯機を持って来てみたら，ぎりぎり入らなかった，という悲劇を想像してみてください。洗濯機置き場の幅が1ミリでも狭ければ洗濯機は入りません。目分量による測定は，実際に洗濯機置き場の幅を測定しているという点で妥当性は高いのですが，所詮は当て推量なので誤差が大きく信頼性が低いです。より精度の高い測定をしたければ面倒でもメジャー（巻き尺）を持って来るべきだったのです。では，メジャーが見当たらないからと，キッチンスケール（はかり）を持って来たらどうでしょう。重さを測定する精度は高い（信頼性は高い）かもしれませんが，長さを測定するには何の意味もありません（妥当性が低い）。現有の洗濯機を無駄にしたくなければ，新しい洗濯機置き場と現有の洗濯機の幅をメジャーで測り，前者が後者よりも広いことを確認するというのが，妥当性と信頼性が揃った測定法だということになります。心理学研究でも，この両方が揃ってこそ，「あてになる」測定が可能となり，それに基づく法則性の発見の試みが意味をもつようになるのです。

このたとえ話をもう少し抽象的に説明したのが図1-3です。測定したい概念をアーチェリーの的の中心に，それをいくつかの項目で測定した個々の結果を矢になぞらえて，心理学的な測定における妥当性と信頼性の関連をわかりやすく説明しています。(a)の場合，矢は的の中心に当たっておらず，またそれぞれバラバラな箇所に当たっています。これが，妥当性と信頼性がともに低い状況です。(b)では矢は的の中心を外していますが，特定の箇所に集中して当たっているので，妥当性は低いが信頼性は高い場合です。(c)では４本の矢すべてが的の中心に当たっています。これが，妥当性と信頼性がともに高い状況を指します。この３例からわかるのは，精度の高さが，必ずしも有意味性を保証するわけではないということです。つまり，測定の信頼性は妥当性の必要条件ですが（信頼性が高くなければ妥当性が高い場合を想定することはできないが），十分条件ではない（信頼性が高くても妥当性が高いとは限らない）のです。

このように，測定の妥当性と信頼性を多面的な観点から検討し，それを確保することが，心理学研究にとって生命線なのです。

図1-3　妥当性と信頼性の関係

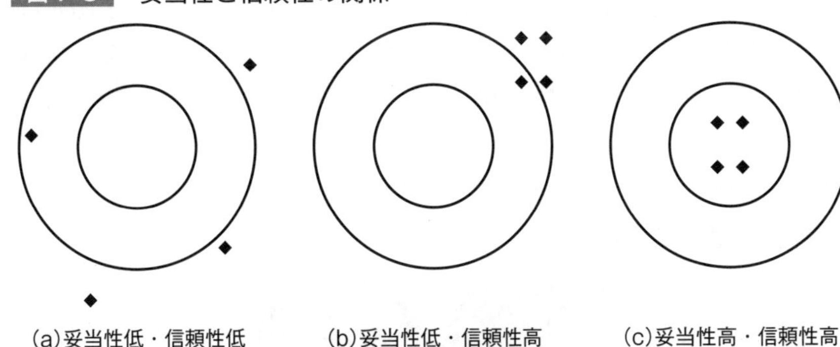

出所：村井，2012より作成

4　さまざまな研究法

心理学研究では，とりあげるテーマやそれに対するアプローチに応じて，さまざまな手法を駆使して妥当性と信頼性の保たれた測定を試みます。ここでは主に４つの手法についてごく簡単に紹介します。詳細は以降の章を参照してください。どの手法も，究極の目的は「心のはたらき」の法則性を科学的に探究することにあり，適切な選択をするためには，それぞれの基本的なコンセプトと特徴，特に利点と限界についてよく知っておく必要があります。複数の手法を併用することで互いの利点を活かし，限界を補い合うこともよくあります。

1 実験法

実験法は，数ある心理学研究法のなかでも「科学的な実証」を最もよく表した方法です。心理職として働く現場で「実験」をする機会は頻繁にはないかもしれません。しかし，実験法は「心をどうとらえるか」という心理学の最も基本的な部分を端的に表現する研究法なので，他の研究法を主に手がける場合にもその考え方を理解しておくことが必要です。

実験法では，ある行動を引き起こす効果をもつ要因（独立変数）を特定して，その程度を組織的に変化させる（これを操作といいます）ことで，要因の程度と結果として生じる行動（従属変数）の程度の間の因果関係（原因と結果）を明らかにします。人間の行動には多種多様な要因が影響し得るので，ある要因を特定してその効果を検証するためには，その他の要因となり得るもの（剰余変数）がもたらす影響を何らかの方法で取り除くことも必要です。最も単純な例では，ある要因が存在する場合（実験群）と，それが存在しない場合（統制群）の行動を比較して，差があるかどうかを検討します。たとえば図1-4は鏡映描写といって，手元の図形と自分の手を鏡に映し，鏡を見ながら（手元は見ずに）その図形（星形など）をなぞっていく作業をすることで，知覚（見ること）と運動（書くこと）の協応関係を検討する実験課題ですが，これを非利き手で行う場合（実験群）と利き手で行う場合（統制群）とで，描き終えるまでの時間や図形をはみ出した回数の差を検討するような場合です。

プラスα

鏡映描写課題

鏡映描写課題では，見た目の動きと身体運動の対応が通常とは逆になるので，開始当初は所要時間が長くなり，またはみ出す回数も多くなる。しかし何度も繰り返すうちに対応関係を学習し，短時間にミスも少なく実施できるようになる。また，片方の手による学習がもう片方の手による実施に影響することを両側性転移という。

図1-4　鏡映描写の実験風景

実験法の利点は，要因の操作（とその程度）とその結果としての対象者の行動との因果関係について，剰余変数の影響を取り除いた環境において，明確なデータが収集できることにつきます。しかしこのことは同時に欠点でもあります。なぜなら，どんな要因でも操作できるわけではないからです。たとえば流行やうわさのような社会的要因は人間の行動に大きな影響を与えますが，操作するのは困難です。対象者に強いストレスを与えたり反社会的だったりする操作は倫理的に許されません。また，剰余変数がいくつも想定できてしまえるような状況だと，それらの影響を取り除くのは至難の業です。つまり，実験法は，明解かつシンプルな因果関係が想定でき，それ以外の状況の影響を受けにくい行動を測定するのに向いています。より詳細な解説は，第4章と第5章に委ねます。

参照
実験法
→4章，5章

2 調査法

調査法は，対象者に言葉を用いて問いかけることで回答を得る研究法です。通常は，ある程度まとまった数の質問項目を用意して，選択式など比較的簡便な方法を用いて多くの対象者から回答を求めます。心理学研究でよく用いられるのは紙筆やインターネットのWebを用いたもので，問いかける質問項目をまとめたものを調査票あるいは質問紙と呼びます。

たとえば図1-5は，個人の性格の5つの側面（ビッグファイブ（Big Five*））を測定する項目です。各側面2項目ずつの合計10項目それぞれに「全く違うと思う」から「強くそう思う」の7つの選択肢（各々に1から7の数字が対応）が用意されており，このうちいずれかの数字を選択してカッコ内に記入してもらう形式で評定を求めます。そして，選択された数字の合計や平均を各側面の傾向を示すものと考えます。こうしたひとまとまりの項目群を心理尺度といいます。

語句説明
ビッグファイブ（Big Five）
個人のパーソナリティ特性を5つの因子（外向性（Extraversion），情緒不安定性（Neuroticism），開放性（Openness），調和性（Agreeableness），誠実性（Conscientiousness））によってとらえようとするもの。

調査法の利点は，実験法では実施できないようなテーマを「言葉を用いて問いかける」ことが可能なことです。たとえば，犯罪被害に直面したときに人間がどう振る舞うかを知りたいとしましょう。しかしそれを擬した状況を設定して「実験」をすることは倫理的に許されません。こうした場合でも，それを想像させるような教示文を与えることで，そのような場面でどのように行動する「と思う」かをたずねることは可能です。また，調査法では一律の調査票を一度に多数の対象者に配布し，協力を求められるので，多数のデータを短時間のうちに得ることも容易です。ただし，調査法では言葉を用いた問いかけが必要不可欠なので，対象者が一定の言語理解・運用能力を有することが実施の条件となります。赤ちゃんを対象とするのは不可能ですし，異なる言語を話す人々を対象とすることもかなり難しいです。また，ある1時点の調査データの間の因果関係は特定することができません。

参照
調査法
→6章，7章

図1-5 個人の性格を測定する心理尺度 TIPI-J

○1から10までのことばがあなた自身にどのくらい当てはまるかについて，下の枠内の1から7までの数字のうちもっとも適切なものを括弧内に入れてください。文章全体を総合的に見て，自分にどれだけ当てはまるかを評価してください。

全く違うと思う	おおよそ違うと思う	少し違うと思う	どちらでもない	少しそう思う	まあまあそう思う	強くそう思う
1	2	3	4	5	6	7

私は自分自身のことを……

1．(　　　　　) 活発で，外向的だと思う
2．(　　　　　) 他人に不満をもち，もめごとを起こしやすいと思う
3．(　　　　　) しっかりしていて，自分に厳しいと思う
4．(　　　　　) 心配性で，うろたえやすいと思う
5．(　　　　　) 新しいことが好きで，変わった考えをもつと思う
6．(　　　　　) ひかえめで，おとなしいと思う
7．(　　　　　) 人に気をつかう，やさしい人間だと思う
8．(　　　　　) だらしなく，うっかりしていると思う
9．(　　　　　) 冷静で，気分が安定していると思う
10．(　　　　　) 発想力に欠けた，平凡な人間だと思う

出所：小塩ほか，2012 より作成

つまり，調査法は，回答に抵抗の少ない心的傾向について多数のデータを得て，それらの一般的な特徴を推定したり，互いの関連性を検討したりするのに向いています。詳しくは第6章，第7章で解説します。

医療や福祉，あるいは教育の現場で心理師が直面する個別事例の解決を考えるとき，調査によって収集した多数のデータに基づく一般的な特徴がわかってもあまり意味がない，と思われるかもしれません。しかし，逸脱や異常は「一般」との比較によって相対的に位置づけられるものですから，それらを知るための手がかりとして重要です。単に目の前の問題にどう対処するかを狭く深く考えるだけでは良い解決に結びつかないことを常に心に留めておきましょう。

なお，調査法で用いられる「心理尺度」と同じように，個人のさまざまな心理的特徴を測定するために開発された質問項目群のなかには「心理検査」と呼ばれるものがあります。調査の目的は，主に人々の一般的な特徴を知ることにあります。一方で，**検査法**が適用されるのは臨床場面のような**実践的研究**が多く，実施目的は治療や支援対象者の基礎的な情報を得る（アセスメントする）ことにあります。検査では，項目内容や課題，実施手続き，データ化の手順，結果の解釈などが標準化されています。標準化とは，すべてのプロセスを誰もが同じ一定のルールに基づいて行えるように検査を作成する手続きのことです。厳密な標準化を経ているからこそ，標準値と照合することでその個人の特徴を把握することができるのです。心理検査には，心理尺度とよく似たもののほか

に，視覚刺激（人物画やインクブロットなど）や言語刺激（文章）などを見せて反応を求める投影法や，知能検査のように，あらかじめ選定された課題を対象者に与えて，その遂行に成功したか失敗したかを測定するものもあります。

3 観察法

観察法では，人の行動をつぶさに観察し，その資料に基づいて，その人の心のはたらきを解明しようとします。普段から私たちは，他者の内面を知るために，「行動」を手がかりにするということをしていますが（たとえば，相手の表情からその人の感情を推測するのがそうです），「観察法」は日常的に私たちがやっていることの延長線上にあるといってもよいでしょう（図1-6）。

観察法は，大きく実験観察法と自然観察法に分けることができます。見たい（調べたい）行動が明確に決まっていて，その行動を導出するために何かしらの場面設定をするのが効果的と判断される場合は，実験的な場面を設定します。少し特異的な例ですが，家庭裁判所では，離婚した夫婦のどちらが子どもを引き取るかで意見が対立したときに，子どもと双方の親とのやりとりを観察し，子どもの言動を最終的な判断の有力な手がかりにすることがあるといいます（面会交流といいます）。これはある意味で，実験的な場面の観察といってよいでしょう。一方，普段通りの場面を観察することで有力な情報が得られる場合もあります。友達とうまく遊べないという主訴*があった子どもに関し，その子どもが通う幼稚園に出向いて教室での様子を観察するといった場合がそうです。

観察法を用いる場合に重要なのは，適切な手続きのもとで客観的な情報を得ることです。特に，観察資料に基づいて支援計画・支援目標を立てたり，支援の効果を評価するようなときには，観察者の主観や恣意的な解釈は極力避けなくてはなりません。これは，データの信頼性とも関係しますが，その信頼性を担保するためにはさまざまな工夫が必要です。詳しくは第８章，第９章に述べますが，適切な手法を身につければ，観察法は心理師の仕事に大きく役立つはずです。

語句説明
主訴
利用者が心理師等に申し出る相談内容のなかで最も主要なもの。

参照
観察法
→8章，9章

図1-6　動物園での自然観察法の実習風景

4 面接法

「面接」と聞いて多くの人が思い浮かべるのは，面接者（カウンセラー）が当事者（クライエント）の悩みや相談に耳を傾け，解決の手助けをする，いわゆる「臨床面接」でしょう。臨床面接にももちろん，面接の経過を丁寧に記録し，解決に至るまでのプロセスで何がポイントになったか，どこが適切ではなかったかを振り返り，より効果的な心理治療に何が必要か考察するなど，「研究」のテイストが強いものがあります。しかし心理学の研究では，「調査面接」という，もう一つの「**面接法**」のほうが一般的です（図1-7）。

調査面接では，こちらが知りたいテーマについて相手に質問を投げかけ，その応答内容を分析します。相手が「はい」「いいえ」で答えられるような問いかけはせず，ある物事についてのその人の考えや背景などが自由に語れるような問いかけをします（オープン・エンド・クエスチョンといいます）。「相手に何かを尋ねる」という意味では調査法と似ていますが，調査法より豊かな情報を入手できるのが大きな強みです。先行研究が少ないテーマについての探索的な研究のほか，稀有な経験をした人から話を聞くこと自体に資料的価値がある**事例研究**にも，面接法がよく用いられます。その点では，仮説検証型*の研究よりむしろ，仮説生成型*の研究に向いているといえるでしょう。

面接を行ううえで注意が必要なのは，相手の応答を誘導するような尋ね方にならないようにすることです。また，相手の応答に対し，「それはおかしいと思います」「変わった考え方ですね」といった評価を口にするのも厳に避けなくてはなりません（面接者自身がそのテーマの当事者であるような場合は特に注意が必要です）。相手の言葉にしっかり耳を傾け，敬意を表する態度で臨む必要があります。面接内容は相手の承諾を得たうえで録音するのが一般的です。他の研究法と違って数的処理をすることが少ない点も面接法の特徴です。分析方法は多種多様ですが，詳しくは第10章をご参照ください。

面接法では，データを一度にたくさん集められない，言葉によるやりとりが

図1-7 調査面接の実際

語句説明

仮説検証型
先行研究に基づいて仮説を立て，それを検証することによって既存の理論を補強したり修正したりするもの。

仮説生成型
あらかじめ仮説はもたず，目の前の現象に真摯に向き合うなかで新たな仮説を提示するもの。

参照

面接法
→10章

できる相手でないと面接が成り立たないなどの制約もあります（赤ちゃんは対象になり得ません）。しかし，心理師の仕事はそもそも，生身の一人ひとりの人間と向き合うことです。真摯な態度で相手の話にきちんと耳を傾け，その内容を客観的な観点でまとめるスキルは，多くの場面に有用でしょう。

5　介入研究法と心身医学研究

なお，本書では上記 4 つの研究法のほかに，介入研究法（第 11 章）とバイオマーカーを用いた心身医学研究（第 12 章）についても紹介しています。これらの研究法は，一般的な「心理学研究法」のテキストで取りあげられることは少ないのですが，第 1 節で紹介した心理の仕事の現場で用いられる機会が多いので，それぞれ 1 章を割いて解説することにしました。

参照
介入研究法
→ 11 章

バイオマーカーを用いた心身医学研究
→ 12 章

心理学における介入（intervention）とは，心理学研究によって明らかになった知見を，実社会が抱えた問題の解決のために適用する行為を指します。つまり，介入「研究」法は，実践と研究という 2 つの側面を併せもっています。対象者の支援に寄与する実践となり得ることが重視されると同時に，その心理社会的介入の有効性を検証することが研究としての目標となります。どのような介入を行うかは，ここまで概説してきた実験法や調査法，あるいは観察法や面接法などを通じて得られた基礎的な研究知見に基づいて計画されます。

また，心身医学（psychosomatic medicine）とは，心と身体の関係を科学的に研究することを重視し，それを医療に活用しようとする医学です。身体面のみならず心理，社会，環境面も含めた全人的な医療を目指すためには，第 2 節で述べた「チーム医療」が大きな役割を果たします。たとえば高血圧や胃潰瘍などの発症はストレスと強く関連していることが知られていますし，「なんだか疲れたなあ」という不快感は身体の不調と同期しています。バイオマーカーと呼ばれるさまざまな生体由来のデータが，こうした心と身体の関係を解き明かす鍵となります。

5　研究法の扉を開こう

ここまで述べてきたとおり，心理学研究では実に多彩な手法が活用されています。そして，どのような視点で行動を眺め，そこからどのような手法でどのような手がかりを得るかという違いによって，心理学は緩やかにいくつかの領域に分かれます。たとえば「初対面の人に出会ったときの人間の行動」について考えてみると，「初対面だというだけで極度に不安になってしまう人がいるが，それにはどのように対処すればよいのか」に注目すること（臨床心理学）

もできますし，「どの程度の距離を取るか。どのような声のトーンで，どのような話から切り出すか。そこに旧知の人に出会ったときとはどのような違いがあるか」に注目すること（社会心理学）もできますし，「発汗や心臓の鼓動などに，どのような生理的変化が生じるか。それによって不安や緊張，ストレスの程度を記述することができるか」といったことに注目すること（生理心理学）もできます。

このように，行動を眺める多様な視点があり，それぞれにとって適切な手法が駆使されることによって，「初対面の人に出会ったときの人間の行動」ひとつをとっても，心のはたらきに関するバラエティに富んだ知見を提供することが可能になるのです。心のはたらきが一概には理解できないものなのであれば，個々の研究が徹底的にいろいろな角度からスポットライトを当てることによって，集大成としてその姿を浮かび上がらせようとする持続的な努力が必要になりますし，言い方を変えれば，それこそが心理学研究にふさわしいスタンスなのです。一人ひとりの研究者は別の研究をしているように見えても，大きな視点から眺めれば，「心のはたらき」という巨大なジグソーパズルを１ピースずつ埋めていく作業をしているといってもいいかもしれません。そのパズルは，まだできあがってはいませんし，将来できあがるかどうかもわかりません。しかし，もしあなたがその完成を目指して進むことに面白みを感じることができるのなら，おそらく心理学を研究することに向いているのではないでしょうか。

考えてみよう

1．「対人不安*の高さ」を適切にとらえるために，実験法，調査法のそれぞれの研究法でアプローチする方法を考えてみましょう。
2．子どもとうまく遊べないという悩みを抱えた親への支援計画を立てる際に，観察法と面接法を使って現状を把握しようと考えました。どのような手続きをとればよいでしょうか。

語句説明

対人不安
他者との交流や人前で何かをする際に抱く不安な気持ち。

本章のキーワードのまとめ

科学者ー実践者モデル〈scientist-practitioner model〉	心理の専門職，特に臨床・教育の現場で援助実践に携わる人が，「臨床実践家としての実践性」のみならず「心理学研究者としての科学性」を兼ね備えることを重視する理念とそれに基づく教育・訓練システムの総体。
チームアプローチ	多様な職種の専門家が連携し，互いに情報を共有しながら，それぞれの専門性を生かして機能的に当事者（被支援者）の支援にあたること。
妥当性	測定の有意味性，つまり測定したい心理的特徴を心理尺度や検査が正確に測定できているかどうかを表す指標。内容的妥当性，基準関連妥当性，構成概念妥当性の３つに分類できる。
信頼性	測定の精度，つまり同じ条件のもとで同じ測定を実施した場合，結果が同じようになるかどうかという指標。心理学研究でいえば，なんらかの心理的状態や行動を安定して測定できている程度のこと。一貫性や安定性ともいう。
実験法	独立変数を意図的に操作し，その結果として生じる従属変数の変化を測定する研究法。特定の条件が反応にどのような影響を及ぼすのかという，独立変数と従属変数の因果関係を明らかにできる。
調査法	質問紙やWeb画面を用いて，回答者に言語を用いて問いかける研究法。ある程度まとまった数の質問項目を用意して，選択式など比較的簡便な方法を用いて多くの対象者から回答を求める。心理学的研究のみならず，企業や公的機関など一般的にも広く用いられている。
観察法	ある程度まとまった時間，対象を注意深く見て，そこで起こったことを記録することによって，行動の量的・質的特徴を明らかにしようとする研究法。実験観察法と自然観察法がある。観察者が対象と直接関わらずに行う観察と，対象と直接関わりながら行う観察がある。
検査法	臨床場面のような実践的研究において，個人のさまざまな心理的特徴を測定する「心理検査」を用いて治療や支援の対象者の基礎的な情報を得る方法。心理検査は誰もが同じ一定のルールに基づいて行えるように厳密に標準化されている。
面接法	面接者が対象者と対面して言語的コミュニケーションをとりながら，対象者に関する言語的・非言語的な情報を収集する方法。一つひとつの事柄について，詳しい内容を把握するのに適している。
実践的研究	心理学の研究者が医療・教育・産業・福祉・司法等の現場に入り，積極的に関わるタイプの研究。研究者が現実に介入する実践を行いながら研究するあり方と，実践活動を客観的対象として研究するあり方がある。

第2章 心理学研究のリサーチデザイン

この章では，心理学のリサーチデザインの基本について学びます。ここでいうリサーチデザインとは，研究計画，研究全体の見取り図を作成することです。良い研究を行うためには，リサーチデザインの質を高めることが大切です。本章では，まず，心理学に限らず，研究を行ううえで必要なことについて概説します。その後，心理学の研究の種類とリサーチ・クエスチョンの立て方のコツを紹介します。

1 研究をするうえで求められる力

研究を実施するためには，先行研究を読み込み，研究計画を立て，他者と協働し，研究を実施し，結果を分析して，文章にまとめ……と，さまざまな課題を行う必要があります。また，研究そのものだけでなく，研究者には，研究資金の獲得，研究室の運営，教育など多岐にわたる活動が求められます。英国の研究者の育成・支援に関する非営利組織 Vitae は，そうした研究者に求められる多様な能力を，4つの領域と12のサブ領域に分類した“Researcher Development Framework（RDF）”という枠組みとして提唱しています（Vitae, 2011）。RDF は，優れた研究者の特徴をまとめたものであり，心理学に限らず研究を志す人が，自分の強みや今後強化すべき課題を把握するのに役立ちます。RDF で示されている特徴は，「研究」を「心理臨床」に置き換えても通じる特徴も多く，「現場における科学者」である心理の専門職にも求められる能力です。RDF を構成する4つの領域は，「知識とアカデミック能力（研究を行うための知識，アカデミック能力とスキル）」「個人の能力を発揮する力 effectiveness（有能な研究者になるための個人の資質とアプローチ）」「研究の運営と組織化（研究を行うための規範，要件及びプロ意識をもつこと）」「エンゲージメント・影響・インパクト（他者と協働し研究の広い影響力を確保するための知識とスキル）」です。

本章は，このなかでは主に「知識とアカデミック能力」に関連する内容について説明します。「知識とアカデミック能力」は，さらに，研究分野や研究方法に関する「知識」，分析，統合，批判的思考などを行う「認知的能力」，そして，探求心や知的な洞察，発案することといった「創造性」の3つのサブ領

プラスα
ヴィタエ（Vitae）
ヴィタエ（Vitae）は，英国の高等教育における Transferable skills（他の分野にも生かすことができるスキル）トレーニングの展開において，中心的な役割を果たしている機関である。たとえ研究者を目指していなくても，研究を通して RDF で求められる力を身につけることは，専門職として働く場合や他の仕事をするうえでも有用であると考えられる。RDF の詳細は，国立研究開発法人科学技術振興機構の HP に日本語で掲載されているので，一度目を通すことをお勧めする。https://jrecin.jst.go.jp/seek/SeekVitaeInformation（閲覧日：2019年8月19日）

域から構成されています。知識に基づき，創造性と認知的能力をもって研究計画を作成する。これはまさに，リサーチデザインをする力になります。本章で学ぶリサーチデザインは，研究を行ううえで必要不可欠な能力の一つです。

2　研究とは

研究の究極の**目的**は，あらゆる現象の真理や原理を明らかにすることです。すなわち研究で得られた内容が「一般化できるかどうか」が重要です。もちろん，1つの研究で明らかにできることはとても限られたことです。それでも，研究するということは，個人が自分の知らないことを勉強する学問（学び）とは異なり，少しでも普遍的真理の解明（一般化）に近づくように，社会にとって未知の内容について調べ，それを明らかにすることをいいます。そのため，根拠のない思いつきや個人的な感想を述べること，また単なる情報収集では学術的な研究として成立しません。**文献研究***のように情報の整理が中心の研究もありますが，その場合でも，ただ単に情報を記述するだけではなく，情報を比較し，体系づけ，新たな課題を見出したり，予測したりすることを伴います。

では，感想文や思いつきではなく，「研究」として成立させるためには何が必要でしょうか。それは，「論証」を行うことです。本節では，論証をすること，そして，実際の研究における「妥当性の高い結論を導くプロセス」とリサーチデザインとの関係について説明します。

語句説明
文献研究
あるテーマに関して，既存の書籍や論文などの文献資料を網羅的に検討して評価・統合する研究。

1　論証とは

論証とは，根拠に基づいて，論拠（論理的な理由）を示して，主張することです（図2-1）。論証するためには，「根拠（data)」「論拠（warrant)」「主張（claim)」の3つの要素が必要になります。

根拠は，私たちが経験することができる事実，具体的なデータのことです。心理学研究の場合，調査や実験で得られた数値や逐語録，また先行研究の文献などが根拠になることが多いです。これらは，根拠を所有する者だけでなく，他の人も直接確認できる客観的なものである必要があります。論拠とは，根拠と主張をつなぐ論理的な説明のことです。常識や社会通念といった共通の決まり，法則や理論的な仮説などが根拠になります。どのような立場で物事を考えるかという「視点」が論拠です。論拠は，普段の生活では暗黙の了解として言語化されないことがありますが，論

図2-1　論証に必要な3つの要素

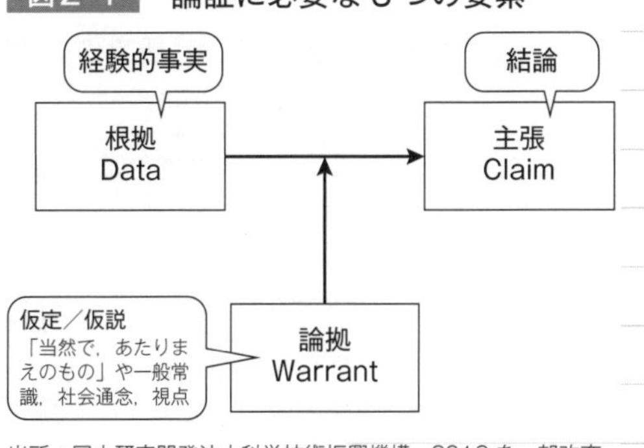

出所：国立研究開発法人科学技術振興機構，2016を一部改変

証する際には，「なぜこの根拠からこの主張になるのか」という論拠を丁寧に伝える必要があります。大学のゼミ発表では，「先行研究をちゃんと調べましたか？」と言われることがあります。先行研究を調べ，何がわかっていて何がわかっていないかを明らかにするということはこの論拠をつくる作業のことです。この作業が不十分であると研究の実施にゴーサインがでないことがあります。そして，根拠と論拠に基づいた自分の最も伝えたいこと，すなわち，結論が主張になります。

ある男が罪を犯したかどうかを判断する場面を例に考えてみましょう。その男は，「私がやりました」と言っています。これは根拠となる事実です。それに対して，「自白は信憑性のあるものだ」という論拠Aを用いると，「その男が罪を犯した」という主張Aが導かれます。一方，「自白は警察から強制されたものであり，信憑性がない」という論拠Bを用いると，「その男は罪を犯していない」という主張Bにつながります。必ずしも1つの論拠のみから主張が導かれるわけではありませんが，根拠が全く同じであるにもかかわらず，論拠（視点）を変えることで，正反対の主張が導き出せることもあるのです。説得力のある論証をするためには，前提として正確なデータを用いること，そして，論拠と主張の妥当性を高めることが重要になります。

研究を行う際は，根拠，論拠，主張の論証の3つの要素を必ず示す必要があります。質の高い研究とは，根拠（結果）の正確性と，論拠と主張（結論）の妥当性が高い研究のことをいいます。

プラスα

論証についての E-learning

国立研究開発法人科学技術振興機構の web サイトである JREC-IN Portal の E-learning 教材「クリティカル・シンキングで始める論文読解コース」には，第2節1項で紹介した論証の方法をはじめ，リサーチデザインをするうえで必要な知識が掲載されているため，一度参照することを勧める。
https://jrecin.jst.go.jp/seek/html/e-learning/900/index.html
（閲覧日：2019年7月8日）

2 研究の結論を導くプロセス

では，実際の研究において，どのようなプロセスで，得られたデータ（根拠）から主張（結論）を導くのでしょうか。そして，どのようにしてその妥当性を高めるのでしょうか。実は，妥当性を高めるための鍵は，データを得る前のリサーチデザインや研究の実施の段階にあります。ここでは，まず，研究結果（データ）から結論を導くプロセスについて確認します（図2-2上部の左向きの矢印）。そのプロセスを踏まえ，リサーチデザインや研究実施の段階で考えるべきこと（図2-2下部の右向きの矢印）について説明します。

先に述べたように，研究の目的は，普遍的な真理を導き出すことです。しかし，1つの研究の結果がそのまま普遍的真理を示すことはまずあり得ません。研究結果と普遍的真理の間をつなぐには，「推論（inference）」が必要にな

図2-2 リサーチデザインと研究の結果から結論を導くプロセスの図

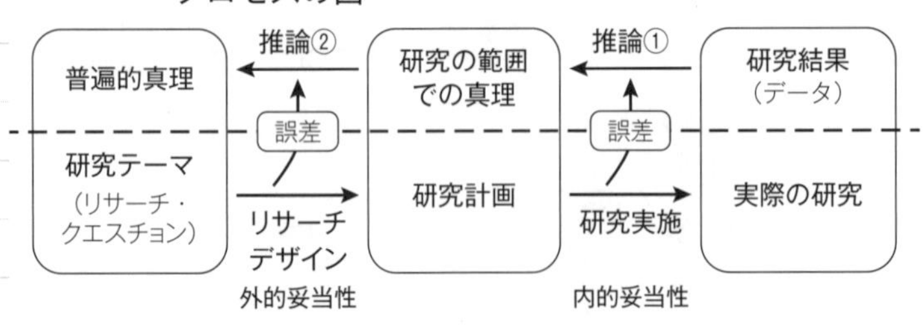

出所：Hulley et al., 2013/2014 を一部改変

ります。推論とは，既知の事柄から未知の事柄について推し量ることです。得られたデータから研究をまとめる段階での推論は大きく２つに分かれます（図2-2の左向きの矢印)。「研究で得られた結果」から「研究の範囲における真理」を推論する**内的妥当性**（internal validity）の推論（図2-2の推論①）と，「研究の範囲における真理」から「普遍的真理」を推論する**外的妥当性**（external validity）の推論です（図2-2の推論②)。研究計画では，対象者，用いる指標，測定方法，分析方法など研究を行うための手順である**手続**を明確に示します。内的妥当性とは，実際の研究が研究計画に示された手続に忠実に実施されており，研究者の導き出した主張が，研究のデータ（根拠）や条件（論拠）に照らし合わせて合理的である程度のことです。内的妥当性が高い場合，研究結果は，少なくともその研究に参加した対象集団において確かである程度が高いといえます。これは，同じ研究を同じ対象に実施した際の結果の**再現性**が高いともいえます。一方，外的妥当性の推論とは，その研究における主張がどの程度一般に適応可能であるかを検討することです。外的妥当性が高い場合，研究に参加した集団以外の，研究テーマで仮定する母集団*にも一般化できる程度が高くなります。

そして，それぞれの推論の妥当性を高めるためには，「リサーチデザイン」と「研究実施」の段階で，限りなく**誤差**を小さくすることが重要です。研究の流れを時系列で考えると（図2-2の右向きの矢印)，まず，ある研究テーマについて，普遍的真理の解明につながるリサーチ・クエスチョン（第４節参照）を立て，それを測定可能で実施可能な研究計画に落とし込む「リサーチデザイン」を行います。リサーチ・クエスチョンは，研究計画のなかで，どのような背景や立場からどのような研究を行い，何を明らかにするのかという研究の目的に反映されます。この段階での誤差を減らすことが，外的妥当性を高めることになります。そして，研究計画に基づいて，調査や実験などの「研究を実施」します。この段階での誤差を減らすことが，内的妥当性を高めることになります。

外的妥当性を低下させる誤差の例として，ストレスに関する研究において，研究テーマの母集団が「人間」全般と設定されているけれども，研究計画を組む段階では，対象が大学生のみから選ばれるということがあります。この場合，研究により導かれる結論は，「大学生のストレス」については妥当であるかもしれませんが，他の母集団について調べていないので，人間全般について当てはまるかどうかはわからず，外的妥当性は不十分であるといえます。また，内的妥当性を低下させる誤差の例としては，研究実施の途中で災害などの不測の事態が生じたことで，調査の前半と比べ後半の参加者には明らかにこれまでなかった「ストレス」の影響によって回答が大きく影響を受けてしまうことがあげられます。心理学の対象とする人間の心理現象や行動の測定には，多かれ少なかれ誤差が生じるものです。この誤差の取り扱いは，心理学研究のリサーチ

語句説明

母集団（population）

統計学において，調査や観察の対象とする集団全体のこと。これに対して，母集団の情報を推測するために選ばれた一部の集団のことを標本（sample）という。

プラスα

誤差の種類

研究実施に伴う誤差には，前もって予測できる誤差である「系統誤差」と予測できない誤差である「偶然誤差」がある。系統誤差は，計画段階でできる限り取り除くよう検討されるべきである。偶然誤差が発生した場合，その影響を考慮した解析をしたり，考察する際に誤差を考慮した結論を導いたりすることである程度対応が可能となる。

参照
妥当性・信頼性
→1章

デザインを考えるうえできわめて重要な問題です。データを収集する前の段階で可能な限りあらかじめ誤差を減らすこと，あるいは，誤差を考慮した分析と推論を行うことが，妥当性の高い結論（主張）を導くことにつながります。もちろん，妥当性を高める前提として，実験や調査で行う測定が信頼に足るものであること，つまり信頼性の高い根拠を用いることも欠かせません。

実際に研究を始めると，細かい内容に目が行きがちですが，論証すること，そして信頼性や妥当性を高める姿勢は，科学としての心理学に取り組むにあたって根幹となる部分ですので，つねに心に留めておいてください。

3 研究デザイン

心理学の研究には，いくつかの研究のタイプがあります。冒頭に述べたように，リサーチデザインとは，研究計画を作成すること全体をいいますが，以下に示すような具体的な研究方法という狭義の意味でも，リサーチデザイン，または，研究デザインという言葉を用いることもあります。ここでは，リサーチデザインは研究計画全体を指し，具体的な研究方法を「研究デザイン」と呼びます。研究デザインを選択する際，選択肢は大きく２つあり，観察研究か実験・介入研究かになります。観察研究は，さらに，記述的研究と分析的研究に分かれます。観察研究か実験・介入研究かは，研究者が積極的に何らかの介入（コントロール）を行うかどうかによって分かれます。また，ある研究テーマについて，これまでどの程度研究が積み重ねられてきたかという進捗段階に応じて，研究デザインの傾向が変わります。通常，先行研究の積み重ねの少ないテーマについては記述的研究や分析的研究が選択されることが多く，十分研究が積み重ねられてくると，実験・介入研究の実施が可能になります。研究デザインの分類にはいくつかの考え方がありますが，ここでは，研究の目的や進捗段階の違いによって，記述的研究，分析的研究，実験・介入研究の３種類に分けて考えます（図2-3)。

図2-3　研究デザインの分類

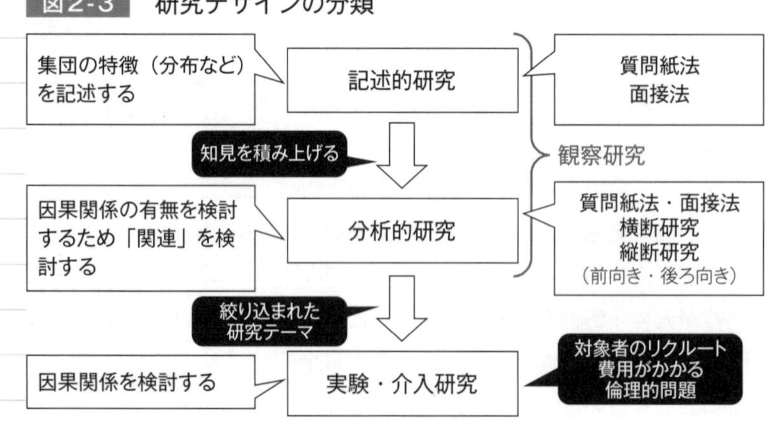

1 記述的研究

記述的研究は，集団の特徴を記述することを目的とした研究です。ある集団における平均や分布といった実態調査や，あるテーマの具体的な内容の収集など，「生の声を聴く」場合に行います。たとえば，５歳児が公園で他児と関わる頻度，大学１年生の１週間の自習時間の平均や分布，看護師や介護士の職業上のストレスの具体的な内容といったことを明らかにするような研究が記述的研究に当たります。データ収集の方法としては，調査法（質問紙法），観察法，面接法，事例研究などが用いられます。記述的研究は，一連の研究テーマの最初の段階で行われることが多いものです。どのようなことが生じているか，どのような変数や変数間の関連が存在するのか，分析的研究で検討するための具体的な仮説を構築できるよう，知見を積み上げることを目指します。

参照

調査法
→1章，6章，7章

観察法
→1章，8章，9章

面接法
→1章，10章

事例研究
→10章

2 分析的研究

記述的研究の次の段階，あるいは並行して行われるのが，**分析的研究**です。分析的研究は，因果関係の推論をするための，２つ以上の変数の「関連性」を検証することを目的とした研究です。たとえば，大学１年生の１週間の自習時間は，ディスカッション重視の授業のコマ数の多さと関連しているかどうかや，看護師の職業ストレスの内容と職場環境が関連しているかどうか検討する場合などがあります。分析的研究におけるデータ収集の方法は，記述的研究と同様に，調査法（質問紙法）や面接法を用います。また，刺激に対する反応時間を実験室で測定し，性格特性との関連を調べるような実験室で行われる一部の実験法の研究も，分析的研究に分類されます。

分析的研究は，２つ以上の変数の測定のタイミングによって，横断研究と縦断研究に分かれます。研究で扱う２つ以上の変数の測定のタイミングが同時の場合は横断研究です。一方，縦断研究は，変数の測定を２時点以上で行います。縦断研究は，さらに，前向き研究と後ろ向き研究に分かれます。変数の測定をこれから開始して，未来に向かって２時点以上のデータを集めるのが前向き研究，そして，過去のある期間に集められたデータを用いる研究が後ろ向き研究です。

3 実験・介入研究

記述的研究および分析的研究を通して十分に知見が積み上げられた段階で実施されるのが，**実験・介入研究**です。実験・介入研究とは，研究者が変数をコントロールすることで，因果関係を検討する研究です。たとえば，大学１年生を対象に，同じ学習内容について，ディスカッション重視型の授業と，教員からの説明型の授業という授業形式が異なる２群に分かれて授業を受けても

参照
研究倫理
→3章

参照
無作為化比較試験
→4章

らいます。そして，授業形式がその授業に関する自習時間に与える影響を検討するといった研究が考えられます。実験・介入研究は，参加者のリクルートや費用の面で，比較的実施のハードルが高い研究です。また，直接人や動物を対象とするため，倫理面での問題にもより大きな注意を払わなくてはいけません。研究をする者の労力は少なくありませんが，適切に研究が行われた場合，強い説得力をもつ研究デザインとなります。実験・介入研究には，介入の前後比較や，参加者を2群以上のグループに分けて行う比較試験などがあります。なかでも，参加者を2群に分ける際に，そのグループの割り付けがランダム（無作為）に行われるものを無作為化比較試験といい，優れた研究デザインであると考えられています。

4 質的研究・量的研究

ここまで，研究の目的やデータ収集の方法に着目して研究デザインの分類を確認してきましたが，このほかにも，研究デザインを「**質的研究**（qualitative research)」と「**量的研究**（quantitative research)」に大別する考え方もあります。大まかな傾向として，量的研究は数値を扱い，質的研究は言葉など数値以外のデータを扱うことが多いですが，この2つは，背景にある世界の見方（認識論）が異なり，研究に対するアプローチ全体が異なります。

量的研究は，実証主義*の枠組みに基づいており，人間の行動には普遍的な法則が存在すると考えます。量的研究の立場をとる場合，研究者が研究対象に影響を与えないように，質問紙法や実験法などを用いて，数量化されたデータを扱います。このアプローチは，関連や因果関係といった仮説と理論を検証することに主眼をおいています。

一方で，質的研究は，構成主義*の枠組みに基づいており，人間の行動は，その人の生活する文化的，社会的，時間的な文脈のなかで理解されるものであると考えられます。質的研究では，言語によって規定されている研究者自身の認識を通さずには，対象を理解することはできないと考えます。そして，研究者と研究対象の相互作用も文脈の一つであると考え，参与観察や構造化されていない面接，事例研究などの方法を用いて，言語的なデータを扱います。このアプローチは，仮説や理論を生成することに主眼をおいています。

量的研究と質的研究は，背景哲学から研究手法や評価方法まで異なる点が多いため，しばしば対立するものとして考えられてきましたが，近年では，一つの研究のなかで，質的アプローチと量的アプローチの両方を用いてデータを収集して分析し，結果を統合的に解釈する混合研究法（mixed method）という考え方に注目が集まっています。

たとえば，地域レベルでの緩和ケア（主にがん患者の身体・精神症状の緩和を行う複合的サービス）の普及を目的として3年間の包括的介入を行った研究

語句説明
実証主義
実証主義では，人間と独立した，唯一かつ普遍的な真理が存在するものであると考える。客観性，予測性，反復可能性を重視し，「現実」は静的で断片化したり，測定したりできるとする。

構成主義
構成主義では，「現実」は多元的で相対的なものであり，人間との相互作用によって，社会的に構成されるものであると考える。現実は，動的なもので，文化，社会，時間などの文脈のなかで理解されるものであると考える。

(Morita et al., 2013) をみてみましょう。この研究では，緩和ケアサービスの利用数，患者や遺族による苦痛緩和の主観的評価などを用いて前後比較研究を行い，介入の効果を数値で示しました（量的研究）。それと同時に，医療者を対象に面接調査を実施し，介入によって医療者間のコミュニケーションが増え，協力体制が強化されたことを明らかにし，地域で緩和ケアを展開するプロセスの一端を示しました（質的研究）。このように，１つの現象に関する研究のなかで異なるアプローチを用いることは，多角的な視点からリサーチ・クエスチョンに対する答えを検討することを可能にします。ただし，それぞれのアプローチについて十分に理解し，統合的に研究を進めるということは容易なことではありません。多面的アプローチの利点を理解しつつ，まずは，自分がどの立場にたって研究を進めるのか，その足元をしっかり固めることが重要です。

4　リサーチ・クエスチョンの立て方

研究とは，すでに述べたとおり，未知のことを明らかにすることです。実際に研究を行う際は，具体的に「何を明らかにしたいか」を決めて，その研究に取り組みます。研究によって解を明らかにしたいと思っている問題を，**リサーチ・クエスチョン**（research question）といいます。リサーチ・クエスチョンを，統計検定が可能な形で表現したものが**仮説**です。リサーチ・クエスチョンには，研究計画に必要な要素が簡素に，かつ，過不足なく含まれることが望ましいです。自分で研究を行う際，リサーチ・クエスチョンを一文で述べることができるようにすると，自分自身の考えの整理に役立ち，他の人と議論もしやすくなります。

しかし，これまで先人が積み上げてきた知見や，個人や社会のなかで生じる複雑な問題について疑問を明確にするということは，それほど簡単ではありません。そこで，適切なリサーチ・クエスチョンを設定できるようになるために，良いリサーチ・クエスチョンが満たすべき条件である **FINER**，そして，医学関連の研究分野でよく用いられるリサーチ・クエスチョンの型である **PICO/PECO** について説明します。

プラスα
統計検定が可能な仮説
推測統計では，たとえば「A群とB群に差はない」といった仮説を立て，その仮説が正しいかどうか確かめることを「検定」という。検定を行うことが可能な仮説には一定の型があり，「AとBに差がない（ある）」や「AとBに関連がない（ある）」といった形にする必要がある。

1　FINER

ハリーら（Hulley et al., 2013）は，良いリサーチ・クエスチョンに必要な条件として，「実施可能性（feasible）」「科学的興味深さ（interesting）」「新規性（novel）」「倫理性（ethical）」「必要性（relevant）」の５つを提唱しています。頭文字をとって FINER と呼びます（表2-1）。この条件に沿って自分の

表2-1　良いリサーチ・クエスチョンの条件：FINER

基準	チェック項目
F：feasible（実施可能性）	対象者数は適切か 研究者が必要な専門性を備えているか 研究に要する時間と経費は適切か 重要な研究テーマに絞り込まれているか
I：interesting（科学的興味深さ）	研究者にとって，科学的に興味深いと思うことができるか
N：novel（新規性）	過去の知見の確認・否定・拡張につながるか 新しい知見の提供につながるか
E：ethical（倫理性）	研究倫理審査委員会の承認を得ることができる内容であるか
R：relevant（必要性）	学術コミュニティや社会にとって「切実」な問題であるか 将来の研究の発展に貢献するか

出所：Hulley et al., 2013/2014 を一部改変

リサーチ・クエスチョンを検討することで，研究実施までに詰めるべき課題を洗い出すことができます。

①実施可能性（feasible）

研究計画は，実施できなければ意味がありません。研究に制約はつきものなので，初期の段階で，研究したいことと実施可能なことの折り合いをつけていくことが大切です。実施可能性のなかで特につまずきやすい，対象者数，研究に必要な専門性，時間と経費，そして，研究テーマの絞りこみについて確認します。

参照
サンプルサイズの計算
→11章

語句説明
パイロットスタディ
研究の初期段階で，研究計画が適切かどうかを確かめるために行う，少人数を対象とした研究。

対象者数：研究計画や統計学に基づいて，適切な対象者数（サンプルサイズ）を見積もります。対象者数は多ければ多いほどよいというものでもなく，不必要な負担を避けるためにも対象者数の見積もりは重要です。パイロットスタディ*を実施して，対象者数の確保が可能かどうか検討する場合もあります。必要な対象者数の確保が難しいと考えられる場合，募集先を広げたり，参加基準を緩めることを検討したり，研究デザインを見直したりします。

必要な専門性：研究者は，研究デザインや変数の測定方法，分析方法など，その研究を実施するのに必要な技術や経験といった専門性を備えていなければなりません。経験が少ない研究者の場合，専門家に相談したり，助言をもらえる専門家に共同研究者になってもらったりすることもよい方法です。

研究に要する時間と経費：研究者自身が，その研究に割り当てられる時間数や研究に伴う経費の見積もりは，実施可能性を検討するうえで重要な点です。時間と経費は，最初の見積もりを上回ることが多いのが定石なので，余裕をもって見積もるとともに，あまりにも時間や経費がかかると思われる場合は，低コストで実施できる研究デザインに変更することも必要です。

重要な研究テーマの絞り込み：研究計画を策定しているうちに，リサーチ・クエスチョンが増え，あれもこれもと変数が増えてしまうことはありがちなことです。最も重要なテーマについて確実に研究結果を得ることができるように，適切な範囲にテーマを絞り込みましょう。

②科学的興味深さ（interesting）

「研究者自身が面白いと思うことができるか」ということもリサーチ・クエ

スチョンの重要な条件です。研究は，地道な作業が多く，困難もつきまといます。研究者自身が興味をもって取り組むことができるテーマであればこそ，困難な状況も乗り越えることができます。ただし，研究協力者の必要性や研究費の確保の点からも，その興味が独りよがりにならないように，「他の人にとっても興味深いかどうか」という点も考慮しましょう。

③新規性（novel）

リサーチ・クエスチョンに答えることで，過去の知見の確認，否定，拡張につながること，そして，何か新しい知見の提供につながるかどうかを検討します。もちろん，全く新規の内容である必要はなく，先行研究の再現性を検討したり，結果の範囲を拡大したりするような研究もあり得ます。重要なのは，先行研究の読み込みを十分行って，今まで何が明らかになっていなくて，その研究で何が新しく明らかになるのかを明確にすることです。

④倫理性（ethical）

研究の実施によって，研究協力者の心身の負担やプライバシーの侵害があると予想される場合，その内容が倫理的に許容される範囲内であるかどうか検討します。多くの場合，各研究機関や施設には，提出された研究計画の倫理性を判断する研究倫理審査委員会が存在します。研究者自身が都合の良い判断をしないよう，そして，研究対象者および研究者自身を守ることができるように，研究倫理審査委員会の承認を得ることができるリサーチ・クエスチョンを立てましょう。

⑤必要性（relevant）

良いリサーチ・クエスチョンが備えるべき最後の条件は，研究者だけでなく，研究対象者，学術コミュニティ，そして社会にとって「切実」（福原，2015）で意義があると感じられることです。もちろん，1つの研究が直接社会に大きなインパクトを与えるということは稀であり，結果の拡大解釈は避けるべきです。しかし，自他の労力をかけて研究を行う以上，その研究が学術コミュニティや社会にとってどのような意義があるのかは十分検討しましょう。

2　PICO/PECO

続いて，医学系研究でよく用いられ，心理学研究においても有用な，リサーチ・クエスチョンを構造化するための定式（型）を紹介します。この定式を文章に表すと，「どんな人を対象に（patients/participants），どのような介入を行い（intervention），何と比較し（comparison），どのようなアウトカム（結果）が得られるのか（outcomes）」となり，頭文字を取ってPICOと呼びます（表2-2）。観察研究の場合には，介入（intervention）の部分を，どのような要因に暴露されるか（exposure）に置き換えて，PECOになります（福原，2015）。この定式は，実験・介入研究や観察研究を念頭においたものであり，

参照
研究倫理審査委員会
→3章

プラスα
PICO/PECOの使用例
PICOの定式を実際にどのように研究で使用するかについては，PICOの枠組みに従って介入研究を行った経緯が紹介されている平井（2016）の論文が参考になる。

表2-2 リサーチ・クエスチョンを定式化する枠組み（PICO/PECO）

項目	内容とチェック項目
P：patients（対象者）	自分の研究結果を当てはめる集団（標的母集団） ☑明確に定義されているか ☑測定したい変数にばらつきがある集団か ☑アウトカムを起こしやすい集団か
I：intervention（介入） または E：exposure（暴露）	自分が最も興味があり，アウトカム変数との関係を究明したい要素（説明変数） ☑明確に定義されているか
C：comparison（比較）	効果（優位性）を示すために設定する比較対照 ☑介入がないこと，もしくは別の介入があることが比較対照として設定されているか
O：outcomes （アウトカム）	介入や要因によって変化する要素（目的変数） ☑主要なアウトカムが１つに絞られているか ☑アウトカムは測定可能か ☑アウトカムは現実的に意味があるか

研究デザインによっては，この枠組みに当てはまらないものもあります。しかし，PICO/PECO の枠組みに従ってリサーチ・クエスチョンを作成すると，自ずと決めるべき研究計画の内容が明確になります。逆にいえば，PICO/PECO を決めるということは，研究計画全体を考える必要があるということです。次に，４つの点について，具体的に確認すべきポイントを説明します。

①対象者（patients/participants）

「誰を対象とするか」について，自分の研究結果を当てはめる集団（標的母集団）を明確にします。たとえば，同じ「がん患者」という括りでも，「初発の乳がん患者」と「高齢の終末期のがん患者」では大きく異なります。できる限り具体的な標的母集団を設定しましょう。また，PICO の定式に基づく研究は，ある変数について差の「比較」が必要ですが，その変数の値に集団内で一定のばらつきがないと差は検討できません。たとえば，全員がほぼ満点を取るような集団を対象にテストをしても，そのテストで測定したい差は検討できません。さらに，アウトカム（結果）となる事象が起こりやすい集団を対象とすることも重要です。たとえば自宅内での転倒のリスクについて検討したい場合には，大学生よりも高齢者のほうが転倒は生じやすく，対象者として適切でしょう。このように，研究の対象者を決める場合，集団内のばらつきやアウトカム（結果）の発生しやすさも考慮しましょう。

②介入・暴露（intervention/exposure）

「どのような介入をするか」「どのような要因への暴露に注目するか」は，アウトカム（結果）に影響を与えると考えられる要因であり，このような要因を説明変数（独立変数）と呼びます。多くの場合，研究のなかでも特に関心をもたれる重要な要素です。説明変数の内容は，他の人にも再現可能な程度に具体的に明確に定義するようにしましょう。また，研究の積み重ねの先に，個人や社会を対象とした介入や実践を想定する場合には，研究における説明変数が，実際の介入や実践の内容につながります。そうした場合の実施可能性についても検討するようにしましょう。

③比較（comparison）

研究に限らず，何らかの効果（優位性）を示すためには，何かと比べて優れていると示すための比較対照が必要です。比較対照の要件は，介入（要因）がないこと，もしくは別の介入（要因）があることになります。

④アウトカム（outcomes）

アウトカムは，説明変数に対して，目的変数（従属変数）といいます。介入や要因の効果を明確に検証するため，アウトカムは主要な変数 1 つに絞り，客観的に測定可能な変数にしましょう。また，アウトカムに現実的な意味があるかも重要です。たとえば，ある心理療法を用いて介入を行った際に，抑うつの得点が平均 1 点下がったとします。結果としては「下がった」といえるかもしれません。しかし，参加者にとっては，1 点改善しても，気分が重い状態は変わらず，意味があったと感じられないかもしれません。それよりも，おいしくご飯が食べられる，1 日横にならずに過ごすことができる，といった日常生活のなかでの改善のほうが参加者にとっては重要でしょう。このように，アウトカムが現実的に意味のあるものかという視点も大切です。

3　より良い研究のために

本章では，リサーチデザインに必要な知識を紹介しました。ここまでみてきたように，リサーチデザインには，いくつかの「型」が存在します。心理学研究に限らず，研究全般を行うためには，論証の型を満たし，結論を導くためのプロセスに従って思考する必要があります。心理学研究のなかにも，目的や研究テーマの進捗段階，どのような認識論に立つのかなどによって，行うべき研究の型が決められています。そして，研究の要であるリサーチ・クエスチョンにも，PICO/PECO のような定式と良いリサーチ・クエスチョンの条件 FINER が存在します。これらの型は，スポーツのフォームや茶道・華道の型のように，最初はまねることから始め，繰り返し練習することによって身についていくものです。今後，皆さんが，研究に触れたり，実際に研究を行ったりする際に，こうした型の存在を念頭に置くことで，研究の内容や理解がより深まることを期待します。

考えてみよう

「マインドフルネス*を行うと幸せになるのか」というリサーチ・クエスチョンがあるとします。このリサーチ・クエスチョンの問題点をあげて，より良いリサーチ・クエスチョンを提案してみてください。

語句説明

マインドフルネス

「今，この瞬間の体験に意図的に意識を向け，評価をせずに，とらわれのない状態で，ただ観ること」をマインドフルネスな状態とし，その状態に至るための方法の総称。その促進方法は東洋の座禅やヨガなどの心身修養法がもととなっている。具体的には，呼吸のしかた，身体に意識を向ける，などの方法がある。

本章のキーワードのまとめ

目的	研究における目的とは，どのような背景から，どのような立場に立ち，どのような研究を行うか，そして，その研究からどのようなことが明らかになるのかを簡素に示すもの。
文献研究	ある既存のテーマに関して，既存の書籍や論文などの文献資料を網羅的に検討して，評価・統合すること。どのような研究も先行研究の十分な検討のうえに成り立つものであり，文献研究は研究に必須のもの。なかでも，系統立てて文献を抽出し，一定の基準で質の保証された研究の評価・統合を行うことを主目的にしたものを，システマティックレビューという。
論証	根拠に基づいて，論拠を示して，主張すること。どのような研究でも，必ず，「根拠」「論拠」「主張」の論証の３つの要件を述べなければならない。
内的妥当性	研究者が導き出した結論が，研究の結果や条件（論拠）に照らし合わせて合理的である程度のこと。内的妥当性が高い研究とは，少なくともその研究に参加した対象集団において確からしく，同じ対象集団のなかでの結果の再現性が高いといえる。
外的妥当性	その研究における結論がどの程度一般的に適応可能であるかの程度のこと。外的妥当性が高い場合，研究に参加した集団以外の，研究テーマで仮定する母集団にも一般化できる程度が高いと考える。
手続	研究における手続とは，対象者，用いる指標，データ収集の方法，分析方法など，研究を行うために必要な手順のことである。手続を示す際に重要なのは，他の人が検証し，追試できるようにすること。
記述的研究	集団の特徴を記述することを目的とした研究。ある集団における平均や分布といった現状調査や，あるテーマの具体的な内容の収集など，「生の声を聴く」場合に行う研究。一連の研究の初期に行われることが多く，記述的研究を通して，仮説を生成するための知見を積み上げる。
分析的研究	因果関係の推論をするための，２つ以上の変数の「関連性」を検証することを目的とした研究。変数の測定のタイミングによって，横断研究（測定のタイミングが同時）と縦断研究（測定を２時点以上で行う）に分かれる。

実験・介入研究	研究者が変数をコントロールすることで，因果関係を検討する研究。記述的研究と分析的研究を通して絞り込まれた研究テーマが対象になる。なかでも，参加者をランダム（無作為）に２つ以上のグループに割り付けて行う研究を無作為化比較試験という。
質的研究	質的研究は，構成主義のパラダイムに基づいており，人間の心理や行動を，言語をはじめとする数量化できない質的なデータを用いて理解しようとするアプローチ。比較的少数の事例から，仮説や理論を生成することに主眼をおいている。
量的研究	実証主義のパラダイムに基づき，人間の心理や行動を数量的に測定して理解しようとするアプローチ。数値化されたデータを対象とする統計的な分析による客観的な仮説検証が可能になるので，説得力のある結果を示すことができる。
リサーチ・クエスチョン	研究の根本をなす問題意識や解決すべき課題。研究計画に必要な要素を簡潔に，かつ過不足なく述べたもの。研究とは，リサーチ・クエスチョンに対して何らかの答を導くためになされるものであり，良質な論文とは，その流れが誰にとっても明確に理解できるようなものをいう。
仮説	ある事象の性質や事象間の関係について統一的に説明するための仮定。リサーチ・クエスチョンを，実験・観察・調査などの科学的検証が可能な形で表現したもの。
FINER	ハリーら（2013）が提唱する「良いリサーチ・クエスチョン」の条件。実施可能性（feasible），科学的興味深さ（interesting），新規性（novel），倫理性（ethical），必要性（relevant）の５つで，頭文字をとってFINERという。
リサーチ・クエスチョンの定式化（PICO/PECO）	医学系分野でよく用いられるリサーチ・クエスチョンを構造化するための定式。どんな人を対象に（patient/participants），どのような介入（暴露）によって（intervention/exposure），何と比較し（comparison），どのようなアウトカムが得られるのか（outcomes），すなわち，PICO/PECOを決めることで，自ずと研究計画に必要なことが明らかになる。

第3章 心理学における研究倫理

近年，心理学の領域で研究を実施する際に，倫理審査を受けることが必須になりつつあります。誰のために，何のために，倫理審査が必要なのでしょうか。倫理性の高い研究に必要な条件は，何でしょうか。本章では，研究倫理について，医学系研究を中心とした歴史的背景，倫理の原則，そして実際に研究を行う際に，研究対象者に対して行うべき配慮と研究をする者としての責務について確認します。

1 研究倫理とリサーチデザイン

多くの心理学研究は，研究の参加基準を満たし，研究への参加に同意してくださる**研究対象者**がいることで成立します。しかし，研究とは，科学の発展や将来同じ問題に出会うかもしれない多くの人の利益につながる可能性がある一方で，研究対象者個人には直接の利益を及ぼさないことが多いものです。逆に，研究に参加したことで予期せぬ不利益を被る可能性もあります。そのため，研究を実施する際は，研究対象者の人権や福利（**倫理性**）に対する配慮を十分に行わなければいけません。一方で，科学の発展のためには，普遍性や真理を追究することを可能にする質の高いリサーチデザインを行うこと（**科学性**）も求められます。倫理性と科学性を同時に高められれば問題ないのですが，この2つはシーソーのような関係にあることが多く，研究者は，そのバランスを取ることが求められます（図3-1）。たとえば，介入研究において，全く介入や支援を行わない統制群*を設定することのように，科学的には重要な操作でありながら，研究対象者が必要な支援を受けられないといった不利益を被る場合があります。一方で，研究対象者の負担を減らそうと，科学的に妥当ではないリサーチデザインを行ったり，研究実施の際に必要な手続きを疎かにしたりする

図3-1　研究倫理における倫理性と科学性のバランス

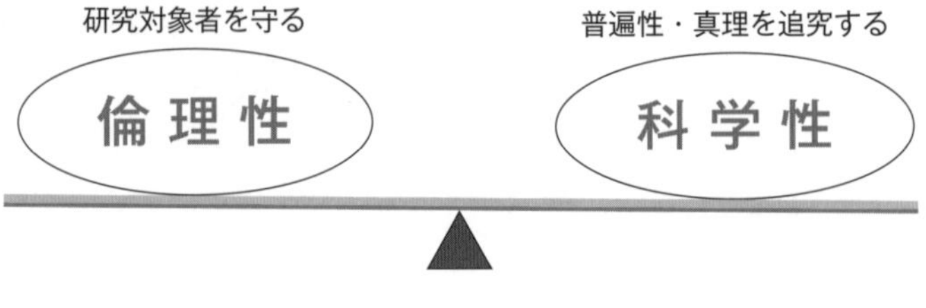

研究対象者を守る	普遍性・真理を追究する
倫理性	科学性

プラスα
研究対象者の呼び方
「研究対象者」は，以前は「被験者（subjects）」と呼ぶのが一般的であった。しかし英語の“subjects”が主従関係を暗示するという理由から，“participants（参加者）”に変更され（公益社団法人日本心理学会，2011），日本語の呼称も変化した。本章では，日本心理学会に倣い，「研究対象者」に統一する。なお，対象者の自己決定権を尊重するニュアンスを含む研究参加者・実験参加者という呼び方もある。

語句説明
統制群
実験・介入研究の基本形の一つとして，検討したい要因や介入の効果を調べるために，その要因がある群とない群を設定して効果を比較する方法がある。要因（介入）がある群を実験群，要因（介入）がない群を統制群と呼ぶ。

と，研究の妥当性が下がってしまいます。そしてそれは，結果的に，研究対象者の善意を無駄にすることになります。

この倫理性と科学性のバランスを考えることが研究倫理を考えることになりますが，研究倫理にはこのようにしておけばそれで良いといった手順やマニュアルは存在しません。究極的には，研究をする者自身の倫理観の問題であり，研究を実施する際には，「自分が研究対象者であればどう感じるか」と想像する力，そして，科学に携わる者としての誠実さやリサーチデザイン力が問われます。

しかし，研究者個人に倫理観を求めるだけでは難しく，過去に倫理面の配慮に欠ける研究が行われてきた状況を踏まえ，現在では，国内外で研究倫理に関する法令や指針が策定されています（次節参照）。また，それらの倫理指針に基づいて，個別の研究の倫理性を判断する研究倫理審査委員会／施設内審査委員会（Institutional Review Board：IRB）が，研究施設等に設置されています。研究倫理委員会（Research Ethics Committee：REC）と呼ぶ場合もあります。論文を投稿する際も，倫理審査を受けていない研究を受理しない学術誌が増えてきています。そして，倫理審査を受けることは，研究対象者を守るだけではなく，研究を行うあなた自身を守ることにもつながります。というのは，研究倫理審査委員会の承認を受け，計画通りに実施された研究であれば，研究者と研究対象者との間で何らかのトラブルが生じた場合でも，研究者個人でなく研究倫理審査委員会と共に対応することができるからです。もちろん，研究のすべてを研究倫理審査委員会が把握できるものではなく，研究の倫理性は，最終的には研究者に委ねられます。しかし，意図せず研究対象者に不利益を生じさせないため，そして，研究者自身を守るため，倫理審査は必ず受けましょう。

また，研究倫理というと研究対象者の保護が第一に思い浮かびますが，他の研究者や社会・科学の世界に対して倫理的であること，つまり，科学性を守ることも研究倫理として求められます。日本学術会議（2013）の声明「科学者の行動規範―改訂版―」では，科学者の姿勢として，「常に正直，誠実に判断，行動し，自らの専門知識・能力・技芸の維持向上に努め，科学研究によって生み出される知の正確さや正当性を科学的に示す最善の努力を払う」ことが求められています。研究者は，その時実施可能な範囲で，最大限妥当性の高いリサーチデザインを行うように努めること，そして，研究のプロセスや結果に対して偽りなく正直であることが求められており，研鑽を怠ることや研究不正を行うことは，真実を探究する研究者コミュニティや，科学研究に対する社会の信頼を裏切ることになります。たとえ一度でも研究をする際は，「研究者」として，研究対象者だけでなく，社会や科学に対しても倫理的であるよう心得ましょう。

参照
リサーチデザイン
→2章

2　医学系研究における研究倫理

今日，研究を実施する際に倫理的な配慮を行うことは基本になっていますが，歴史的にみれば，研究倫理は最初から守られていたわけではありません。人（ヒト）を対象とした研究で現在一般的になっている研究倫理の内容は，主に医学系研究を中心に検討されてきました。医学と心理学とでは異なる部分もありますが，心理学研究の多くも，人を対象として実施されます。そのため，**心理学における研究倫理**には，医学系研究に準ずる研究対象者への倫理的配慮と科学性が求められます。ここで，研究倫理についてより深く理解するために，現在に至るまでの医学系研究における研究倫理の歴史について振り返ってみましょう。

プラスα
「人」の表記
生物学上の分類の一つとして人間を指す場合，「ヒト」とカタカナ表記にする場合もある。

1　世界における研究倫理の歴史

現在につながるかたちで研究倫理について検討される契機となった一つが，第二次世界大戦中，ナチス・ドイツのもとで，強制収容所などで人体実験を行った医師らを裁いたニュルンベルク裁判でした。この裁判の結果を受けて，1947年に，人を対象とした研究を行うための倫理規範であるニュルンベルク綱領が発表されました。この綱領では，医学の進歩のためには人を対象とした研究が必要であることを認めつつ，研究参加には自発的な意思が絶対に必要であること，今日でいうインフォームド・コンセント*（informed consent）の概念が提示されました（4節参照）。ニュルンベルク綱領は研究倫理の雛型となり，後につくられる多くの法令や指針に大きな影響を与えました。

語句説明
インフォームド・コンセント
研究におけるインフォームド・コンセントとは，研究者が研究対象者（候補）に，目的や方法，リスクなどの研究内容を説明し，研究対象者がその内容を理解したことを確認のうえ，研究対象者から自主的な研究への参加の同意を得ること。

この流れのなかで，1964年，世界医師会（World Medical Association：WMA）は，人を対象とした医学研究の倫理原則として，**ヘルシンキ宣言**を発表しました。ヘルシンキ宣言は改訂が重ねられ，現在，医学分野だけでなく，人を対象とした研究全般において国際的に知られている倫理原則になっています。ヘルシンキ宣言では，「人間を対象とする医学研究は，その目的の重要性が被験者のリスクおよび負担を上まわる場合に限り行うことができる」ことが明記されました。インフォームド・コンセントという用語を初めて導入したのも，1975年改訂のヘルシンキ宣言です。

同時期に，アメリカでも，研究倫理に関する議論が盛んになり，研究対象者からの同意だけで研究倫理を守るには限界があると考え，米国国立衛生研究所の臨床センター内で実施される人を対象とした研究において，研究施設の同僚による審査を行う方針を定めました。これが，研究倫理審査委員会／施設内審査委員会の始まりです。さらに，1979年に「被験者保護のための倫理原則および指針（ベルモント・レポート）」が発表されました。**ベルモント・レポート**は，多くの項目で複雑になっていた倫理的配慮の原則を，①人格の尊重（respect for persons），②善行（beneficence），③公正（justice）の3つに集約した点が大きく評価されています。

2　日本における研究倫理の歴史

日本では，太平洋戦争中の日本軍による人体実験など研究倫理に関する問題は内在していたものの，国内で議論が積み上げられてきたというよりは，比較的最近になって，国際的な動向に従う形で，研究倫理に関するルールが整備され始めました。疫学研究や臨床研究に関しては，それぞれ2002年に「疫学研究に関する倫理指針」（文部科学省・厚生労働省），2003年に「臨床研究に関する倫理指針」（厚生労働省）が作成されました。その後，研究の多様化に伴って，これら2指針の適用関係が不明確になってきたことや，研究をめぐる不正事案が発生したこと等を踏まえて，2014年に文部科学省および厚生労働省がこれら2指針を統合した「**人を対象とする医学系研究に関する倫理指針**」を制定しました。この指針の主な目的は，「人を対象とする医学系研究に携わる全ての関係者が遵守すべき事項を定めることにより，人間の尊厳及び人権が守られ，研究の適正な推進が図られるようにすること」です。文部科学省・厚生労働省（2015）のガイダンスによると，心理学，社会学，教育学等の人文・社会科学分野のみ係る研究は，この指針の対象にならないものの，研究対象者から取得した情報を用いる等，その内容に応じて，適切な研究の実施を図るうえでこの指針が参考になり得るとされています。人を対象とした研究を行う際に必要な倫理的配慮は，分野を超えて共通しているものです。研究に取り組むにあたっては，必ず一度は指針全体を読んでください。

プラスα
各種倫理規範の全文
本章で紹介するニュルンベルク綱領やヘルシンキ宣言，人を対象とする医学系研究に関する倫理指針といった各種の倫理規範の全文は，インターネットで公開されているため，一度は，具体的な条文に目を通すことを勧める。

3　研究倫理の基本原則

1979年に発表されたベルモント・レポートにおいて，人格の尊重・善行・公正が**研究倫理の3原則**としてまとめられました。これは，現在に至るまで人を対象とするあらゆる研究を実施する際に，研究者が守るべき原則となっています（表3-1）。また，他の研究者の研究に接する際も，この3つの原則が守られているかどうかに留意し，社会全体で非倫理的な研究を排除していくことが大切です。

表3-1　研究倫理の３原則

原則	求められること
人格の尊重	研究対象者の自由意志が尊重されること 何らかの理由で自己決定能力が損なわれている人の人権が保護されること
善行	研究対象者が被るリスクを最小にし，かつ，研究から得られる科学的価値を最大にすること
公正	研究対象者を公平に選ぶこと 研究に伴う利益とリスクが研究対象者間で不公正にならないようにすること

1　人格の尊重の原則

人格の尊重の原則（principle of respect for person）では，人は誰でも自己決定を行う権利（自律性）を有していることを前提とし，本人の自由意志を尊重すること，そして，何らかの理由で自己決定能力が十分ではない人の人権を保護することが求められます。人格の尊重の原則に則ると，研究をする際は，自発性が保証された状況下で研究対象者からインフォームド・コンセントを得ることが求められます。また，一度研究参加に同意した場合でも研究の途中や研究終了後のいつでも参加辞退できること，研究対象者の秘密・プライバシーが守られることを保証しなければなりません。また，意思決定能力が十分ではない人が研究対象者になる研究は，不当に搾取されることがないように，研究参加の手続きをより厳格にする必要がありあます。当然と思われるかもしれませんが，研究対象者は研究材料ではなく，権利と福利を尊重されるべき１人の人間であることを肝に銘じましょう。

2　善行の原則

善行の原則（principle of beneficence）では，研究対象者が被るリスクを最小にし，かつ，研究から得られる成果を最大にすることが求められます。研究をする際は，研究対象者の協力に見合うだけの価値を得られるよう，研究の科学性を高めることが求められます。科学的に意味のない研究を行うことは，対象者に無用の負担をかけることになり，倫理的ではありません。研究者は，意義ある研究のために，研究テーマに関する知識を絶えず更新し，努力をすることが求められます。また，科学的に有益である場合でも，研究によって得られる利益と比較して，研究に伴うリスクは妥当な範囲内にすべきです。研究対象者が研究に参加することで負うリスクは，心理面や身体面の問題だけでなく，偏見，差別といった社会面での影響，経済面での負担など多岐にわたります。長期的な影響も含めてあらゆる可能性を検討しましょう。そして，よりリスクの少ない代替方法で同様の研究を行うことができないか常に検討する，事前にリスクが大きい人を研究対象者から除外する，研究開始後も継続的にリスクを評価する，リスクが現実化したときには研究を中断する，といったことが求められます。

3 公正の原則

公正の原則（principle of justice）では，研究対象者を公平に選ぶこと，研究に伴う利益とリスクが研究対象者間で不公正にならないようにすることが求められます。研究対象者の選定を，「調査しやすいから」「参加の同意を得やすいから」といった理由で行うことは，人権侵害のリスクを高めることにつながり，避けなければなりません。残念ながら，過去の研究では，貧しく弱い立場の人（社会的弱者）を対象として研究を行い，その成果を裕福な人のみが享受したり，研究対象者のなかで社会的弱者が意図的に不利益を被りやすい群に割り当てられたりすることがありました。特別な理由がない限り，貧困などのために医療を受ける機会の少ない人々，判断能力が十分でない人々，介護施設，病院，学校や刑務所など何らかの機関に属する人々のように，自由意志による研究参加の選択ができない恐れのある人をあえて研究対象に選ぶことは認められません。研究者の知り合いや関係している施設に研究の協力を依頼する場合も注意が必要で，なぜその人たちを対象にするのかという理由の説明が必要です。

一方で，研究に伴う利益についても公正さが求められます。当初，公正の原則では，弱者保護の面が重視されていましたが，最近では，特別な理由がない限り，特定の人々を研究から除外するのは，むしろ公正さに欠けると考えられるようになりつつあります。たとえば，有効な治療法が見つかっていない疾患の患者のなかには，リスクを承知のうえで，研究段階の治療法を試したいと思う人もいます。そうした場合に，経済状況や社会的地位などにかかわらず，臨床試験に参加できる機会が保証されるべきだという主張がなされるようになってきました。また，女性や子ども，高齢者，マイノリティの人々について，これまで研究の対象から除外されてきたゆえにエビデンスが乏しく，適切な支援や治療の開発が遅れているという問題も指摘されています。このようなことから，研究をする場合は，研究に関するリスクと利益の両方について考え，公正であるかどうかを十分に検討する必要があります。

4 研究対象者に対する配慮

実際に研究を実施する際に，研究倫理の3原則を踏まえ押さえるべき2つのポイントとして，インフォームド・コンセントを得ること，そして，個人情報を保護することがあります。この2つは，主に人格の尊重の原則に関わる問題です。

1 インフォームド・コンセント

皆さんも一度は耳にしたことがある言葉だと思いますが，**インフォームド・コンセント**とは，情報・説明（information）に基づいて，同意・承諾（consent）を得ることです。研究においては，研究者が研究対象者に対して，研究の目的，方法，リスクや利益などについて十分な説明をし，研究対象者がそれらを理解したうえで，自由意志に基づいて研究への参加に同意することを意味します。研究者は，専門用語の使用を避けるなど，研究に詳しくない人も理解できるよう丁寧な説明を心掛けましょう。理解が得られないまま形式的に同意を得ても意味はありません。また，研究開始後も，研究の途中で同意を撤回することや終了後にデータの削除を求めることが可能である旨を伝えましょう。一度同意を得て研究を始めると，研究をする側としてはデータを最後まで取りたいという気持ちになり，ふとした態度や雰囲気で対象者に無言のプレッシャーを与えてしまうこともあります。研究をする側が思っている以上に，対象者は研究の中断を申し入れにくいものです。インフォームド・コンセントを得るという形式的なことだけでなく，研究対象者の人格の尊重の原則が問われていることを心得ましょう。

また，研究によっては，子ども，障害や疾患を有する人，外国人など，認知能力や言語能力に制限があり，同意能力が不十分と考えられる人が対象になることもあります。そのような場合は，保護者や後見人など本人の意思と利益を代弁できる代理人から同意を得ることが必要です。ただし，子どもだから，障害があるからという理由で一概に研究について理解できないわけではありません。研究者は，法的に定められた代理人からの同意とは別に，研究対象者の発達や理解の程度に応じて，研究についてわかりやすく説明し，本人から了承（**インフォームド・アセント**）を得るように努力することが求められています。本人がその内容について理解のうえで拒否を示す場合には，本人の意思を尊重する姿勢も大切です。

なお，心理学の実験・介入研究などのなかには，事前に研究の真の目的を知らせることが研究対象者の行動に影響してしまうために，真の目的を知らせることができない研究も存在します。真にやむを得ないと考えられる場合は，研究倫理審査委員会等で承認を受けたうえで，虚偽の説明による実験を行うこともあります。ただし，遅くとも研究終了時点で参加者に実験の真の目的を知らせること，その内容について納得できない場合はデータの使用を拒否することができることを伝えて（デブリーフィングと呼びます），研究参加者の意思を尊重するように努めなければいけません。

プラスα

インフォームド・コンセントの成立要件

研究におけるインフォームド・コンセントの成立要件を整理すると，①研究対象者の同意能力，②研究者からの説明，③説明に対する研究対象者の理解，④研究対象者の自発的な同意の４つである。

プラスα

アッシュの同調実験

事前に真の目的を知らせることができなかった研究の例としてアッシュ（Asch, 1951）の他者への同調傾向に関する研究がある。この実験では，同じ長さの線分ＡとＤ，Ａとは明らかに長さの異なる線分ＢとＣを対象者８人に示した。そして，３本の線分Ｂ・Ｃ・Ｄのなかから，線分Ａと同じ長さのものを選ぶように求める。７人目までが誤答した（線分ＢかＣを選んだ）状況で，８人目の対象者が，他の人の回答に流されず，正解の線分Ｄを選ぶことができるかどうか調べた。この実験は，実は，７人目までは研究対象者に扮したサクラ（実験の真の目的を知っている協力者）であったが，事前にそのことは伝えられなかった。

2 個人情報の保護

人を対象とした研究を行う場合，個人情報やプライバシーに関わる情報を扱うことが多々あります。研究をする際は，個人情報の漏洩やプライバシーの侵害によって研究対象者が不利益を被ることのないように，情報の管理には細心の注意を払わなければなりません。ヘルシンキ宣言にも，「被験者のプライバシーおよび個人情報の秘密保持を厳守するためあらゆる予防策を講じなければならない」と明記されています。ただし，研究で扱うすべての情報が個人情報に該当するわけではありません。2017 年に改正された個人情報保護法によると，個人情報とは，生存する個人に関する情報であり，他の情報と照合することで特定の個人を識別できるものであるとされています。具体的には，氏名や生年月日，性別，病名や既往歴などの記録が個人情報として扱われます。個人情報を研究で用いる場合は匿名化することが前提となりますが，情報の組み合わせによって個人が識別できる場合もあるため，その点についても注意が必要です。

また，個人情報はもちろんのこと，研究を通して得るデータはすべて，適切に管理することが求められます。研究倫理審査委員会に提出する研究計画書にも，データの管理方法に関する説明が必要です。研究対象者には，インフォームド・コンセントを得る際に，研究で収集・使用するデータの範囲，管理責任者や管理方法，保管期限と廃棄方法など，データの取り扱いに関する説明を行い，同意を得る必要があります。データの収集は，研究の目的に沿った範囲内で同意を得た方法でのみ認められます。内緒でカメラを設置してその映像を使用したり，興味本位で研究に関係のないことを尋ねたりすることは許されません。収集したデータは，決められた管理者の元で，研究に関わる者以外が触れることができないように工夫して保管しましょう。たとえば，鍵のかかる場所やインターネットに接続しない電子媒体に保管する，使用場所を限定するというような対応をします。また，研究参加者からデータの開示や利用停止などを求められた場合にすぐ対応できるようなかたちで管理することも重要です。そして，研究上の必要性がなくなった場合は，適切な方法で破棄してください。

5　研究を行う者としての責務

冒頭に述べたように，研究を行う際は，研究対象者に対する倫理とともに，研究者コミュニティや社会に対する倫理についても考える必要があります。ここでは，科学に携わる者の責務として，研究活動における不正行為の防止，そして，近年注目されている利益相反管理について説明します。

1 研究活動における不正行為

文部科学省（2014）の「研究活動における不正行為への対応等に関するガイドライン」で「**特定不正行為**」と呼ばれる研究上の不正行為には，捏造，改ざん，剽窃（ひょうせつ）の３つがあります。捏造とは，存在しないデータや研究結果等を作成することです。日本では，考古学の分野で，自分で埋めた石器を自分で掘り起こし発掘したと発表した事件で注目されました。改ざんとは，研究資料，機器，研究プロセスに操作を加えたり，一部のデータを変更削除したりして，研究結果を加工することをいいます。そして，剽窃とは，他の研究者のアイデア，分析・解析方法，データ，研究結果，文章や用語について，当該研究者の了解を得たり，引用を適切に表示したりすることなく，自分のものであるかのように流用することをいいます（表3-2）。

このほかに，すでに発表または投稿中の論文と本質的に同じ内容の論文を別の投稿先に投稿する二重投稿，研究に実質的に貢献した人が著者に含められなかったり，貢献していない人が著者に含められたりする不適切なオーサーシップ，研究費の不正使用なども不正行為として認識されるようになってきています。研究不正の背景には，研究社会の競争激化や管理体制の不足なども指摘されていますが，何よりも重要なのは研究をする者自身の自覚です。研究不正が明らかになった場合，不正に関わる論文の撤回，研究費の返還や申請禁止，職務上の地位や資格のはく奪，法的な罰を科されることもあり，重大な結果を招くことになります。そしてなによりも，研究不正は，真実を探究するという科学の本質に反する行為であり，科学の発展を妨げ，人々の科学への信頼を揺るがすことになります。不正を行うのは一瞬でも，不正が明らかになった際の影響は，自分だけにとどまらないことを心に留めておきましょう。

研究不正の防止は，究極的には研究する個人の倫理観に委ねられるものですが，不正が生じることを未然に防いだり，影響を最小限に抑えたりする手立てもあります。その一つが，研究者コミュニティで議論をしたり，研究発表したりすることです。研究の内容は，研究会や学会，論文誌等で公表することで，吟味されます。研究不正によって得られた結果は，一時的には注目を集めたとしても，研究の再現性が示されなかったり，矛盾する結果が示されたりして，必ず不正が明らかになります。

プラスα

研究不正と誠実な誤り

研究不正とは，基本的に，本人が不正行為であると承知のうえであえて行った場合や重大な過失がある場合のことを指す。研究不正と，細心の注意を払ったうえで不幸にも生じてしまった誠実な誤り（honest error）とは区別されるべきという指摘もある。誠実な誤りについては，誤りに気付いた段階で訂正を申し出ること，その手違いが生じた事情等を示すといった対応が求められる。

表3-2　研究活動における特定不正行為

不正行為	内容
捏造	存在しないデータや研究結果等を作成すること
改ざん	研究資料・機器・過程を変更する操作を行い，データや研究結果を真実とは異なる内容に加工すること
剽窃	他の研究者のアイデア，方法，データ，結果，文章や用語などを，当該研究者の了解または適切な表示なく流用すること

出所：文部科学省，2014 をもとに筆者が作成

常日頃から他者と研究について議論すること，そして，研究をしたら研究結果を公表することを習慣にすることで，ふと魔が差しそうになったとき，自らを戒める一助になるでしょう。また，他の研究者の研究内容に関心をもち，他の研究者が過ちを犯してしまったときにそれを正すシステムを維持することも大切なことです。不正をしないこと，そして，させないことは，研究に携わる者の責務です。

2　利益相反管理

①利益相反とその管理方法

近年，大学をはじめとする研究機関と民間企業との連携（産学連携）が進むにつれて，研究倫理の一環として，**利益相反**（conflict of interest）の管理が求められるようになってきました。利益相反とは，一般的に，「ある行為が一方の利益になると同時に，他方にとって不利益になる状態」を指します。利益相反にはさまざまな種類がありますが，研究における利益相反の代表の一つが経済的な利益相反です。研究は，科学的に公正であること，倫理的であることが求められます。しかし，研究者にそれと別の利害が存在していると，研究の過程や結論が歪められてしまう恐れがあります。たとえば，医学系の研究で，特定の製薬会社が資金提供を受けて薬の効果の研究をする場合をイメージすると理解しやすいかと思います。研究者にとって，科学性は重要ですが，一方で，研究費を得ることも研究の継続や発展のためには必要なことです。特定の企業から研究資金の援助を受けていると，特定の企業にとって有利な結果に傾きがちになったり，問題が生じても研究を継続してしまうといった事態が生じ得ます。実際には研究内容が歪められていなかったとしても，周囲から見てそうした懸念が存在することも問題になります。もちろん，利益相反が存在している研究のすべてが否定されるわけでなく，研究を社会に活用していくうえでも，研究と社会とのつながりは大切です。

そこで重要になるのが利益相反管理です。利益相反管理とは，研究者自身がその存在について認識し，事前に申告をすることです。金銭面の支援だけでなく，研究材料などの物的支援，株式の保有なども含まれ，研究者自身だけでなくその家族が利益を受ける場合も含まれます。利益相反がある場合は，研究計画の段階で，独立した利益相反に関する委員会や研究倫理審査委員会に申告して，利益相反の影響がどれほどあり得るのかの判断材料を提供し，透明性を高めることが求められます。学会誌の一部では，利益相反の情報開示が必須になっているところもあります。

②心理学に携わる者にとって身近な利益相反

心理学研究の多くにおいて，研究対象者を募る必要があります。その際，多額の謝礼を提示して募集し，研究対象者がその謝礼のために研究に参加すると研究対象者が利益相反の状態になる可能性があります。研究への参加は，基本的に科学の進展のためにボランティアで行われる必要があるからです。利益相反状態になっているのは研究対象者ですが，問題になるのは研究する側が金銭という誘因をつくることです。もちろん，研究に参加していなければ得ただろう給与相当額や，研究参加のための交通費等の経費を支払うことは問題ありませんし，むしろ倫理的なことです。しかし，過度な金銭的な利益が研究参加の誘因となることは，望ましいことではないと考えられます。研究者は，こうした点についても敏感に認識できる問題意識を日頃から培っていくことが求められます。

また，公認心理師や医師など各種の資格をもって援助や治療を行う人が研究を行う場合は，多重関係の問題に注意が必要です。多重関係とは，1人の対象者（クライアント）に対して，援助者の役割と，研究者としての役割が同時に存在する状態のことです。援助者から研究参加を依頼されると，対象者は参加を拒否すると今後の治療や支援に影響が出るかもしれないと思い，参加を断りにくくなる恐れがあります。また，援助者側も，対象者に最適の支援を行うことと，研究上求められるプロセスとに相違があった場合に葛藤が生じ，研究倫理を犯す蓋然性が高まります。援助や治療は，個人をより良い状態に導くことを目的とし，研究は真理を追究することを目的としており，それぞれ役割が異なることを心に留めておいてください。

6　研究倫理審査委員会と審査の実際

あなたが研究に取り組む際，これまで学習してきたことを生かす最初の場面は，研究計画書を研究倫理審査委員会に提出するときです。本章の最後に，研究倫理審査委員会の流れと審査の実際について紹介します。

1　研究倫理審査委員会

「人を対象とする医学系研究に関する倫理指針」によると，**研究倫理審査委員会**とは，「研究の実施又は継続の適否その他研究に関し必要な事項について，倫理的及び科学的な観点から調査審議するために設置された合議制の機関」です。研究倫理審査委員会の最も重要な任務は，研究対象者の権利と安全を守ることですが，一方で，科学的に妥当ではない研究を行うことは非倫理的であるということから，研究の科学的根拠についても厳格に審査することが求められます。

通常，倫理審査は，研究計画書や申請書などの決められた書類を研究倫理審査委員会に提出することからはじまります。審査は，多数決ではなく，全員一致を原則として進められます。委員会の構成メンバーの多数はその分野に関連

プラスα

日本における研究倫理審査委員会

研究倫理審査委員会は，国によっては各地域に設置されている場合もあるが，日本の場合，研究者が所属する研究機関や病院等の研究協力機関ごとに設置されていることが多い。なお，文中で紹介している「人を対象とする医学系研究に関する倫理指針」では「倫理審査委員会」という語を用いているが，本章では「研究倫理審査委員会」と用語を統一して使用している。

プラスα

迅速審査

一定の基準に従って，著しくリスクが低いと判断された研究は，審査を1人の委員のみで行う迅速審査が適応される場合もある。

する研究者ですが，研究対象者の立場を代表する人，市民，研究に関する法的・倫理的問題に詳しい人を含めるなど，多様な観点から検討することが望まれます。基本的には，当該研究の研究者が同席することはありませんが，研究内容についてより詳しく説明するために同席を求められる場合もあります。審査を通して，不備や疑問点があれば，研究者側に修正や説明を求められ，倫理的にも科学的にも問題がない状態になれば，研究の開始や継続が承認されます。倫理審査には時間のかかる場合もありますので，申請は研究開始前に余裕をもって行いましょう。

2　審査の実際

ここで，筆者が実際に経験した倫理審査の1例について紹介します。筆者らの研究グループは，がん患者の家族支援のあり方を考えるために，小児の血液がん*患者の造血幹細胞移植ドナーとなった家族に関する研究を行いました。

小児の血液がんに対する治療法の一つに，造血幹細胞移植*，いわゆる骨髄移植があります。患児に同胞（きょうだい）がいる場合，同胞が骨髄提供者（ドナー）になることが少なからずあります。同胞は，ドナーになることへの周囲からの期待をはじめさまざまな心理的負担を経験すると考えられますが，それまで移植に伴う同胞ドナーの心理面の問題や支援方法に関して十分な知見はありませんでした。そこで研究グループは，実態調査のため，過去に造血幹細胞移植を受けた患者の同胞ドナーやその家族を対象とした面接調査を行う研究計画を立てました。研究を実施するA大学医学部附属病院の規定に基づいて，研究倫理審査委員会に倫理申請書を提出しました。

そこで課題となったのが，亡くなられた患者の家族も研究対象に含めるかどうかという点でした。研究倫理審査委員会からは，亡くなられた場合の現在の心情を知ることの意義を認めつつも，家族のグリーフケア*に関する研究ではないので，できれば亡くなられた場合は対象から除外してほしいと指摘されました。また，この点について直接説明をするために，研究倫理審査委員会への出席要請を受けました。研究グループとしては，遺族を対象から除外するとサンプルサイズが小さくなり，科学的な妥当性が大きく下がってしまうことなどから，遺族も対象に含めて研究を実施する必要があると考えていました。研究倫理審査委員会が危惧する遺族への影響と，科学的な有益性とのバランスについてどのように対処するのがよいか頭を悩ませましたが，研究グループの立場としてできることは，科学的な有益性について十分に説明することだと考えました。研究倫理審査委員会当日，研究グループの医師からは，今回の研究対象者の候補である家族の現状と，臨床経験に基づき遺族を対象に含めることの意義を説明しました。また，筆者は，心理学者として，以前実施した遺族調査の経験から，遺族の心情に配慮しながら丁寧に同意を得る方法をとること，過去に

語句説明

小児の血液がん
正式には，小児血液腫瘍と呼び，白血病やリンパ腫などがある。

造血幹細胞移植
造血幹細胞移植は，健康な提供者（ドナー）から，骨のなかにある血液をつくりだす組織である骨髄の一部を提供してもらい，患者の体内に入れることで，病気を治療する方法である。この治療を行うためには，患者の白血球の型と一致するドナーが必要になるが，他の血縁者や血縁者以外と比べて，同胞（きょうだい）との適合率が高い。

グリーフケア
グリーフ（悲嘆）とは，死別（喪失）によって経験する深い悲しみをはじめとする心身の反応のことをいう。グリーフ（悲嘆）からの回復を支援することをグリーフケアという。

同様に遺族を対象とした研究が行われていること，過去の研究における研究倫理審査委員会での審査状況について説明しました。結果的に，対象者の心情も含めて十分な倫理的配慮を行ったうえで，遺族も対象に含めた当初の研究計画通りに実施することが承認されました。

研究の結果，骨髄提供の意思決定について，家族が同胞の自主性を尊重する程度に幅があることや，提供後の具体的な心理反応が明らかになり，同胞ドナーの権利に対する配慮がより必要であることが示されました。また，遺族からの心情を害されたという申し出はありませんでした。この倫理審査を通して，研究倫理とは，研究対象者を守る倫理性と真理を追究する科学性との両方のバランスによって成立しているということを改めて実感しました。心理に関する研究をするということは，少なからず人の心の内に踏み込むことになり，全くリスクのない研究というのは難しいものです。どこまでのリスクを許容し，どこまで科学性を妥協するのか，研究をする者自身が十分検討することに加えて，その判断をサポートする機関として研究倫理審査委員会の重要性を認識する1例でした。

3 より良い研究のために

ここでは，筆者の経験を示しましたが，皆さんが研究をする際にも，それぞれ個別の状況があり，各場面で具体的にどのような倫理的配慮が必要かを考えることは，簡単ではないかもしれません。経験のある先輩や同僚，指導教員などからアドバイスを受け，研究倫理審査委員会の審査を必ず受けるようにしましょう。たとえ授業の一環や1回限りの研究であったとしても，研究をする以上は「研究者」です。協力していただく研究対象者，心理学に携わってきた先人や他の研究者への敬意を忘れず，科学者たる「研究者」としての自覚をもち，よりよい研究を目指してください。

考えてみよう

あなたは，中学生対象のストレスマネジメント*教育の質の向上のために，中学校を通して最近1週間に起こった嫌な出来事とその対処方法を尋ねる研究を行う予定です。この研究を行う際に必要な倫理的配慮にはどのようなものがあるでしょうか。

語句説明

ストレスマネジメント

自分自身が感じるストレスについての理解を深め，ストレスとの上手なつきあい方，適切な対応方法を身につけ，ストレスに対処していくことである。

本章のキーワードのまとめ

心理学における研究倫理	心理学研究の多くが，人を対象として実施される。そのため，心理学における研究倫理においても，人を対象とした医学系研究で求められる研究倫理に準じた，倫理性と科学性に対する配慮が求められる。
研究対象者（実験参加者）	研究への参加基準を満たし，研究への参加に同意した者。研究の適格基準を満たし，かつ，除外基準に該当しない必要がある。以前は，被験者と呼ぶ場合もあったが，現在では，研究対象者と呼ぶことのほうが一般的。また，研究参加者，実験参加者といった呼び方もある。
インフォームド・コンセント	研究実施に際して，研究者が研究対象者に対して，研究の手法や成果の公表の方法，データの保存方法，謝礼の有無などを十分に説明し対象者が理解したうえで，対象者（対象者の同意能力が不十分な場合にはその代諾者）から研究への参加に対する自発的な同意を得ること。
ヘルシンキ宣言	世界医師会（WMA）が 1964 年に発表した，人を対象とする医学研究における倫理原則をまとめた声明文。現在まで複数回の修正・改訂が行われている。インフォームド・コンセントという用語を初めて用いたのも 1975 年改訂のヘルシンキ宣言である。
ベルモント・レポート	1979 年に米国の委員会が発表した「被験者保護のための倫理原則および指針」の通称。多項目からなり複雑になりつつあった倫理指針に原則主義を採用し，倫理原則が①人格の尊重（respect for persons），②善行（beneficence），③公正（justice）の 3 つに集約された。
人を対象とする医学系研究に関する倫理指針	2014 年に文部科学省と厚生労働省が発表した倫理指針。人を対象として医学系研究を実施する際に，研究者や研究機関等全ての関係者に求められる事項をまとめたものである。指針の適応範囲は，「医学的研究」に限定されており，心理学分野の研究は対象になる場合とならない場合がある。
研究倫理の 3 原則	人を対象とする研究を行う場合に必ず守らなければいけない原則で，人格の尊重，善行，公正の 3 つからなる。
特定不正行為	文部科学省のガイドラインで定められた3つの研究上の不正行為の総称。存在しないデータや研究結果等を作成する「捏造」，研究プロセスやデータなどを加工する「改ざん」，適切な引用や断りなく他者のアイデア等を流用する「剽窃」がある。
利益相反	研究においては，外部との経済的な利益関係や支援者と研究者の多重関係等によって，公的研究で必要とされる公正かつ適正な判断が損なわれる，または損なわれるのではないかと第三者から懸念が表明されかねない状態。
研究倫理審査委員会	ある研究の実施や継続の適否等について，当該研究と関係のない第三者によって審議する会議のこと。対象者を守る倫理的観点と研究の妥当性に関する科学的な観点の両方から，研究の是非について判断する。

第4章 実験法（1）：基礎

この章では，心理学研究における実験法について紹介します。実験とはどのような研究方法であるか，その他の方法と比べてどのような長所・短所があるか，実施するときにどのような倫理的配慮が必要かについて述べます。また，実験法を理解するのに必要な用語についても解説します。臨床的な介入の効果を検討するときにも，実験法について知っておくことは有益です。

1 実験法とは

実験室で行う研究だから「実験」と呼ぶわけではありません。実験を行いやすくするために整備された場所が「実験室」なのです。心理学は，心や行動の法則を扱います。法則とは，複数の事象の関連性を記述したものです。この節では，実験によってどのような法則が明らかにできるかを述べます。

1 心理学における実験

関連性には，相関関係と因果関係があります（図4-1）。相関関係とは２つの事象ＡとＢがいつでも一緒に変化するという関係です。一方の値が大きくなると他方の値が大きくなる関係を正の相関，小さくなる関係を負の相関と呼びます。この関係が偶然ではなく繰り返し生じると確認できれば，その法則を使って，事象を予測できるようになります。片方の事象が観測できれば，もう一方の事象が生じているといえるからです。

因果関係とは，片方の事象が原因となり（時間的に先に生じ），その結果として別の事象が生じるという関係です。因果関係がわかれば，その法則を使って，結果となる事象を制御できるようになります。相関関係は現象を記述したものですが，因果関係はもう一歩進んでメカニズムを表しています。

図4-1　相関関係と因果関係

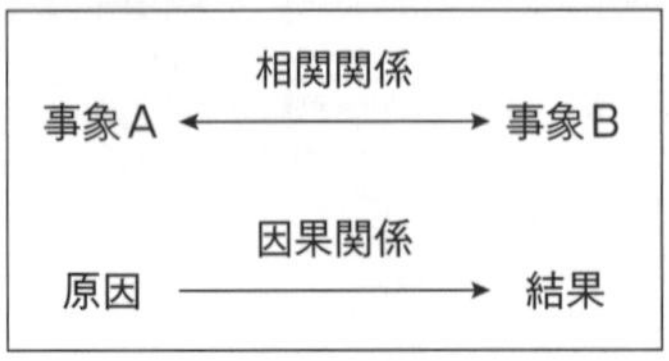

相関関係		
事象A	←→	事象B
因果関係		
原因	→	結果

実験法は，さまざまな研究法のなかでも因果関係を検証できる唯一の方法です。原因となる要因（変数*）を研究者が意図的に操作し，その結果として生じる事象を観測

語句説明

変数
中身を変えることのできる要素。中身は数字に限らない。

することによって，法則を明らかにします。

2　他分野の実験との違い

実験というと，中学校や高校で行った物理学や化学の実験を思いだすかもしれません。このバネに何グラムのおもりをつけると何センチ伸びるとか，2 つの薬品を混ぜると色が変わるとか，ほとんどの実験では，毎回予想した結果が得られました。

このように毎回再現できるものが科学法則だというイメージがありますが，心理学の実験ではいつもそうとは限りません。錯視*のように誰でも毎回感じられる現象もありますが，たくさんの人に実験を行い，その平均値の差としてしか確認できない現象もあります。

臨床場面においては，エビデンス（科学的証拠）のある治療や介入方法を選択することが増えています。しかし，「効果がある」というエビデンスは，誰にでもいつでも効果があることを保証しません。生物（特に人間）は個体差が大きいので，それによって効果がわかりにくくなることがあります。物理学や化学の実験と心理学の実験で，実験の質が異なるわけではありません。対象としているものが異なるために，ばらつきの大きさが違うのです。このばらつきをどうやって減らすかが，心理学実験を行うときの大切なポイントになります。

語句説明
錯視
視覚における錯覚。まっすぐな線が歪んで見えるなど，物理的状態とは異なった知覚内容が得られる。

3　倫理の視点

「人体実験」とか「実験台」という言葉があるように，人間を対象にした実験について，良くないイメージをもつ人もいるでしょう。そうであっても，人間の心や行動の仕組みを因果関係にまで踏み込んで明らかにするためには，多くの人たちの協力が不可欠です。その人たちの善意に応えるためにも，実験を行うときには十分な倫理的配慮が必要です。

心理学実験に参加する人を「被験者（subject）」または「実験参加者（participant）」と呼びます。どちらの用語を使ったとしても，実験を受ける前には，研究の目的と参加者の権利（いつでも不利益なしに実験を中断できるなど）について説明し，同意が得られた場合のみ参加してもらいます（インフォームド・コンセントの原則）。

参照
被験者
→3章

実験参加者の権利を尊重することは大切ですが，あらかじめ実験の内容をすべて説明してしまったら，そのことによって反応が歪んでしまうかもしれません。研究の目的を達成するために，時には参加者に嘘をつく（ディセプション）手続きを取らなくてはならないこともあります。参加者を精神的に傷つけるディセプションは避けなければなりません。また，実験の最後には，ディセプションの内容を説明して丁寧に詫びます。研究の真の目的を知って不本意だと感じた参加者は，自分のデータを削除してもらう権利があります。

実験を計画するときは，参加者をどのように集めるか，実験中に生じ得るリスクが日常生活で出会う範囲を超えないか，参加者の負担を必要最小限にしているかといった点について熟考します。安全な実験ならいくらでも実施してよいわけではありません。実験によって得られる知見（利益）と参加者の負担や実施コストなど（損失）のバランスをよく考え，さまざまな立場からみて合理的に説明できる（説明責任を果たせる）研究を行うようにします。動物実験を行うときも，必要以上の個体を使用していないか，動物福祉の観点から適切な扱いがなされているかを確認します。

研究倫理には一つの決まった答えがあるわけではありません。実験計画に倫理的問題が含まれるかどうかは，研究者自身では判断しにくいことがあります。そのため，現在では，第三者からなる研究倫理審査委員会で審査を受けてから研究を実施することが必須の手続きとなっています。

プラスα

研究者と実験者の役割

研究者と実験者の役割は異なる。前者は，研究の計画を立てデータを分析する。後者は，実際に実験を行ってデータを取得する。両者を1人で兼ねることもあるが，望ましくない影響が生じる可能性には留意しておく（5章4節参照）。

参照

研究倫理審査委員会

→3章

2 実験法で扱う重要な概念

この節では，実験法で使われる用語とその概念について説明します。よく似ていて混乱しやすいものが多いですが，対となる用語を組み合わせて学習すると，理解が進みます。

1 独立変数と従属変数

実験法は，正しく実施すれば，因果関係を明らかにできる唯一の方法です。原因にあたる要因を**独立変数**，結果にあたる要因を**従属変数**と呼びます（図4-2）。それぞれ，他の要因から独立して変化させる変数，それに従って変化する変数という意味です。独立変数は，「あり・なし」「大・中・小」といった離散的なカテゴリー（水準，レベルと呼ぶこともあります）として設定することも，連続的な数値として変化させることもできます。測定したデータが従属変数となります。従属変数の種類については次章で詳しく述べます。

参照

従属変数の種類

→5章

2 剰余変数と交絡変数

実験法の目的は，独立変数が従属変数に及ぼす因果関係を明らかにすることです。しかし，従属変数として測定されるデータには，独立変数以外の要因も影響します。これらの要因をまとめて**剰余変数**と呼びます。たとえば，音の大きさを独立変数，反応時間を従属変数とし，音が聞こえたらボタンを押すという課題を行うとします。聞き取りにくい小さな音に比べて，明らかに聞こえる大きな音には，すばやく反応できます。しかし，従属変数の反応時間は，周囲の騒音の大きさなどの他の要因によっても変わります。このような剰余変数はできるだけ減らすか，一定になるようにコントロールします。このような工夫を**統制**と呼びます。

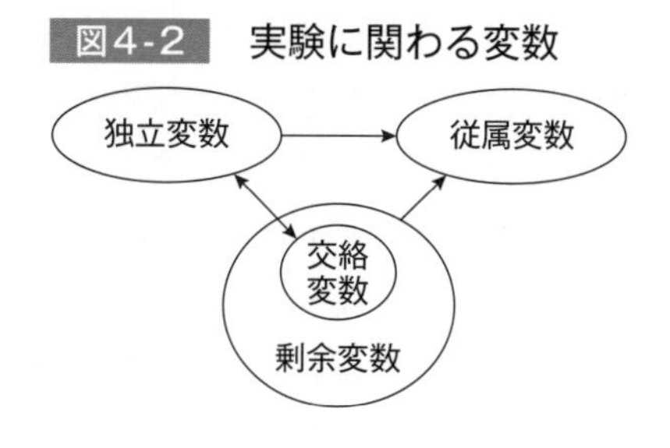

図4-2　実験に関わる変数

特に注意が必要な剰余変数が，交絡変数です。**交絡変数**は，独立変数とは異なりますが，独立変数とともに変化する要因です。たとえば，「音楽を聞きながらだと作業がはかどる」という仮説を検証するための実験を行うとします。独立変数は音楽を聞くか聞かないか，従属変数は作業成績です。

実験の結果，音楽を聞いていると作業成績が良くなったとします。このとき，作業がはかどった原因は音楽を聞くことだと結論づけてよいでしょうか。もし音楽を聞くときにヘッドホンを使い，聞かないときにヘッドホンを使わなかったら，得られた結果の違いは，音楽の有無という独立変数によるものではなく，「ヘッドホンをすること」や「その結果として周囲の雑音が聞こえなくなったこと」という交絡変数の影響かもしれません。実験計画を立てるときは，独立変数は何であるか，独立変数を操作するときに予定外の変数も変化させていないかを慎重に考える必要があります。

以上をまとめると，独立変数が従属変数に及ぼす効果についての仮説を立て，剰余変数を統制したうえでデータを取得し，仮説を検証するのが実験法だといえます。

3　実験条件と統制条件

独立変数を変化させる（操作すると表現します）と，いくつかの条件*ができます。検討したい要因を含む状況を実験条件と呼びます。実験条件を一つだけ実施しても，得られたデータの解釈ができないので，必ず比較対象を設けます。これを統制条件，対照条件と呼びます。検討しようとする要因だけが異なるように実験条件と統制条件を設定すれば，得られたデータの違いは，その要因の違いによるものだと結論できます。

条件を設定するのは，理論上は簡単ですが，実際には困難を伴うこともあります。実験条件は自分が知りたい要因・状況なので，容易に設定できます。しかし，統制条件にはいろいろな可能性が考えられます。

先ほどの「音楽を聞きながらだと作業がはかどる」という仮説を考えてみましょう。音楽を聞く条件が実験条件です。どんな種類の音楽をどのくらいの音量で聞かせるかといった細部を詰める必要はありますが，「音楽を聞く」という中心的な特徴は揺らぎません。

他方，統制条件は，比較のために「音楽を聞かない」という特徴だけが求め

語句説明
条件
ある要件が満たされた状況のこと。

られるので，可能性はたくさんあります。すぐに思いつくのは無音の状態です。しかし，無音な状態は，音楽もありませんが，音もありません。無音を統制条件としたら，音楽ではなく音を聞くことの効果を調べることになるかもしれません。音楽でない音には，定常的な雑音や話し声，自然音（波の音や都会の雑踏音等）などがあります。

それぞれの統制条件には一長一短があります。選び方はいろいろありますが，自分の考える日常場面に近づけることが一つの方法です。「音楽を聞きながらだと作業がはかどる」という仮説を立てたときに，具体的にどのような状況を思い浮かべたでしょうか。電車のなかで音楽を聞きながら読書する，一人で音楽を聞きながら部屋の掃除をするなど，具体的な場面における「音楽がない」状態とは何かを考えてみることです。前者であれば，周囲のさまざまな騒音を防ぐ役割を音楽にもたせています。そのため，統制条件としては日常環境音を使うのがよいかもしれません。後者では，無音に近い状態と音楽がある状態を比較していますから，無音を統制条件にすることもできます。

このように，心理学実験における仮説は，理論と現実場面を行き来することで，より精緻なものになっていきます。統制条件をよく考えて決めることは，曖昧であった独立変数を明確にする役割もあるのです。

もっと理論的な関心からスタートする研究では，日常生活とのつながりを考える必要はありません。たとえば，線分に外向きの矢羽をつけると線分が長く見えるといったミュラーリヤー錯視の実験では，「矢羽の角度が何度のときに線分は実際よりも長く見える」といった厳密な仮説を立てます。しかし，日常生活で得た問いを実験に落とし込むためには，日常場面に含まれる重要な要素を抽出して，実験条件と統制条件を決める作業が必要になります。

プラスα
ミュラーリヤー錯視

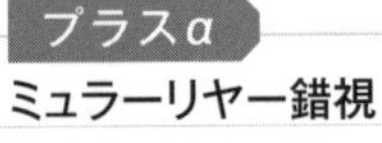

4 無作為抽出と無作為割り当て

①無作為抽出

参照
無作為抽出
→6章

実験参加者をどのように集めるかによって，得られる知見が適用できる範囲が決まります。大学で行う実験では，身近にいる大学生を参加者として集めることがよくあります。しかし，大学生は，人類の代表でも，若者の代表でもありません。小中学生や高齢者を対象にしたら，異なる結果が得られることは十分に考えられます。

もし，研究知見を適用したい範囲が明確であれば，それを母集団として設定し，そこから無作為（ランダム）に参加者を選ぶ必要があります。この手続きを無作為抽出と呼びます。調査法ではきわめて重要な手続きです。参加者をランダムに選ぶことにより，小さな標本から，母集団全体の性質を推測できます。

次の例を考えてみましょう。カレーの味見をするときは，鍋をよくかき混ぜて，上から少量を取ります。「よくかき混ぜる」というのがランダムにするということです。かきまぜないで上澄みをすくっても全体の味はわかりません。大人用の辛口カレーと子ども用の甘口カレーを分けてつくるなら，それぞれの鍋について中身をよくかき混ぜます。それぞれの鍋が母集団に相当します。よくかき混ぜていれば，一さじ口に入れるだけで，全体の味を知ることができます。

標本を無作為に抽出することは，得られた知見がどこまで一般化できるかに関係します。しかし，実験法では無作為抽出は必須ではありません。次に述べる無作為割り当てさえ守っていれば，得られる知見が一般化できる範囲は限られますが，実験によって仮説を検証できます。

②無作為割り当て

集まった参加者を実験条件と統制条件にランダムに割り当てる手続きが，**無作為割り当て**です（図4-3）。参加者には個人差がありますが，それは無視して，機械的に（理想的には乱数表*を使って）各条件に割り当てます。実験条件に割り当てられた参加者を「実験群」，統制条件に割り当てられた参加者を「統制群」と呼びます。

もし独立変数（先ほどの例では「音楽を聞く・聞かない」）の効果がなければ，実験条件と統制条件は名前が違うだけで，同じ結果が得られるはずです。各群における従属変数の平均値は，参加者の数が増えるにつれてばらつきが打ち消されて等しくなるでしょう。反対に，独立変数の効果があれば，従属変数の平均値は群によって異なるはずです。2つの群の平均値の差が「偶然とはいえないほど（＝統計的に有意に）」大きいことが示せたら，独立変数の効果があったと結論できます。このように，独立変数の効果があるかどうかを示すためには無作為割り当てが必須の要件となっています。

無作為割り当てを用いる臨床研究の手続きが，無作為化比較試験*（Randomized Controlled Trial：RCT）です。これは，ある治療法や薬剤に効果があるかどうかを検証する標準的な手続きです。患者をランダムに2群に分け，片方には評価しようとする方法で介入し，他方には従来の方法で介入します。もし評価しようとする方法に効果があるなら，従来の方法と比べて，治療効果を示す値（従属変数）に偶然を超える差が生じるでしょう。患者は一人ひとり違いますが，ランダムに群分けを行うことで，介入法以外の要因が確率的に公平になります。

無作為化比較試験では，ある介入法の効果を客観的に検証できます。しかし，

語句説明
乱数表
0から9までの数字が不規則に等確率で並んだ表。目をつぶって指さした数字を使うなどする。

語句説明
無作為化比較試験
バイアス（偏り）を避けて治療効果を客観的に評価するための標準的な方法。無作為化比較対照試験ともいう。

図4-3　無作為抽出と無作為割り当て

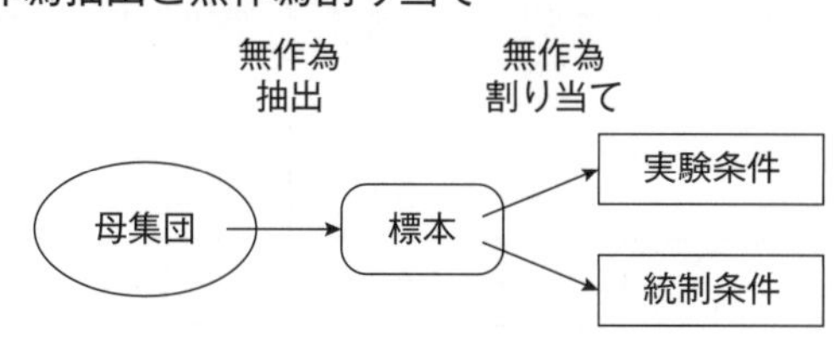

①の無作為抽出で述べたように，実験法の知見が適用できる範囲は，患者を選んできた母集団に限られます。その範囲を超える人（別の症状をもつ人など）については，改めて研究しない限り，確かなことはわかりません。

5 順序効果とカウンターバランス

最も基本となる実験計画では，実験条件と統制条件に異なる参加者を割り当てます。これを参加者間計画と呼びます。参加者間計画は，個人差の大きな従属変数を用いるときに不便です。個人差を打ち消すために，たくさんの参加者を集める必要があるからです。これに対して，同じ人が両方の条件に参加すれば，個人内でその結果を比較することができます。これを参加者内計画と呼びます。

2つの実験計画の違いを具体的に見てみましょう。表4-1に示すように，実験条件と統制条件について，それぞれ5つのデータを得るとします。参加者間計画（A）では10名の参加者を実験条件と統制条件にランダムに割り当て，参加者内計画（B）では5名の参加者に両方の条件を実施してもらいます。数値はどちらも同じなので，実験条件と統制条件の平均値はそれぞれ51点と50点です。参加者間計画では，個人ごとの得点は10点から91点まで広がっているので，そのなかでの1点の差というのは，わずかな差に見えます。これに対して，参加者内計画では，個人ごとに条件差を計算できます。すると，どの参加者も実験条件で1点ずつ得点が高いことがわかります。個人の得点に高低があっても，その個人差とは切り離して，実験条件の効果を検討できます。

このように参加者内計画には利点もありますが，特有の問題も生じます。そ

表4-1 参加者間計画と参加者内計画

参加者内計画では，個人ごとに条件差を求めることができる。

A．参加者間計画

	参加者1	参加者2	参加者3	参加者4	参加者5	平均
実験条件	11	21	51	81	91	51
	参加者6	参加者7	参加者8	参加者9	参加者10	
統制条件	10	20	50	80	90	50
差	−	−	−	−	−	＋1

B．参加者内計画

	参加者1	参加者2	参加者3	参加者4	参加者5	平均
実験条件	11	21	51	81	91	51
統制条件	10	20	50	80	90	50
差	＋1	＋1	＋1	＋1	＋1	＋1

れが**順序効果**です。最初に行う条件よりも 2 回目に行う条件の方が，課題の成績が上がったり（練習効果）下がったり（疲労効果）することがあります。順序効果を打ち消すために，順序の**カウンターバランス***を取ります。半数の参加者は実験条件を先に，統制条件を後に行い，残りの半数の参加者はその逆の順序で行います。こうすると，条件の実施順序が課題成績に及ぼす効果は，参加者全体では打ち消されることになります。

2 つではなく，もっと多くの条件がある場合，可能なすべての順序を実施するか，ラテン方格によって順序を決めます。ラテン方格とは n 行 × n 列の正方形のマス目に，1～n の数字が各行各列に 1 回ずつ現れるように配置したものです。これに従うと，n 個の条件があった場合，それぞれの条件を n 番目に行う回数をそろえて，n 通りの順序で実施することができます。A，B，C という 3 つの条件があった場合，A-B-C，B-C-A，C-A-B という 3 つの順序で実施すれば，各条件を 1 番目，2 番目，3 番目に同じ回数だけ行うことができます。他の方法として，条件の順序をランダムにすることもできます。

カウンターバランスは有効な手続きですが，順序効果が対称的でないときは使えません。たとえば，記憶の実験で，どのように覚えるかという記銘方略を教示する条件と教示しない条件を設けるとします。このような場合，教示なし条件の後に教示あり条件は実施できますが，教示あり条件の後に教示なし条件は実施できません。教示なし条件の質が変わってしまうからです。

語句説明
カウンターバランス
順序や組み合わせの効果を，参加者間で入れ替えて相殺する手続き。

3　実験計画の選定

実験を計画するとき，研究者は目的に応じて，いくつかの決定を行います。以下では，考慮すべきポイントについて紹介します。

1　データのばらつきと効果量

心理学の実験では，参加者一人ひとりが独自であるため，データのばらつきが大きくなることがあります。独立変数の効果があるかどうかは，誤差（説明できない測定値の変動）の大きさと比較することで判定します。独立変数の効果が，誤差に比べて十分に大きい場合は，有意な効果があると判断します。

測定値は，ある定数に独立変数の効果と誤差が加算されたものとして考えることができます（図4-4）。誤差のなかから説明できる部分（個人差やその他の要因）を除去していけば，誤差が小さくなり，同じ大きさの効果であっても統計的に有意であると示しやすくなります。もともとの誤差（A）から，個人差による変動を特定して取り除くと，誤差を減らすことができます（B）。さらに，その他の要因（性差の効果など）による変動も特定して取り除けば，誤差をもっと減らせます（C）。

図4-4　効果があるかないかは誤差の大きさと比較して統計的に判定する

効果が誤差よりも十分に大きければ，偶然を超える差があるといえる。
誤差を小さくしたら，効果を検出しやすくなる。

A．測定値＝定数＋効果＋誤差 e_1
B．測定値＝定数＋効果＋個人差＋誤差 e_2
C．測定値＝定数＋効果＋個人差＋その他の要因＋誤差 e_3

誤差 $e_1 > e_2 > e_3$

統計検定では「差があるかないか」という判定をしますが，現実場面では効果の有無だけでなく効果の大きさが重要です。たとえば，2種類の運動法のどちらにも，体重を減らす効果があることが示された場合，より効果が大きいほうを選ぶのが合理的です。効果の大きさは，誤差の大きさとの比である**効果量***として表します（効果量＝効果の大きさ／誤差の大きさ）。

語句説明
効果量
独立変数の効果の大きさを誤差の大きさとの比で表したもの。

2　実験計画の種類

心理学における実験計画には大きく分けて，以下の3つがあります。

①無作為群計画

異なる参加者を異なる条件に割り当てる参加者間計画です。一人が1つの条件しか体験しないので，練習効果や疲労効果を考える必要がなく，最も自然な状態に近いといえます。その反面，誤差から個人差を切り離せないため（図4-4のA），誤差が大きくなり，効果の有無を検出しにくいという欠点があります。

②反復測定計画

一人の参加者にすべての条件を体験してもらう参加者内計画です。同じ人から複数回のデータを繰り返して測定するので，反復データに含まれる共通部分を個人差として誤差から差し引くことができます（図4-4のB）。誤差を小さくできるので，統計検定で効果を検出しやすくなります。しかし，前述のように順序効果が生じます。

③釣り合わせ計画（乱塊法）

一人が1つの条件だけに参加するときでも，同質の参加者をペア（ブロック，塊）にしてそこから各条件に割り当てることができます。ある基準（類似課題における作業成績など）によって似た者同士を集めれば，似たような成績が得られると期待できます。同じブロックの人たちを仮想的に「同じ人」とみなせば，反復測定計画と同じ理屈で，誤差を減らすことができます。測定日や実験者といった要因をブロックにすることもできます。

3 要因計画

これまでは独立変数が 1 つの場合のみを考えてきましたが，2 つ以上の独立変数を同時に検討することもできます。それぞれの独立変数を「要因」と呼び，このような実験計画を**要因計画**と呼びます。独立変数同士の組み合わせの効果（**交互作用***）が生じることが特徴です。要因計画に反復測定を含むこともあります。この場合は，参加者内要因と呼びます。

図4-5に，2 要因実験計画の結果の例を示します。要因 X を実験参加者の年齢（大人と小人），要因 Y を課題の難易度（難しい問題と易しい問題），従属変数を得点とします。A のように要因 X によって得点が高くなり，要因 Y によってそれとは独立して得点が高くなる場合を加算的（相加的）効果と呼びます。大人だと得点が高く，易しい課題だと得点が高いということです。2 つの要因の効果は互いに影響しないので，交互作用はありません。その他の要因の水準を平均したある要因単独の効果を**主効果***と呼びます。これに対して，B では，要因 X によって得点が高くなり，要因 Y によって得点が高くなりますが，両方がそろったときに最も高くなります。大人が易しい問題を解くと得点がさらに高くなるということです。このようなケースを相乗的効果といい，交互作用の一種です。

さらに，C のように，それぞれの要因の主効果がないのに，交互作用だけがある場合もあります。要因 X と要因 Y はそれぞれ単独では効果がありません。他方の要因の水準を平均すると差がありません。しかし，大人は易しい問題で得点が下がり，小人は逆に得点が上がっています。このように，新しい独立変数を追加することで，それまで見えなかった効果が交互作用として現れることもあります。

3 つ以上の独立変数を含む実験計画では，さらに高次の交互作用が生じることがあります。要因 X と要因 Y の組み合わせによって要因 Z の効果が変わるような場合を，2 次の交互作用と呼びます。

語句説明
交互作用
要因計画で，ある要因の水準によって，別の要因の効果が異なること。

語句説明
主効果
要因計画で，他の要因の水準を平均したときの，ある要因単独の効果。

図4-5 要因計画と交互作用

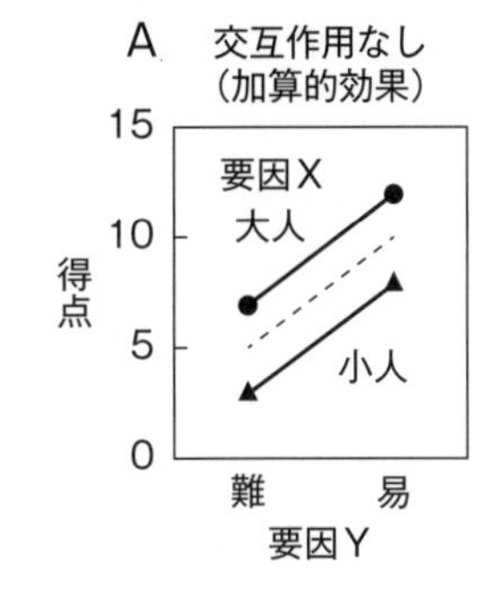

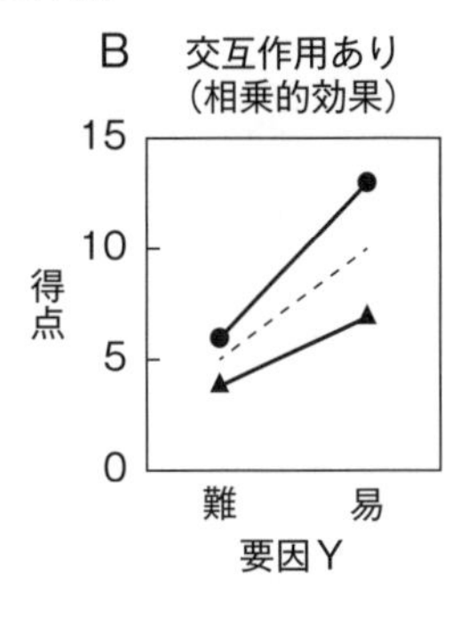

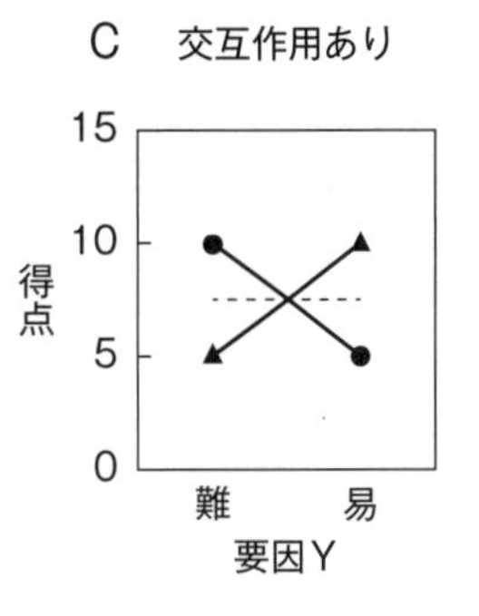

注：点線は要因 Y の主効果を示す。

4 少人数実験計画

これまで述べてきた実験は，一人の参加者が１つの条件（参加者間計画）または複数の条件（参加者内計画，反復測定）に１回だけ参加するものでした。これに対して，一人の参加者に対して長期間繰り返して実験操作を行い，その操作と反応との因果関係を時系列的に調べる実験もあります。

たとえば，無作為なタイミングで，ある要因を提示したり取り除いたりしたときに（例：照明をつける／消す），それに応じて行動が変化したら，その要因と行動には因果関係があると結論できます。これを実験と呼べるのは，独立変数の操作を研究者が意図的に行っているからです。もし要因が時系列的に変化しても，研究者が操作していない場合（たとえば，昼夜の交代など）には，交絡変数を排除できないので，実験とは呼べません。

5 準実験

真の実験には，①独立変数を意図的に操作できる，②参加者を無作為に条件に割り当てられる，という要件があります。実験に似ているが要件を満たさないものを「**準実験**」と呼びます。準実験も，独立変数と従属変数の関係を調べますが，因果関係についての明確な結論を出すことはできません。

典型的な準実験の例は，性差の研究です。性別を独立変数にすることはできますが，参加者に性別を無作為に割り当てることはできません。そのため，性別の効果が得られたとしても，「男性だから～」「女性だから～」という因果関係についての結論は出せません。準実験については，次章の自然実験であらためて取りあげます。

参照
自然実験
→5章

考えてみよう

実験によって検証できる仮説を１つ考え，独立変数と従属変数，可能性のある交絡変数をあげてみましょう。

本章のキーワードのまとめ

実験法	独立変数を意図的に操作し，その結果として生じる従属変数の変化を測定する研究法。独立変数と従属変数の因果関係を明らかにできる。
独立変数	他の要因とは独立して操作する変数。因果関係の「原因」にあたり，従属変数に影響を与える。離散的なカテゴリーのことも連続量のこともある。
従属変数	測定するデータ。因果関係の「結果」にあたり，独立変数に従って変化する。主観測度，行動測度，生理測度の３種類に分類できる。
剰余変数	独立変数ではないが，従属変数に影響する要因。独立変数と従属変数の因果関係を明らかにするために，剰余変数はできる限り除去・統制する。
交絡変数	剰余変数のうち，独立変数とともに変化する要因。独立変数によって従属変数が変化した場合でも，交絡変数があると，因果関係を結論づけられない。
統制	独立変数と従属変数の関係を妨害しないように，剰余変数（交絡変数）をコントロールすること。除去できないときは一定に保つ。
無作為割り当て	実験条件（群）と統制条件（群）にランダムに参加者を割り当てること。実験法の原則であり，統計検定の前提となる。
順序効果	一人が複数の条件に参加するとき，その順序が従属変数に与える効果。練習効果や疲労効果などがある。
カウンターバランス	剰余変数を相殺するために，条件の実施順序を参加者間で入れ替える方法。順序だけでなく，刺激と反応の組み合わせなどにも使う。
効果量	独立変数が従属変数に与える効果の大きさ。説明できない従属変数のばらつき（誤差）との比で表す。有意性検定に比べて，サンプルサイズの影響を受けにくい。
要因計画	２つ以上の独立変数（要因）を含む実験計画。それぞれの要因の主効果だけでなく，両者の組み合わせの効果（交互作用）も生じる。
主効果	要因計画において，他の要因の水準を平均したときの，ある要因単独の効果。
交互作用	要因計画において，ある要因の効果の有無や大きさが，別の要因の水準によって異なること。
準実験	実験に似ているが，独立変数を意図的に操作できない，無作為割り当てができないという理由で，因果関係を確証できない研究法。

第5章 実験法（2）：実験の種類と具体例

この章では，前章に引き続き，心理学の実験について具体例を交えて解説します。まず，実験と呼ばれる３種類の方法を紹介します。次に，心の異なる側面を反映する３種類の従属変数（主観・行動・生理測度）の特徴を述べます。その後，実際の研究を例に，これまでに学んだ実験法の手続きを復習します。最後に，実験法で注意が必要な点についてまとめます。

1 実験の種類

実験法にはいくつかの種類があり，それぞれに一長一短があります。変数の統制をどれだけ厳密にできるか，実験場面がどれだけ現実に近いかという点に違いがあります（図5-1）。一般に，統制を厳密に行うほど現実性や自然さが失われます。

1 実験室実験

参加者を実験室に呼んで行う実験です。実験室は，従属変数に影響を与える剰余変数を統制できる場所です。教室や会議室を実験室として使うこともあります。部屋の明るさや騒音，温度といった物理環境だけでなく，実験者や同時に実験を受ける参加者も実験状況の一部です。

実験室実験のメリットは，さまざまな要因を統制しやすいことです。第４章で述べたように，変数間の因果関係を調べることができるのは実験法だけです。しかし，実験室で実験すれば自動的に剰余変数が統制でき，因果関係がわかるわけではありません。よく練られた仮説と計画に基づいて，剰余変数を意図的に統制しながら実験を行う必要があります。実験室は，研究者の裁量を高めるための舞台なのです。

実験室実験のデメリットは，日常生活に比べて不自然なことです。日常の生活ではさまざまな要因が複雑にからみあっています。実験室実験では，それらの要因をできるだけ排除しようとするので，人工的で単調な環境になります。そのような状況では，いわば「よそいき」の行動が生じます。高級レストランでの振る舞いとふだんの食卓での振る舞いが異なるように，実験室で得られた

図5-1　3種類の実験

	変数の統制	現実性・自然さ
実験室実験 フィールド実験 自然実験	大 ↑ 小	小 ↓ 大

行動傾向が日常生活で同じように生じるわけではありません。その可能性を自覚しておくことは大切です。とはいえ，実験室における行動も，リアルな人間行動の一つの側面であることは疑いありません。

2　フィールド（現場）実験

実験室以外の場所で行う実験です。参加者の日常生活の一部となっている場所（自宅，職場，学校，街角など）で実施します。このような場所（フィールド，現場）は，参加者にとってなじみがある反面，剰余変数の統制が行いにくいという欠点があります。

フィールド実験のメリットは，参加者に実験に参加しているという意識を強くもたせずに実施できることです。見られていると感じると行動が変わってしまうことがあります（観察反応）。だからといって，参加者に明示的に許可を求めないで実験を行ってよいかについては，議論の余地があります。

次の例を考えてみましょう。ウェブサイトのデザインを決める「AB テスト」と呼ばれるものがあります。ある商品を販売するためのウェブページに，A というデザインと B というデザインをつくります。そのページにアクセスした人は，ランダムに振り分けられ，どちらか一方のページを見ることになります。どちらのデザインのページにより長く滞在したか，情報請求や購買に進んだ割合はどちらが多いかといった行動データを自動的に収集して，A と B のどちらが効果的かを判断します。ビジネスの場面では，複数の要素を同時に変化させて A と B をまったく違うものにすることが多いですが，ある一つの要素だけを選んで変化させれば，厳密な実験を行うこともできます。ここで問題となるのは，参加者は自分で気づかないうちに実験に参加していることです。厳しくいえば，インフォームド・コンセントの原則に反しています。一方で，このような行動は日常生活の一部であり，個人を特定できる情報も得ていないので，許されるという見方もあります。

知らせることはフェアだが，観察反応が生じてしまう。知らせなければ，より自然な行動を調べられるが，真実を知った人は不愉快に思うかもしれない。それぞれに一長一短があり，明らかな正解はありません。このような問題が起こることを自覚したうえで，いろいろな立場から損益分析を行い，説明責任を果たせるようにすることが大切です。

3 自然実験

自然に生じる変動に基づいてデータを整理・分類したものを独立変数とし，各種の従属変数との関係を調べます。実験室以外で行う研究ですが，研究者が積極的に実験操作を行わない，無作為割り当てができないという点で，フィールド実験とは異なっています。実験ではなく，準実験に当たります。

自然実験のメリットは，日常生活で実際に生じる事象を扱うことに加えて，倫理上の理由で意図的には操作できない変数を扱えることです。たとえば，「妻を亡くすとその直後に夫の死亡率が高くなる」という仮説を検証したいとしましょう。このとき夫婦を無作為に死亡群と生存群に分けることはできません。そのため，自然な状況で生じた妻の死亡という事象によって群分けを行い，夫の死亡率を比較します。しかし，妻の死亡は完全にランダムに起こる事象ではありません。その他の要因（夫婦がおかれた社会的・経済的状況など）にも影響されます。家計のために夫婦が共に長時間労働していたのであれば，妻だけでなく夫も強いストレスを受けており，死亡リスクが高いかもしれません。そのような可能性を幅広く考慮し，さまざまな剰余変数を統計的に割り引いて分析する必要があります。そのようにして行われた研究をまとめた結果，妻を亡くした夫は半年以内に死亡する確率が４割ほど高くなることが示されています（Moon et al., 2011）。

自然実験のデメリットは，準実験であるため，因果関係についての明確な結論が出せないことです。

2 従属変数の種類

従属変数とは，参加者から取得するデータのことです。いくつかの種類があり，目的によって使い分けます。種類の異なる従属変数を組み合わせて測定すれば，心を多角的に理解することが可能になります。

プラスα
数値化
言語データであれば，発話数や記述語数，特定のカテゴリーの語が含まれる回数といった数値を求める。画像・動画データであれば，移動距離や表情の有無や強度，まばたきの回数などを求める。

1 質的データと量的データ

従属変数として測定可能なものには，質的データと量的データがあります。質的データは数値化されていないデータで，発話データや画像・動画データなどがあります。量的データとは数値化されたデータです。実験法では，質的データをそのまま利用することはまれで，それを客観的な方法で量的データに変換します。そうでないと，実験条件と統制条件を比較し，その差が偶然の範囲を超えるかどうかを検討できないからです。

2 心の3側面

心理学で扱う人間のデータは，主観・行動・生理という3種類にまとめることができます。これはそのまま心の3側面に相当します。表5-1に代表的な測度をまとめました。

表5-1　心理学実験の従属変数として使われる測度の例

測度	種類	例
主　観	量的データ	評定尺度（リッカート法，visual analog scale），調整法，一対比較法
	質的データ	発話，面接，自由記述
行　動	時　間	反応時間，所要時間，注視時間，探索時間
	割　合	正反応率，正再生率，正再認率，選択率
	パターン	時系列変化，視線分布
生　理	中枢神経系	脳波・脳磁図，事象関連電位，近赤外分光法（光トポグラフィ），機能的磁気共鳴画像法（fMRI），陽電子断層撮影法（PET）
	自律神経系	心拍数・心拍変動，光電式容積脈波，血圧，血流量，体温，呼吸，皮膚コンダクタンス，瞳孔径
	体性神経系	瞬目，眼球運動，表面筋電図，驚愕瞬目反射
	内分泌系	唾液中コルチゾール
	免疫系	唾液中分泌型免疫グロブリンA（s-IgA）

出所：入戸野，2017を一部改変

①主観測度

主観測度は，実験参加者が自覚している世界の見え方（現象学的世界）を言葉や数値で表現したものです。質問紙やインタビューによって得られます。その内容が正しいかどうかは本人以外には確認できません。刺激や事象そのものに対する評価だけでなく，判断の確信度のようなメタ認知*的測度を合わせて取得することもできます。たいていは，ある事象を体験した後に判断を求めるので，記憶の歪みや後知恵バイアス*が生じることがあります。

質問紙式のパーソナリティ測度も主観測度に含めることができます。質問紙を用いるときは，本人が正しく報告できる次元について尋ねなければなりません。その申告が正しいかどうかは，他の方法によって確認する必要があります。

プラスα

測度

「測度」は測定する方法や得られた数値のこと。それが指すものが明らかなときは「指標」と呼ぶこともある。ストレスの主観指標・行動指標・生理指標など。

語句説明

メタ認知

認知についての認知。対象ではなく，その対象を処理している自分の状態を俯瞰して認知すること。

後知恵バイアス

実際に生じた事象は，たとえ事前に予測していなかったとしても，それが生じるとわかっていたかのように感じる傾向。

②行動測度

行動測度は，運動によって表出されるデータです。その背後には筋活動がありますが，行動はある目標を達成するための生理反応の組み合わせなので，要素としての生理過程に還元してしまうことはできません。行動測度は客観的に観察可能であることから，科学的な心理学において重視されてきました。それに加えて，行動には，外界に働きかけ外界を変える機能があります。

外から見える反応は，他の人にとっての刺激にもなります。また，行動を変えることで，主観や生理といった他の側面にも影響を与えられます。自覚的・意図的な行動も，無意識の行動もあります。さらに，行動測度の結果が主観測度の結果と食い違うこともあります。

③生理測度

生理測度は，生理学的・生物学的なデータです。生理反応は主観や行動の基盤であり最も根源的と考えられがちですが，従属変数としては心の一側面を表すものにすぎません。主観測度や行動測度と同じように変化することも，独立して変化することもあります。進化の過程で獲得された，生き物としての心の側面です。

瞬目や眼球運動などは，行動測度としても生理測度としても扱われます。ある機能を果たす（例：外界の情報を収集する）なら行動測度，機能が明確でない（例：レム睡眠中の急速眼球運動）なら生理測度と考えることもできます。

生理反応が心理学的概念と一対一で結びついていることは，ほとんどありません。先行研究に基づいて，特定の状況における生理反応の心理学的意味を読み解く必要があります。

＊

心理学実験を計画するときは，これら３種類の測度の長所と欠点を考慮しながら，従属変数として何を用いるかを決めます。１つだけでなく複数の測度を組み合わせて使用することにより，心を多面的にとらえることができます。

3 操作チェック

心理学実験では，仮説を検証するためではなく，独立変数の操作（実験操作）が予定通り実施できたかを確認するために従属変数を使うこともあります。これを**操作チェック**と呼びます（図5-2）。たとえば，課題の難易度を操作する実験では，予備調査や先行研究に基づいて難易度を決めます。そして，その実験で集めた参加者でもそれが適切だったかを直接確かめます。難易度の高いときは，低いときに比べて，回答にかかる時間が長い，誤反応が多

図5-2　操作チェック

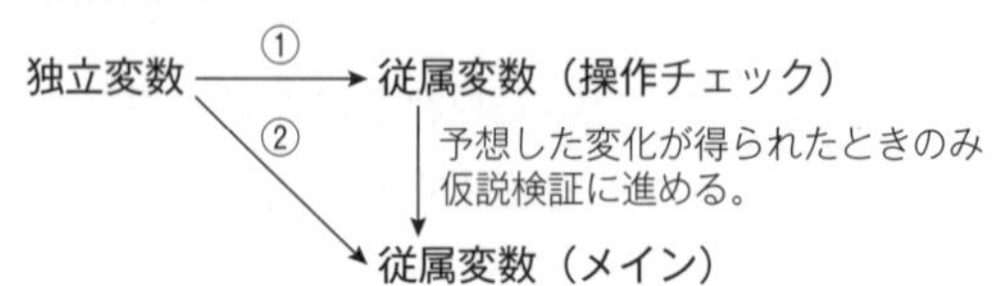

いといったことが確認できれば，実験操作は成功したといえます。実験操作に成功して初めて，仮説の検証を行うことができます。実験を計画するときには，操作チェックに使う従属変数も含めておくとよいでしょう。

3　実際の研究例

ここでは，実験室実験と自然実験を 1 つの論文のなかで報告した研究を紹介します。アルターとオッペンハイマー（Alter & Oppenheimer, 2006）は，「人間は処理しやすい情報を好む」という流暢性の原理を，株の購入場面で検証しました。

株式市場では，値上がりしそうな銘柄に投資することで利益を得ます。近い将来，値が上がるかどうかは，会社の業績や世界情勢，風評などに影響されるので，高度な数理モデルを用いても正確な予測が困難です。

このような複雑な状況で意思決定を求められると，人間は解決のための単純な近道（ヒューリスティックス）を使うことが知られています。その一つが，流暢性です。処理しやすい情報は，処理しにくい情報に比べて，なじみがあり，よく起こり，有名で，好ましいと評価される傾向があります。

知名度の高い会社は，無名の会社よりも，株価が高いことを示した研究は，それまでにもありました。しかし，すでに市場にある銘柄を調べても，有名な会社だから株価が上がったのか，株価が上がったから会社が有名になったのか，因果関係の方向性を明らかにできません。

そこで，アルターとオッペンハイマーは，3 つの研究を行いました。研究 1 は実験室実験，研究 2 と 3 は自然実験でした（図5-3）。

図5-3　実験室実験と自然実験の違い

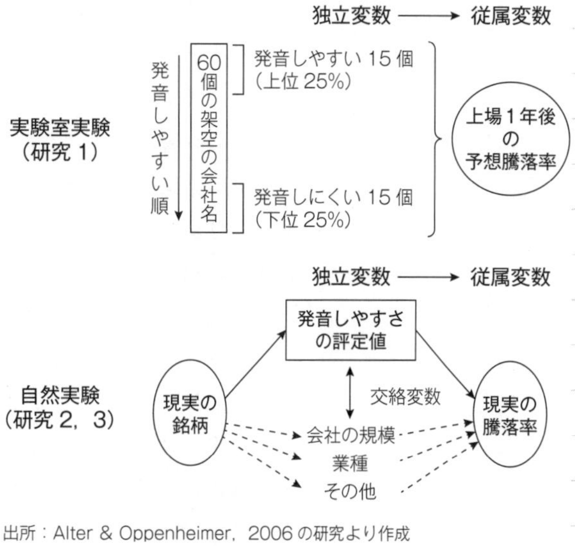

出所：Alter & Oppenheimer, 2006 の研究より作成

1　研究 1：実験室実験

会社名の流暢性が株価に因果的に影響することを確かめるために，実験室実験を行いました。実験室実験の特徴は，独立変数を意図的に操作でき，剰余変数を統制できることです。

まず，60 個の架空の会社名をつくり，大学生 10 名にその発音しやすさ（複雑さ）を 1 点（発音しやすい）から 4 点（発音しにくい）で評定してもらいました。会社名ごとに平均評定値を求め，最も発音しやすい 15 個（平均評定値

1.7 点以下）と最も発音しにくい 15 個（3.1 点以上）を選定しました。

次に，別の大学生 29 名を対象に実験を行いました。先ほど選んだ 30 個の会社名をランダムな順序で提示し，上場から 1 年後の株価の変化率（騰落率といいます）を−40％から＋40％までの 9 段階で予想してもらいました（1：40％値下がりしている～ 4：変わらない～ 9：40％値上がりしている）。発音しやすさの違いについては，参加者に知らせませんでした。

この実験の独立変数は「発音しやすさ」，従属変数は「1 年後の株価の予想騰落率」です。発音しやすい 15 個と発音しにくい 15 個に対する平均予想値を個人ごとに求め，参加者全員のデータを使って統計的に比較しました。その結果，予想騰落率は，発音しやすい会社名では平均＋3.90％，発音しにくい会社名では平均−3.86％でした。この差は，偶然生じたにしては大きく，統計的に有意な差でした。

この実験室実験は，架空の会社名を用いており，会社の業績などその他の情報を与えなかったので，きちんと統制できています。しかし，その点がまさに現実離れしており，実際の取引場面にも当てはまるかどうかは定かではありません。そこで，研究者たちは，現実の株式市場のデータを使った自然実験を計画しました。

2　研究 2：自然実験

1990 年から 2004 年の間にニューヨーク証券取引所に上場した 89 の銘柄をランダムに選びました。それぞれの銘柄名について，大学生 16 名が「もし授賞式で名前を呼ぶように言われたらどのくらい発音しにくいか」を 6 件法で評定しました（1：とても発音しやすい～ 6：とても発音しにくい）。それぞれの銘柄名の発音しやすさ（16 名の平均値）を独立変数（連続量）としました。従属変数は，各銘柄の上場 1 日後，1 週間後，6 か月後，1 年後の 4 時点における株価としました。仮説は，「他に情報のない上場直後には発音しやすさが株価に影響するが，時間が経つと他の情報が利用できるようになるので発音しやすさの影響は小さくなる」でした。

分析の結果，1 日後と 1 週間後には，発音しやすさの高い銘柄ほど，株価も高くなりました。6 か月後と 1 年後には偶然を超える差はなくなりましたが，同様の傾向が引き続き認められました。

この現象の大きさをわかりやすく示すために，次のような分析を行いました。89 の銘柄から最も発音しやすい 10 銘柄と最も発音しにくい 10 銘柄を選び，それぞれに 1,000 ドルずつ投資したときの結果を計算しました。すると，発音しやすい名前の銘柄は，発音しにくい名前の銘柄に比べて，すべての時点で平均株価が高くなりました。1 日後には 112 ドルの差（1,153 ドル対 1,041 ドル），1 週間後には 119 ドルの差（1,156 ドル対 1,037 ドル），6 か月後には

277ドルの差（1,368ドル対1,091ドル），1年後には333ドルの差（1,359ドル対1,026ドル）でした。

この結果は，銘柄名の流暢性が株価に影響することを示しています。しかし，自然実験のため，交絡変数を統制できないという欠点があります。成功している会社だから発音しやすい銘柄名を付けることができたのかもしれません。また，銘柄名に含まれる意味情報が株価に影響を与えたのかもしれません。自然実験であるかぎり，このような可能性を完全に排除できませんが，減らすことはできます。研究3では，意味情報をできる限り除いて発音しやすさだけに注目するため，会社名をアルファベット3文字に省略した銘柄コード（ティッカー）を用いて，同じ効果が認められるかを検証しました。

3　研究3：自然実験

1990年から2004年に上場した銘柄で4時点すべてのデータがそろったもののなかから，ニューヨーク証券取引所の665銘柄，アメリカン証券取引所（現NYSE American）の116銘柄を選びました。2名の判定者が英語の発音ルールに従って，各銘柄コードを「発音できる」「発音できない」の2カテゴリーに分類しました。判定が一致しなかった銘柄の数は10未満で，判定者が協議してどちらかのカテゴリーに決めました。そして，研究2と似た分析を行いました。

発音できるコードの銘柄（KAR，DIS等）は，発音できないコードの銘柄（RDO，VMW等）に比べて，どちらの市場でも上場1日後の平均株価が高くなりました。研究2と同じように，1,000ドルずつ投資したときの利益を計算すると，発音できるコードの銘柄は，発音できないコードの銘柄と比べて，1日後には85ドル，1週間後には42ドル，6か月後には37ドル，1年後には20ドル高くなりました。

銘柄コードは，元の会社名の発音のしやすさの影響を受けているかもしれません。そこで，研究2で使ったニューヨーク証券取引所の89社を取り出し，会社名の発音しやすさの影響を統計的に取り除いた分析も行いました。それでも，3文字の銘柄コードが発音できる会社は，発音できない会社に比べて，上場1日後の平均株価が高いという効果が認められました。

4　結果のまとめ

以上3つの研究から，他の情報が得られないときには，銘柄名（会社名やティッカーコード）の発音しやすさといった単純な特徴が株価に影響するという仮説が支持されました。

実験室実験は変数の統制が行えるので，解釈の幅を狭められます。しかし，得られた知見が現実場面に当てはまるかどうかは定かではありません。他方，自然実験は現実場面で起こる事象を扱いますが，変数を統制するのが困難です。交絡変数の影響を除外するために追加の統計分析を行うものの，確実な結論が出せない歯がゆさが残ります。一長一短のあるこれらの方法を組み合わせることによって，より説得力のある知見を提供できます。

4 実験法の注意点

実験法は正しく使うことで因果関係を明らかにできます。以下では，実験法を実施するときに気をつけたいポイントを述べます。

1 実験者効果

実験法では，実験者は公平中立な観察者となってデータを測定するという建前があります。しかし，実験者も人間です。参加者と接する実験の場面では社会的関係が生じ，結果に影響する可能性があります。これを**実験者効果**といいます（表5-2）。

実験条件と統制条件を担当する実験者が異なっていたら，得られる条件差の一部は，実験者の違いによるものかもしれません。実験者も実験を行う場所も，結果に影響を与える剰余変数になります。一人の実験者が同じ場所ですべての条件を実施する，複数の実験者や実験室があるならすべての条件をランダムに割り当てるといった工夫をして統制します。

実験者の期待が結果に影響することもあります。有名なのは，ピグマリオン効果*（ローゼンタール効果）です。特定の子どもの成績が伸びるという事前情報を教師に与えると，実際にはランダムに選ばれたにもかかわらず，その子どもたちの成績が上がったというものです。この効果が実際どのくらいあるかについては議論がありますが，実験者の思い込みが結果を歪める可能性は否定できません。

このような実験者の期待の効果を防ぐために，参加者も実験者もどちらの条件に参加しているかを知らない**二重盲検（ダブルブラインド）法**が使われるこ

語句説明

ピグマリオン効果

ピグマリオンはギリシャ神話に出てくる人物。自分がつくった彫像に恋して，それが人間になることを願った。転じて，実験者の期待によって参加者の行動が変わる効果を指す。提唱者の名前をとってローゼンタール（Rosenthal, R.）効果ともいう。

表5-2　実験結果を歪める可能性のある要因

実験者の期待	事前の知識によって参加者への接し方が変わる。
観察反応	観察されていると知るとふだんとは異なる行動をする。
評価懸念	実験者によく思われようと望ましい行動をする。
要求特性	実験場面での暗黙の了解に従って行動する。

とがあります。研究者と実験者を分けることで，研究の仮説を知らない人が実験を遂行し，中立の立場でデータを収集することができるようになります。

2 観察反応，評価懸念，要求特性

心理学実験の参加者は，ふつうは自分の行動が観察されていることを知っています。そのため，ふだんとは違う行動をとることがあります。これを**観察反応**（反応性）といいます。たとえば，ふだんならすぐにやめてしまうような退屈な課題でも，「見られているから」という理由で延々と続けるなどです。

評価懸念とは，参加者が実験者に否定的に見られていないかを気にすることです。実験者によく思われようと，社会的に望ましい行動をすることがあります。

要求特性とは，「参加者が感じる，その状況で求められていることのすべて」を指します。参加者は実験者が期待している（と参加者自身が思う）行動をする傾向があります。

評価懸念と要求特性は対立することもあります。ある行動をするように教示しても，それが参加者にとって恥ずかしい（見られたくない）ことなら，素直には従わないかもしれません。

3 生態学的妥当性

実験法は，独立変数を意図的に操作し，剰余変数を統制することで，変数間の因果関係を示すことができます。しかし，統制を厳しくするほど，自然な状況から離れていってしまいます。実験場面が現実場面をどのくらい模しているかを，「生態学的妥当性」という言葉で表現することがあります。あまりに人工的な実験状況は，生態学的妥当性が低いといいます。

生態学的妥当性という用語は，もとは知覚心理学の分野でブルンズウィック（Brunswik, E.）が1940年代に導入しました。人間が利用できる知覚手がかりが対象の性質を反映する程度を表すものでした。生態学的妥当性の高い手がかりとは，対象の性質を正しく推測するのに役立つ手がかりのことです。これとは別に，ブルンズウィックは「代表的研究計画」という概念を提唱しました。現実世界の代表となる典型的な場面を実験で扱わなければ，実験で得られた結果は現実世界に当てはめられないということです。母集団からランダムに標本を抽出しなければ，得られた結果を母集団に一般化できないように，実験計画が現実世界の特徴を保持していなければ，得られた結果を現実世界に一般化できません。現在の「生態学的妥当性」は本来「代表的研究計画」と呼ぶのがふさわしいものですが，1970年代の半ばから混同されて使われています。

4 オープンサイエンスに向けて

実験法は厳密な手続きで行われるため，得られる知見は正しいように思えます。しかし，論文として発表された研究でも，その知見が再現できないこともあります。2015 年に『サイエンス』誌に発表された報告（Open Science Collaboration, 2015）によると，権威ある心理学の学術誌に 2008 年に掲載された 100 の実験を追試したところ，およそ 40％しか結果が再現できませんでした。これは，元の論文がねつ造されたというよりも，集めた参加者が偶然に偏っていた，予定していなかった分析を行ったら意味のありそうな結果が偶然に得られたといった理由が考えられます。

実験結果を見た後で，それに合うように仮説を組み替えてしまうことをハーキング*と呼びます。たとえば，「音楽を聞きながらだと作業効率が上がる」という仮説を立てて実験を行ったところ，仮説とは逆の「作業効率が下がる」という結果が得られたとします。後付けで考えてみると，確かに音楽が流れていると気が散るので成績が悪くなる可能性もあります。

このとき，最初の仮説が支持されなかったと認めたうえで，仮説を立て直して新しく実験を行うのが，健全な科学の方法です。しかし，あたかも最初から「音楽を聞きながらだと作業効率が下がる」という仮説を立てたと主張し，実験に成功したと報告するのはフェアではありません。

このような「**問題ある研究行動**」を避けるために，研究や分析を行う前にその手続きを事前に登録しておくことが推奨されるようになりました。また，実験材料やデータを公開し，研究の透明性を高める工夫も進められています。アイデアが奪われる，お金と労力をかけて集めたデータを無償で公開するのは惜しいという反対意見もありますが，科学の研究を社会全体で育んでいこうという「オープンサイエンス」の流れは，心理学の世界にも確実に及んでいます。

語句説明

ハーキング

HARKing（Hypothesizing After the Results are Known）。

考えてみよう

「記憶」をテーマに，実験室実験，フィールド実験，自然実験の例をそれぞれ考えてみましょう。

本章のキーワードのまとめ

実験室実験	実験室で行う実験。剰余変数の統制がしやすいので，独立変数と従属変数の因果関係を検証できる。
フィールド実験	実験室ではなく，家庭や職場など日常生活の一部で行う実験。現場実験ともいう。実験室実験に比べて剰余変数の統制がしにくい。
自然実験	現実世界で起こる事象に注目して独立変数を設定する。独立変数を自由に操作したり，参加者を無作為に割り当てたりできないので，準実験である。
主観測度	質問紙やインタビューによって得られるデータ。本人が自覚している心の側面（現象学的世界）を表している。
行動測度	運動によって表出され，外から観察できるデータ。行動は，客観的というだけではなく，外界に働きかける機能をもっている。
生理測度	生理学的・生物学的なデータ。神経系や内分泌系・免疫系の活動を測定する。客観的であるが，行動測度とは異なり，外界に直接働きかける機能はもたない。
操作チェック	独立変数の操作が正しく行われたかを確認する手続き。検討しようとする従属変数とは別に，独立変数の操作に成功すれば必ず変化する従属変数を含めることで確かめる。
実験者効果	実験者の期待や行動が実験結果に影響を与えること。実験者が実験の目的や仮説を知っている場合，望ましい結果が得られる方向に意識的・無意識的なバイアスが生じることがある。
二重盲検法	どの条件を実施しているか，参加者と実験者の両方がわからないようにする手続き。実験者効果を防ぐために使われる。ダブルブラインド法ともいわれる。
観察反応	行動を観察されていると参加者が意識することで生じる反応。反応性ともいう。ふだんとは違った行動が生じる可能性がある。
評価懸念	参加者が実験者に否定的に見られていないかを気にすること。行動を歪める原因にもなる。
要求特性	参加者が「その場で求められている」と感じるすべての内容。明示されない暗黙の了解も含めて，実験場面における参加者の行動に影響する。
生態学的妥当性	実験状況と現実場面との類似性。実験結果を一般化したければ，想定する現実場面を代表する特徴を含んだ実験場面を設定する必要がある。
問題ある研究行動	科学的に正しい知見を得るのに役立たない行為。有意差が得られるまで統計検定を繰り返す，得られた結果に沿うように仮説を改変するといった例があげられる。

第6章 調査法（1）：基礎

これまで心理学の世界では，目に見えない心を測定するために，さまざまな方法が考案されてきました。その一つに調査法があります。調査法は，基本的に言語を用いてデータを収集する研究法で，心理学では実験法や観察法とならんで使用されることが多く，また，市場調査など一般にも広く普及している方法です。この章では，そのような調査法に関する基礎的な知識やその実施の仕方について解説を行っていきます。

1 調査法とは

調査法とは，質問紙や近年ではWeb画面を用いて，回答者に質問に答えてもらうという研究法です。いわゆる質問紙調査やWeb調査がこれにあたります。調査法は，広く一般にも用いられており，たとえば，商品やサービスに関する満足度調査，市役所や警察が実施している住民アンケートなども調査法を利用してデータ収集を行っています。その意味で，調査法に関する知識の習得は，企業や公的機関で活躍するためにも，強く求められるものといえます。

参照
Web調査
→7章

1 調査法の実例

調査法は，心理学においても，社会心理学，発達心理学，パーソナリティ心理学，臨床心理学，犯罪心理学など幅広い領域で使用される研究法です。ここでは，まず心理学における調査法の実施例を見てみることにしましょう。

回答者は多くの場合，調査者や調査会社などから調査の依頼を受けます。**調査票***の表紙には，調査目的を示すタイトル，研究の責任者の名前や連絡先，調査のお願いや回答を行う際の注意点，また，倫理的な配慮に関する説明などが書かれています。それらに目を通した後，調査に協力する意思のある回答者は，次ページや次画面に進むことになります。回答者は，まず何に関して，どのように回答するのかを説明した「教示文」を読み，その後，各質問項目（以下，項目）に回答していきます。その一例を図6-1に示しました。

語句説明
調査票
調査票とは，回答者への質問項目が並べられたもので，質問紙調査の場合は質問紙，Web調査の場合はWeb画面のことを指す。

調査者は，このような項目を用いて多数の人たちからデータを収集した後，それらを数値化していきます。たとえば，上記の各項目に「全くあてはまらない」に○をつけている場合は1点，「ほとんどあてはまらない」に○をつけて

図6-1　調査法の例

以下の文章は，恋愛関係において，あなたがどう感じているかについてお聞きするものです。現在の恋愛関係についてではなく，あなたが一般に恋愛関係において経験することをお答えください。あなたが普段の恋愛関係において，経験する気持ちに以下の文章はどの程度あてはまりますか。その程度を示す位置の「⊥」に○をつけてください。

	全くあてはまらない	ほとんどあてはまらない	あまりあてはまらない	どちらでもない	ややあてはまる	よくあてはまる	非常によくあてはまる
例）私はすぐに人と親しくなる方だ。	⊥	⊥	○	⊥	⊥	⊥	⊥
01．私は恋人（相手）の愛情を失うのではないかと不安になる。	⊥	⊥	⊥	⊥	⊥	⊥	⊥
02．私は，自分が恋人（相手）を思っているほどには，恋人（相手）は自分のことを思ってくれていないのではないかと心配になる。	⊥	⊥	⊥	⊥	⊥	⊥	⊥
03．私は，恋人（相手）が本当は私のことを好きではないのじゃないかとよく心配になる。	⊥	⊥	⊥	⊥	⊥	⊥	⊥
04．私は，恋人（相手）から見捨てられる心配などほとんどしない。	⊥	⊥	⊥	⊥	⊥	⊥	⊥
05．私は，他人と比べて劣っているのではないかと心配になるときがある。	⊥	⊥	⊥	⊥	⊥	⊥	⊥

出所：金政，2006より抜粋

いる場合は２点，あるいは「非常によくあてはまる」に○をつけている場合は７点というように，各項目への回答を得点化します。図6-1は，恋愛関係における愛着不安*を測定する項目の一部なのですが，５項目の得点を加算すれば（あるいは，それを項目数で割れば），恋愛関係における不安傾向という個人の内的な特性を数値化することができるのです。このように，複数の人たちからデータを収集して，それらを数値化し，さらに，数値化されたデータを統計的観点から分析していく研究方法を量的研究といいます。

> **語句説明**
> **愛着不安**
> 恋人から見捨てられることに対する過度の不安感や焦燥感を覚える傾向のこと。ここでは５項目を取りあげているが，その測定尺度は，15項目により構成される。

2　調査法の長所と短所

調査法の長所と短所を大まかにまとめるとするならば，表6-1のようになります。まず，調査法は，実験法や観察法と比べると，短時間で大量のデータを収集することが可能です。実験法のように，対象者に個別に（あるいはグループごとに）実験室に来てもらう必要がないため，教室や講演会場，Web上などで大人数を対象に一斉に調査の実施が可能となります。

また，調査法は，個人の主観的経験や内的な特性について直接的に尋ねるこ

表6-1 調査法の長所と短所

長所	短所
大人数のデータを一度に収集することが可能である	回答者が虚偽の報告やでたらめな回答を意図的に行えてしまう
多くの場合、大がかりな機材や実験室などを必要としない	用意した質問項目に対する回答しかデータとして得られない
個人の主観的経験や内的な特性（パーソナリティ、動機、欲求、期待、信念など）を測定できる	文字や文章を理解している人にしか実施できない
概念間の関連についての検討が可能である	本人の自覚していないことがらについてはデータを収集することができない
個人の既存の人間関係や倫理的に実施が困難なことがらに関して検討することができる	因果関係を明らかにすることが困難である

とができます。たとえば，回答者がある商品を実際に購入したかどうかだけでなく，事前に，その商品を購入したいかどうかという購入意図や欲求なども，調査法ではデータとして収集することができます。

さらに調査法では，上記のように，個人の主観的経験や内的な特性を測定できることから，それら概念間の関連性の検討が可能です。たとえば，恋愛関係で不安を感じやすい人は，関係満足度が低いのかといったことも検討できるでしょう。加えて，**縦断調査***を行えば，長期的な観点からも概念間の関連が検討可能となります。

調査法のその他の利点は，個人の既存の関係性やネットワークを対象とした研究の実施，また，他の研究法では倫理的に実施が困難な研究の実施を可能とさせてくれることです。友人関係や恋愛関係についての研究を行いたい場合，調査者が個人の人間関係を操作するわけにはいきませんから，すでに存在する友人関係や恋愛関係を対象として研究を行います。その場合，調査法が非常に有用となります。加えて，関係内の日常的な出来事や経験している感情，日々の関係への満足度などは調査法（たとえば，経験サンプリング法）でないとなかなか拾い上げることができません。また，倫理的に実施が困難なことがら，たとえば，他人から暴力を振るわれた場合にどうするかといったことも，後述する場面想定法を用いれば，調査法によってある程度検討が可能です。

ただし，調査法は，上記のような長所ばかりを有しているわけではなく，表に示したようにいくつかの短所もあります。調査法の短所としてよく指摘されるのは，回答者が，容易に嘘の回答を行えたり，あるいは，面倒くさいからと教示文や項目を読まずにでたらめに回答ができたりするというものです。このような回答の手抜き，あるいは不注意を伴う回答は，努力の最小限化

参照
概念
→1章

語句説明
縦断調査
ある時点でデータを収集し，その後，一定の期間を経て再度同じ対象にデータを収集する調査方法。

参照
経験サンプリング法
→7章

参照
努力の最小限化
→7章

(Satisfice) と呼ばれます（三浦・小林, 2015）。また，調査法では，本人の自覚していないことがらについてのデータは収集できないという短所があります。

さらに調査法は，因果関係を明確にすることが困難であるという短所も有しています。たとえば，自尊心と学校の成績との関連についての調査を実施し，その結果，それらの間には正の相関関係*があることが見出されたとします。では，この結果を受けて，子どもの自尊心（原因）を高めれば，成績（結果）も良くなるはずだと考えても良いのでしょうか。その考えはあまりにも早急すぎます。それとは逆の因果，つまり，学校の成績（原因）が良好であることが自尊心（結果）を高めているという可能性も十分に想定できるからです。このように，調査法では，2つの変数のうちのどちらが原因で，どちらが結果であるのかについては厳密にいえば問うことができないという難点があります。

語句説明
正の相関関係
2つの変数の片方の変数の値が高くなれば，もう片方の変数の値も高くなるような関係。

2　調査法の流れ

調査法は，企業の実施する商品やサービスへの満足度調査，公的機関による住民アンケートなど社会全般で広く用いられており，また，大学の卒業論文作成時にも頻繁に使用される研究法です。それゆえ，もしかしたら調査法に対して，きちんとした知識がなくとも安易に実施できる，お手軽なデータ収集法というイメージを抱く人もいるかもしれません。しかし，調査は適切かつ入念に実施されなければ，信頼性のある，精度の高い研究結果は得られません。また，調査の目的が不明瞭であったり，測定しようと思っている概念が適切な方法で測定されていなかったりすれば，データ収集後になって「結局何がしたかったのだろう」と袋小路に迷い込んでしまうことになりかねません。そうならないためにも，調査を実施する際には，事前にきちんとした準備を行い，また，適切な手順を踏む必要があるのです。

1　調査実施までのプロセス

他の研究法と同様，調査を実施する際には明確な目的を設定する必要があります。調査を通して，何を知りたいのかを具体的に言語化し，そのうえで，自身が扱う概念を明確にしていくのです。調査を実施するまでのプロセスを概観するならば図6-2のようになります。

研究目的を明確にするためには，まず，自分が何に興味や関心があり，どのようなことを対象に研究を行いたいのかについて考えなければなりません。たとえば，「人間関係について研究がしたい」といっても，あまりにも対象の幅が広すぎて何を検討したいのかがよくわかりません。では，友人関係にターゲッ

プラスα
友人関係の側面
友人関係と一概にいっても，たとえば，日常での友人とのつきあい方なのか，友人関係に期待することがらなのか，友人とのSNS上のやりとりなのか，友人関係で感じるストレスなのか，とその側面は多様である。

図6-2　調査実施までのプロセスの例

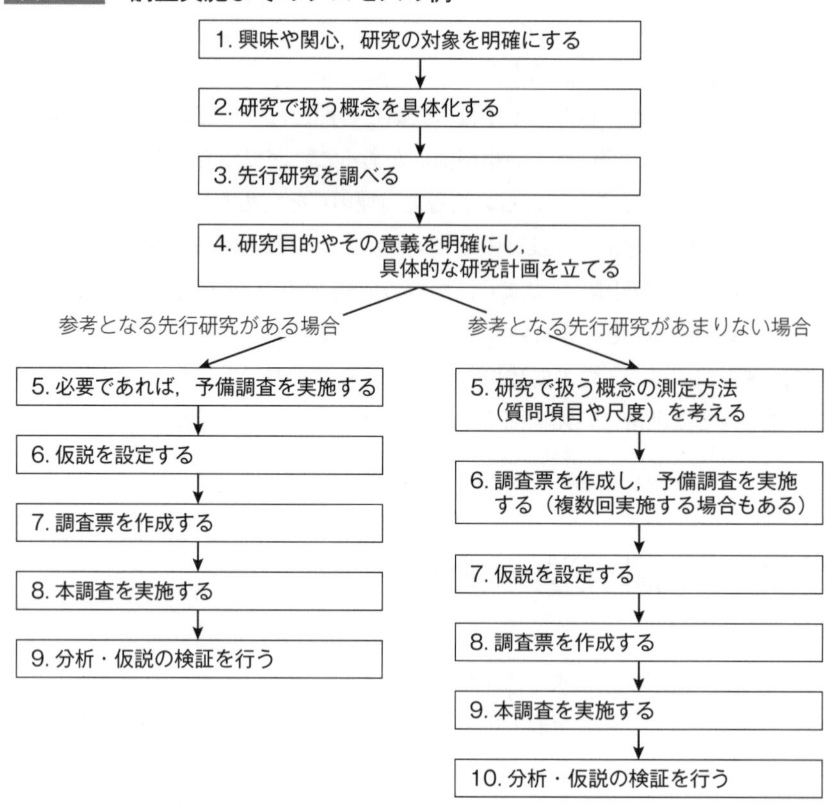

トを絞ればどうでしょう？　それでも十分ではなく，友人関係のどのような側面を対象に研究を行いたいのかについて，もっと具体的に考える必要があります。

研究の対象や研究目的を明確化し，先行研究を調べていくなかで，自分が扱いたい概念についての研究がすでになされているようであれば，それを参考にすれば良いでしょう（図6-2の左のルート）。しかし，自分が扱いたい概念に関する研究が見つからない場合には，項目や心理尺度（本章３節を参照）を新しく作成しなければならないこともあります（図6-2の右のルート）。予備調査を実施し，研究計画を精錬したり，また，新たな項目や心理尺度を作成したりした後，本調査を実施して，設定した仮説の検証を行います。

プラスα
回答者への敬意
調査者が自身の調査にどれだけ高尚な目的や目標があると思っているにせよ，それは調査者側の論理でしかない。回答者が善意で調査に協力してくれている（時には謝金のためかもしれないが）ことを認識し，回答者とその回答に対しては最大限の敬意を払う必要がある。

2　調査票の作成と対象者の選定

①調査票を作成する

研究目的が明確になり，具体的な研究計画を立てることができれば，調査票の作成に取りかかることになります。調査票を作成する際に一番重要なことは，回答者とその回答に敬意を払うということです。そのためには，まず，回答者が心地よく回答できる調査票，見やすく回答しやすい調査票を作成しなければなりません。いい加減に調査票を作成し「まぁ，こんなもんでいいだろう」と

図6-3　回答しやすい調査票（左）と回答しづらい調査票（右）の例

	あてはまらない	あまりあてはまらない	どちらでもない	ややあてはまる	あてはまる
心配性な……………………	1	2	3	4	5
活発な……………………	1	2	3	4	5
誠実な……………………	1	2	3	4	5

	あてはまらない	あまりあてはまらない	どちらでもない	ややあてはまる	あてはまる
心配性な	1	2	3	4	5
活発な	1	2	3	4	5
誠実な	1	2	3	4	5

安易に調査を実施するのは避けるべきです。たとえば，図6-3の右側の調査票のように，フォントや行間が整っていないものや項目と回答するところとの対応がわかりづらいものは改善したほうがよいでしょう。作成した調査票を何度も見直して誤字脱字がないかを確認し，また，回答しづらいところがないかをチェックしましょう。自分が回答者となって，何度か調査票に回答をして確認してみるのもよいでしょう。

調査票の構成に関しても気を配る必要があります。調査票の冒頭から，いきなり熟考させられる項目やネガティブなことがらを尋ねる項目が並んでいると，回答者が回答する意欲をなくしたり，身構えたりするかもしれません。まずは，比較的回答しやすいことがらに関して尋ねる項目を調査票の冒頭に配置し，複雑な項目や答えにくい項目は調査票の少し後ろのほうにおくのがよいでしょう。加えて，互いに関連する項目はまとめて配置するほうが回答しやすくなります。項目の配置に関しては絶対的な正解はありませんが，回答者が回答しやすく，回答時の混乱を極力防ぐような配置を心がけましょう。

また，調査票を作成する際には，当然ながら，回答者に対する倫理的配慮も考慮しなければなりません。回答者には，調査票への回答を拒絶したり，中断したりできること，また，そうしても回答者の不利にはならないことを調査実施前に伝えておく必要があります。

②対象者を選定する

研究計画が具体的になれば，誰を対象に調査を行うのかもはっきりしてくるでしょう。たとえば，大学生の友人関係についての研究を行いたければ，大学生を対象に調査を実施しなければなりませんし，夫婦関係に関する研究を行おうと思えば，結婚している人を対象として調査を行わなければなりません。自分が検討したい研究内容に沿った対象者を選定することが重要です。

その際，厳密にいえば，対象者は**母集団***から無作為抽出（ランダムサンプリング）を行う必要があります。**無作為抽出**とは，母集団から偏りなくランダムにサンプル（標本）を選定することです。つまり，大学生を対象とした研究では全国の大学生全員を母集団とし，社会人を対象とした研究では全国の社会人

プラスα

関連項目をまとめて配置

回答者に「現在の恋人とのつきあい方」を尋ね，その後「回答者自身のパーソナリティ」を，さらに，続けて「現在の恋愛関係への満足度」を尋ねた場合，おそらく回答者は混乱してしまう。それゆえ，関連する項目はなるべくまとめて配置し，別のトピックに移る際には，「ここからは，○○についてお伺いします」というように，回答者が今，何に関して回答を行えばよいのかを明確にするのがよい。

語句説明

母集団

母集団とは研究の対象となる集団全体のことを指す。テレビの視聴率も全世帯（母集団）からデータを収集しているわけではなく，首都圏や関西圏といった括りでランダムに選定された数百世帯のデータに基づくものである。

全員を母集団として，そこからランダムに対象者を選定するということになります。そのため，無作為抽出を行おうとすれば，たとえば，住民基本台帳のような母集団の成員全員に関するリストが必要となり，加えて，調査の実施範囲も非常に大きくなるため，多大なお金と時間がかかります。また，倫理的な観点から考えれば，無作為抽出で選定された対象者に対して回答を強要するわけにはいきませんから，必然的に，調査に協力してくれた人たちのデータしか収集することができないため，本当の意味での無作為抽出による調査の実施には非常に困難を伴うといわざるを得ません。

無作為抽出とは異なり，調査者が母集団を代表していると思われる対象者を主観的に選定する方法を有意抽出と呼びます。たとえば，講義を受講している大学生や Web 調査会社に登録しているモニターを対象として調査を実施すれば，それは有意抽出による調査となります。

心理学における調査研究は，その多くが**有意抽出**による調査に基づいたものです。有意抽出は，無作為抽出よりも非常に簡易に実施できますが，その反面，得られたデータが母集団を適切に反映していないというリスクもあります。それゆえ，無作為抽出による調査の方が望ましいのは確かなのですが，それが困難な場合は，できる限り母集団を代表する可能性の高いサンプルが抽出できるように労力を尽くすこと，また，多様なサンプルに対して調査を実施することで研究結果の再現性を確認することが大切になってきます。さらに，有意抽出に基づく調査結果の適用範囲について，調査者は思慮すべきといえます。

3　調査法における項目と心理尺度

心理学に関する調査を行うのであれば，おそらく多くの人は心理尺度を使用することになるはずです。**心理尺度**とは，概念を測定するための「ものさし」のことです。概念は，物のように目で見ることも手で触れることもできない抽象的なものであるため，その測定は容易ではありません。それゆえ，概念を測定するための心理尺度は，多くの場合，単一の項目ではなく，複数の項目から構成されているのです。

1　項目への回答方法

項目に対して，回答者にどのように回答してもらうか，その方法は多様です。それらにはそれぞれ一長一短ありますが，調査者が何に関するデータを，どのような形で収集したいのかによって，どの回答方法を用いるのかを決めていくことになります。ここでは，そのいくつかを取りあげてみましょう。

①評定尺度法

評定尺度法とは，項目への回答として，設定された一定間隔の評価段階のなかから，一つを選んでもらうという方法です。評定尺度法は，その回答を数値化して，量的変数として扱うことでさまざまな統計的分析の実施が可能になるという利点があります。心理尺度で頻繁に使用されるリッカート法*も，評定尺度法の一つです。先の図6-1や図6-3はリッカート法の例ですが，図6-1は項目に７段階で回答してもらう７件法の尺度，図6-3は５段階で回答してもらう５件法の尺度となります。また，評定段階に真ん中の値を設定しない４件法や６件法の尺度もあります。

評定尺度法には，ほかにもSD法（セマンティック・ディファレンシャル法）という特定の対象に対する印象やイメージを測定する方法があります。SD法では，図6-4のように，対義語を両側に設置し，特定の対象への印象やイメージを回答してもらいます。

図6-4　SD法の例

	かなりあてはまる	ほぼあてはまる	ややあてはまる	どちらでもない	ややあてはまる	ほぼあてはまる	かなりあてはまる	
1.　つめたい	1	2	3	4	5	6	7	あたたかい
2.　ふまじめな	1	2	3	4	5	6	7	まじめな
3. 親しみやすい	1	2	3	4	5	6	7	親しみにくい

②多肢選択法

多肢選択法とは，図6-5のように，質問への回答をいくつかの選択肢のなかから選んでもらうという方法です。多肢選択法には，選択肢のなかから一つだけを選んでもらう単一回答法と，あてはまるものをいくつでも選んでもらう複数回答法があります。

図6-5　多肢選択法の例

あなたの人生にとって重要なものは何ですか。以下の選択肢のなかからあてはまるものを一つ選んで（すべて選んで）○をつけてください

1. 健康　2. 仕事　3. 恋愛　4. 友人　5. 人間的成長
6. 家族　7. お金　8. 自由　9. 趣味・娯楽　10. その他（　　）

③２項選択法

項目への回答を，２つの選択肢からどちらかを選んでもらう方法を２項選択法といいます。たとえば，「あなたは増税に賛成ですか，反対ですか」という

語句説明

リッカート法

評定尺度法の一つで，項目に対して，肯定（たとえば，「あてはまる」）から否定（たとえば，「あてはまらない」）までの評価段階を設定し，回答を求める方法。

プラスα

多肢選択法の利点と欠点

多肢選択法は，結果の整理が比較的容易という利点があるものの，選択肢が多くなりすぎると回答者が回答しづらい，また，得られたデータに対する分析方法が限定されてしまうといった欠点がある。

２項選択法の利点と欠点

２項選択法は，得られた結果が鮮明でわかりやすいという長所をもつ反面，回答者に対して２択を迫るため，回答しづらい場合があり，また，得られた結果が時として極端なものになりやすいという短所がある。

質問に「賛成」「反対」のどちらかで回答してもらったり，あるいは「あなたは，この商品を購入したいですか」という質問に「はい」「いいえ」で回答してもらったりする形式のものです。

④自由記述法

自由記述法は，その名のとおり，回答者に自由に回答をしてもらうという方法です。たとえば，「あなたが現在抱えている悩みは何ですか。ご自由にお書きください」といった質問が自由記述法です。自由記述法は，回答者から多様な意見を幅広く収集することができる反面，数量的な分析を行うことが難しく，時に分析が恣意的なものになってしまうという短所があります。

プラスα

恣意的な分析

数値と比較して，言葉での回答は意味的な広がりをもつため，調査者が自身に都合の良いような解釈を行っていないかについて注意を払う必要がある。

2 項目の作成と教示方法

①項目を作成する際の留意点

心理尺度を構成する項目を作成する際，いくつか気をつけなければならないことがあります。特に，調査法は言語を用いてデータ収集するため，項目のワーディング（言葉づかいや言い回し）には最大限の注意を払う必要があります。

- わかりやすい文章で作成する（専門用語や隠語を使用しない）

項目は，その内容が回答者全員に理解しやすいように平易な文章で書かれていなければなりません。特定の人たちのみが理解できるような専門用語や隠語の使用は避け，誰にとってもわかりやすい文章を作成するようにしましょう。

- ダブルバーレルに注意する

1つの項目のなかに2つの質問内容が含まれている状態をダブルバーレルといいます。項目はダブルバーレルにならないよう作成する必要があります。

プラスα

ダブルバーレル

「映画を見たり，音楽を聴いたりすることが好きか」という質問の場合，「映画を見ること」と「音楽を聴くこと」のどちらか一方だけを好きな人は回答に困るだろう。この場合，「映画を見るのが好きか」と「音楽を聴くのが好きか」という2つの項目に分けるほうがよい。

- 誘導的な質問は避ける

回答者の回答を特定の方向に誘導してしまうような項目は避けるべきです。「多くの人が反対していますが，あなたはどう思いますか」と問われた場合，回答者は，「多くの人が反対しているのなら，私も……」と思ってしまうかもしません。このような誘導的な質問は避けるべきです。

- 誰が対象者であるかを考慮する

項目を作成する際には，調査の対象者が誰であるかを考慮する必要もあります。小学生を対象に調査をするのであれば，ややこしい言い回しや難解な表現，難しい漢字の使用は避けたほうがよいでしょう。

②教示方法

教示とは，回答者に対して何に関して，どのように回答してもらいたいのかの説明を行うことです。たとえば，項目を提示する前に「以下の文章は，あなた自身の考えや気持ちにどの程度あてはまりますか。あてはまる程度を表す数字をひとつ選んで○をつけてください。」という教示文を示すことで，回答者は何について，どう回答すればよいのかがわかるはずです。

また，調査法では，時として，回答者にある特定の場面や状況を想定してもらってから，項目に回答を求める**場面想定法**（図6-6），あるいは，過去のことを思い出してもらってから，項目に回答を求める回顧法（もしくは回想法）を使用することがあります。場面想定法は，先述のように，実験や観察では倫理的に実施が難しいことがらについての検討が可能となります。ただし，場面想定法や回顧法は，回答にバイアスがかかりやすいという難点があります。

図6-6　場面想定法の例

> 次の文章を，実際に自分がそのような状況を経験していると想像しながら，ゆっくりとお読みください。
>
> あなたは，街中でペットボトルを捨てようとゴミ箱を探していました。燃えるゴミ用のゴミ箱は見つかったのですが，ペットボトル用のゴミ箱がなかなか見当たりません。そこで，仕方なく，目の前にあった燃えるゴミ用のゴミ箱にペットボトルを捨てました。すると，近くでそれを見ていた同世代の同性の見知らぬ人から「そこは燃えるゴミ用のゴミ箱なので，ペットボトルは捨てないでください。」と注意を受けました。
>
> 上記のような状況を経験した場合，あなたは以下に示す感情をどの程度感じますか。……

プラスα

回顧法（回想法）
たとえば，20代の回答者に対して「あなたが高校生だったころのことを思い出しながら，以下のことがらについて回答してください」といった教示文を提示して項目への回答を求める方法。

回答のバイアス
バイアスとは回答の偏りや歪みのことであり，特に，場面想定法の場合は，社会的望ましさのバイアス（このように回答するのが望ましいだろうと考える）が，回顧法の場合は，記憶のバイアス（思い違いや過去の美化）がかかりやすくなる。

3　心理尺度の妥当性と信頼性

先にも述べましたが，心理尺度は目に見えず手で触れることもできない概念を測定するための「ものさし」です。それゆえ，その「ものさし」が正確で，信頼に足り得るものなのかについては，入念に検証しておく必要があります。その際，重要となってくるのが，心理尺度が測定したいものがきちんと正確に測定できているのかという妥当性，また，心理尺度から得られた結果が安定しているのか，あるいは結果が一貫しているのかという信頼性です。

参照

妥当性と信頼性
→1章

①妥当性

妥当性とは，ある心理尺度（もしくは検査）が，それによって調査者が測定したいと思っているものを正確に測定しきれているかどうかを示す指標で，妥当性は，内容的妥当性，基準関連妥当性，構成概念妥当性の 3 つに分類できるとされています（表6-2）。

表に示したように，妥当性は 3 つに分類されるとはいうものの，近年では，それらは構成概念妥当性という 1 つの妥当性に集約されるのではないかとの議論がなされています。つまり，内容的妥当性や基準関連妥当性も，その検証は，結局のところ構成概念妥当性を検証していることにほかならないというのです。

では，構成概念妥当性は，どのように検証されるものなのでしょうか。実は，

表6-2　妥当性の種類と説明，例と特質

妥当性の種類	説明	例ならびに特質
内容的妥当性	測定しようと思っているものをどの程度適切に測定できているかという妥当性	英語の能力を適切に測定しようと思えば，英単語の能力を検討するだけでなく，長文読解や文法についての理解，また，リスニングやライティング，スピーキングといった能力についても検討する必要がある。内容的妥当性の検討には，測定したいものを過不足なく測定できているかどうかについて，当該領域の専門家が入念に吟味することが重要となる
基準関連妥当性	他の外的な基準との関連性によって示される妥当性	新たに「対人関係での不安傾向」についての心理尺度を開発した場合，外的基準として，それと類似する概念（たとえば，シャイネス*）との関連を検討することで確認される妥当性。その際，双方を同時に測定し，それらの関連を検討することで確認されるものを併存的妥当性，将来的な外的基準との関連によって確認されるものを予測的妥当性という
構成概念妥当性	ある心理尺度で測定された概念が，理論的な予想に沿うように他の概念と関連するかで検証される妥当性	理論的に関連すると考えられる概念とデータ的にも関連することを示すことで確認されるものを収束的妥当性（外向性が孤独感と負の関連を示すかどうか等），逆に，理論的に関連しないと考えられる概念とデータ的にも関連しないことを示すことで確認されるものを弁別的妥当性（外向性が共感性や攻撃性と関連を示さないかどうか等）という

心理尺度の構成概念妥当性を厳密に検証することは非常に困難なことです。なぜなら，構成概念妥当性の検証とは，ある心理尺度が目に見えない概念を正確に測定し切れているかどうかを問うことだからです。その意味で，心理尺度は，常にその構成概念妥当性が問われ続けているといっても過言ではないのです。

②信頼性

信頼性を検討する方法はいくつかありますが，ここでは再検査法と折半法，

表6-3　信頼性の種類とそれらの説明

信頼性の種類	説明
再検査法	同一の心理尺度を同じ回答者に対して２度実施し，それら２つのデータ間の関連について検討を行う方法。時間をおいて測定した２つのデータ間に高い正の相関関係が認められれば，その心理尺度の信頼性は高いといえる。
折半法	心理尺度の項目を２つのグループに分け（たとえば，偶数項目と奇数項目，前半項目と後半項目），それら２つのグループの項目の得点間の関連を検討する方法。ある心理尺度が特定の概念を測定しているなら，項目をどのように２グループに分けようと，それらの得点間には高い正の相関関係が認められる。
信頼性係数の算出	心理尺度の項目間に互いに関連があるのか，すなわち，内的一貫性が高いのかを一つの数値として表す方法。α係数が比較的多くの研究で使用されているが，最近では，α係数よりも正確な信頼性の指標とされるω係数が用いられることもある。

語句説明

シャイネス

日本語の訳としては，内気あるいは恥ずかしがり屋となるが，心理学的な定義では，他者から評価されることを予期したり，実際に評価されたりするような場面において，不安や不快さを感じたり，あるいは，対人行動が抑制されたり（人前で言葉が出てこない等）する傾向（Leary, 1986）のことを指す。

プラスα

α係数

α係数は，０～１の間の数値を取り，１に近づくほど項目間の内的一貫性は高くなる。一般に，α係数が0.70以上あれば，その心理尺度の内的一貫性は十分であるといえる。ただし，α係数の値は，項目数が多くなればなるほど高くなることに留意する必要がある。

社会的望ましさ

「目の前に人が倒れていたら，あなたは助けますか」と尋ねられたら，実際にそのような場面に出くわした場合

信頼性係数の算出を取りあげ，それらの説明を表6-3に示します。

4　回答にバイアスをかける要因

調査法では，回答者が意図的に，もしくは意図せずに自身の回答に偏りや歪み（バイアス）をかけてしまうことがあります。回答にバイアスがかかると正確な調査結果が得られなくなってしまうことから，調査を実施しようとする際には，回答にバイアスをかける要因に注意を払う必要があります。

①社会的望ましさ

回答者は時として，実際の自分の考えや行動とは関係なく，社会的に望ましいと考えられる回答をしてしまうことがあります。

②中心化傾向

評定尺度法などで，項目に対する回答を３件法，５件法，７件法のように奇数段階で求めた場合，真ん中の選択肢（多くの場合，「どちらでもない」）が選ばれやすい傾向があります。研究の性質上，中心化傾向を避けたい場合には，４件法，６件法といった偶数段階による回答形式を用いるのが良いでしょう。

③キャリーオーバー効果

項目や心理尺度の提示順序や配置の仕方が回答にバイアスをかけることがあります。特に，前に配置された項目や心理尺度が，その後の回答に影響を与えることを**キャリーオーバー効果**といいます。キャリーオーバー効果を避けるためには，互いに影響を及ぼし合う可能性のある項目や心理尺度を離して配置する，あるいはそれらのカウンターバランス*を取るといった対処が必要です。

4　調査法における研究倫理

調査は，回答者に対してきちんと敬意を払うとともに，適切なルールに則って実施する必要があります。ここでは，調査を実施する際に気をつけること，また，遵守すべき研究倫理について簡単に触れておきます。

①使用する項目や心理尺度を絞り込む

いくら研究だからといって，回答者に対して，好きなことを，好きなだけ尋ねてもいいというわけではありません。明確な基準はありませんが，調査票に150以上の項目を入れ込むのは少し考えものです（研究計画上，やむを得ない場合もありますが）。研究目的を明確にし，使用する項目や心理尺度を絞り込むことで適切な分量の調査票を作成するようにしましょう。

②プライバシー・ポリシーを明記する

調査を実施しデータを収集することは，たとえ匿名性が保たれていたとして

に助けるかどうかとは関係なく，社会的に望ましいと考えられる「はい」という回答をしやすい。

キャリーオーバー効果

「あなたは消費税の増税に賛成ですか」と尋ねられた場合と，「ヨーロッパには消費税が20％を超える国が多数あることを知っていますか」という知識を聞かれた後に，先の質問を尋ねられた場合とでは，後者の方が「はい」と答える割合は高くなると考えられる。

語句説明

カウンターバランス

影響を及ぼし合う可能性のある項目や心理尺度について，それらを互いに逆の順序で配置した２パターンの調査票を作成して調査を実施すること。そうすれば互いの順序による影響は相殺される。

プラスα

プライバシー・ポリシー

取得する情報のレベルによってプライバシー・ポリシーは異なるが，最低限，「収集されたデータは統計的に処理されるため，個人の匿名性は保証されていること」「調査からの途中離脱は回答者の自由であり，それによって不利益をこうむることはないこと」，また，「収集されたデータの使用目的」については明示しておくのがよいだろう。

も，個人情報を取得していることになります。それゆえ，調査票の冒頭には，プライバシー・ポリシーを明示し，回答者の了承を得ておく必要があります。

③所属機関の研究倫理審査委員会の承認を得る

参照
倫理審査
→3章

近年では，研究を実施する際，事前に研究計画書を所属機関の研究倫理審査委員会に提出して承認を得ることが求められるようになってきました。第3章にそのことが詳しく書かれていますが，調査者が自身で判断するのではなく，当該研究に倫理的な問題はないか，その判断を第三者に仰ぐことが必要です。

5 調査法の可能性

参照
パネル調査
→7章

ペア調査
→7章

経験サンプリング法
→7章

本章では，調査法の基本的なことがらについて解説を行ってきました。第1節の「調査法とは」では，調査法のいくつかの欠点について触れましたが，実はそれらの欠点を補うような手法もあります。因果関係の特定が困難であるという点は，パネル調査によりその欠点を補完することができます。また，回答が主観的なものにとどまってしまうという点については，ペア調査を行うという方法もあります。さらに，経験サンプリング法という手法を用いれば，生態学的妥当性の高いデータを得ることもできます。それらのデータの収集法は，実施に多大な労力と金銭的コストがかかりますが，貴重な情報を提供してくれます。次の第7章では，それらの手法の詳細な解説がなされています。是非とも，次章に目を通し，貴重なデータの収集法について学んでください。

考えてみよう

より良い調査実施のために気をつけなければならないことはなんでしょうか。

本章のキーワードのまとめ

調査法	質問紙やWeb画面を使って，回答者に質問に答えてもらうという研究法。基本的に言語を用いてデータを収集していく。心理学的研究のみならず，企業や公的機関など一般的にも広く用いられている。
縦断調査	ある時点でデータ収集を行い，その後，同じ回答者に対して一定の期間を経て再度データを収集する調査方法。回答者の変化を研究対象とした研究で主に用いられる。
調査票	回答者からデータを収集する際に使用される質問紙あるいはWeb画面のこと。その表紙には，一般に，調査目的を示すタイトル，研究の責任者の名前や連絡先，調査のお願いや回答を行う際の注意点，また，倫理的な配慮に関する説明などが明記されている。
母集団	研究の対象となる集団全体のこと。たとえば，関西人の購買傾向を調べたければ，関西に住んでいる人全員が母集団となり，また，大学生のSNS利用状況を調べたければ，全国の大学生全員が母集団ということになる。
無作為抽出	母集団から偏りなくランダムに対象者を選定すること。無作為抽出を実施することで，理論的には，母集団の特徴を反映したデータを得ることができ，正確な母集団についての予測を行うことが可能となる。
有意抽出	調査者が主観的な判断から母集団を代表していると思われる対象者を選定する方法。ただし，選ばれた対象者が本当に母集団を代表しているのかどうかについては，検討することが非常に困難となる。
心理尺度	目で見たり，手で触ったりすることのできない概念を測定し，数量化するための，いわば心を測るための「ものさし」のこと。多くの場合，複数の質問項目によって構成されている。
評定尺度法	設定された一定の間隔の評価段階から一つを選択してもらうことで，回答者の項目への反応を測定する方法。リッカート法やSD法（セマンティック・ディファレンシャル法）が，これに含まれる。
場面想定法	シナリオなどを提示し，回答者にある特定の場面や状況を想定してもらって項目に回答してもらうという方法。実験や観察では倫理的に実施が難しいことがらについての検討が可能となる反面，回答にバイアスがかかりやすいという難点がある。
キャリーオーバー効果	質問項目や心理尺度への回答が，それよりも前に配置された質問項目や心理尺度によって影響を受けること。キャリーオーバー効果を回避するには，互いに影響を及ぼし合う可能性の高い項目や心理尺度を離して配置する，あるいはそれらのカウンターバランスを取るために2パターンの質問紙を用意するといった方法がある。

第7章 調査法（2）：発展的方法とその事例

調査は，研究者と対象者の両方にとって比較的コストの低い手法なので，少し工夫や努力をすれば，より幅広い，あるいは奥深いデータが収集できます。この章では，第６章で学んだ基本的な調査法をさらに発展的なデータ収集に活用する方法と，それらを実施する際の留意点を解説します。加えて，データの質を維持するために，回答者の行動に注意を払う必要性についても解説します。

1　発展的な調査法

調査法によるデータ収集の最もシンプルな形は，調査者の身近に存在する限定的な集団（たとえばある特定の講義を受講している大学生など）を対象に，１回限りの調査に回答を求めるものです。そして，集計したデータに基づいて，集団を数群に分けて平均値を比較したり，複数の変数間の相関関係やその群間差を検討したりします。

もちろん，こうした調査からも私たちは多くの情報を得ることができますが，研究目的によってはさらに工夫を施すことでより発展的な研究ができる場合もあります。ここからご紹介するいくつかの調査手法は，対象の幅，実施回数やタイミングなど，何らかの点で基本からの拡張を行うものです。

1　Web 調査

①実現する拡張と利点

心理学研究は「心のはたらき」の一般法則を科学的に探究することを主要な目的としているのですから，調査への協力を広く募り，より幅広い対象からデータを収集することのメリットに異議を唱える人はいないでしょう。しかし長い間その実現は非常に困難でした。なぜなら，一般に私たちは，年代，職業，国籍などの属性が自分と異なる人々と接触できる機会をあまり多くもたないからです。接触の機会がなければ調査協力の依頼は困難になるわけで，こうした事情で対象を限定せざるを得ないために，研究テーマや得られた結果を一般化できる範囲も限定される，という悪循環があったことも否めません。

Web 調査は，こうした問題をかなり解決してくれます。たとえば，印刷し

図7-1　Web 調査は調査対象を広げることを容易にする

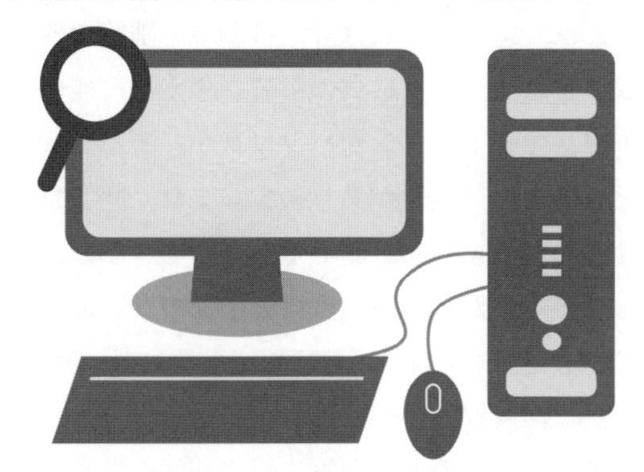

た質問紙を大学内のどこかに置き，「是非協力してください」というポスターを掲示しても，それを目にできるのはその大学に所属している人にほぼ限られることでしょう。しかし，調査票を Web サイトで公開すれば，インターネット利用者なら誰でもそれを目にできます（図7-1）。もちろん，誰でも目にできるようにすればたちまち多様な対象からデータを収集できる，というわけではないですが，インターネットが社会に広く普及した現在，調査者と回答者が直接（対面）の接触を経なくても，Web を介して自らの縁故を超えた範囲に調査対象を広げることが容易になりました。

印刷した質問紙を用いた調査と比較した Web 調査の利点は，調査対象範囲の拡張以外にもあります。いずれも，より誤差の小さいデータを収集したいという調査者のニーズにあった特徴です。

まず大きな利点は，データが電子化されたかたちで回収でき，入力の手間を省けるので，分析準備が楽になることです。紙の質問紙であれば，記入された回答を改めて入力する必要があり，分析可能なデータにするためだけに多くの時間を割くことになります。また，その際にミスを犯す可能性もあります。Web 調査であれば，省力化できるうえに正確さも増します。

また，質問内容をダイナミックに変化させる仕掛けを施すのが容易です。たとえば，回答漏れがあった場合に警告を表示したり，直前の回答状況に応じて次の質問項目を変えたり，回答者ごとに質問の呈示順序をランダム化することでキャリーオーバー効果を相殺する処理などもできます。こうした工夫は，印刷した質問紙では不可能あるいは困難である一方で，Web 調査環境を提供するサービスでは標準機能として搭載されている場合が多く，簡単に実現できます。

②実施上の留意点

Web 調査は，調査者のコストを低減できるのと同様に，時間や場所，あるいは端末を選ばず回答できるので，回答者にとっても手軽です。ですから，より容易にデータを数多く集められるのですが，調査者の方は，そのメリットに

プラスα

インターネットの普及

総務省『情報通信白書』によれば，日本におけるインターネットの人口普及率は2013年に80%を超えている。

Web 調査

無料あるいは安価で質の高い調査票を構築できるサービスも多数ある。

参照

キャリーオーバー効果

→6章

安住するのではなく，まだその先を考える必要があります。なぜなら，「手軽に参加できる」ことは，言い換えれば「回答環境を制約できない」ということであり，これが収集されるデータに負の影響を与える可能性があるからです。回答者の使用端末がスマートフォンかパソコンか，あるいは調査表示画面の大きさや解像度なども異なる可能性があります。また，回答時に回答者がどこで何をしているのかもわかりません。家でくつろいでいるのか，授業中に教員の目を盗んで回答しているのか，あるいは移動中なのか。端末の特徴は調査者側である程度把握できますが，後者は（質問項目に含めれば回答者本人に尋ねることはできますが）まったくわかりません。

プラスα

端末の特徴の把握

あるWebサイトにアクセスした端末の情報は自動的に収集できる。Web調査を構築できるサービスのなかには，アクセス端末の種類を判別して，たとえば「パソコンからのアクセスに限定」といったオプションを付加することが可能なものもある。

回答環境が回答者任せとなると，回答に際する態度を調査者がコントロールすることは不可能です。おそらく多くの調査者は，回答者が誠実に調査に取り組むこと，つまり教示文にせよ質問項目にせよ選択肢にせよ，その意味を理解し，内容を吟味することを期待しています。これまで多くの心理学研究の調査の場となってきた大学の講義場面のような集合実施であれば，回答に際する態度を調査者の目で確認できるので，ある程度それをコントロールして，データの質を保つ努力ができたのですが，Web調査の場合はそうはいきません。こうした点が回答に影響する（特に，歪める）のか，影響するとしたらどの程度かは調査内容に依存しますが，場合によっては回答の質を著しく下げることになりかねません。

つまり，Web調査では，個々の回答者の回答態度とそれがデータの質に与え得る影響を査定する手続きを，質問紙調査の場合よりも特に慎重に行う必要があります。その際に手がかりにできるのは，電子的に記録されたデータのみです。調査によって収集したデータの質の検証方法については，2節で改めて紹介します。

2 国際比較調査

①実現する拡張と利点

インターネットには国境がありません。Web調査の普及によって，調査者がリーチできる範囲が拡張すると，国という枠を超えてデータを収集することもまた容易になります。日本だけで得られたデータで，日本の特徴を知ることはできません。文化による人間の心理や行動の差異に着目する比較文化的な観点をもつ研究テーマであれば，**国際比較調査**は必須です。これも以前ならそれぞれの土地に研究協力者が必要でしたが，Web調査であれば日本に居ながらにしてさまざまな国や地域の人々の協力を得ることができます。

たとえば，表7-1に示したのは，筆者を含む研究プロジェクトで実施した，政治的態度が対人評価に及ぼす影響を検討する国際比較調査で作成した質問項目の一例です。この研究では，日本・韓国・中国・香港・アメリカ・イギリ

表7-1　質問項目の翻訳例

日本語	政治的なことにはできればかかわりたくない。
英語	If possible, I don't want to get involved in political matters.
フランス語	Je préfère me tenir à l'écart de la politique autant que possible.
ドイツ語	Wenn möglich möchte ich mich nicht mit Politik befassen.
ハングル	정치적인 일은 가능하면 관여하고 싶지 않다.
中国語	如果有可能，我不想参与到与政治有关的事情。

ス・インド・フランス・ドイツの国民（同国に在住しており，同国の国籍を有する人々）を対象として同じ内容の調査を実施したので，日本語で作成した調査票を英語，フランス語，ドイツ語，ハングル，中国語に翻訳する作業を行いました。

データ収集は，調査会社に依頼したり，クラウドソーシング*サービスを利用したりと，国により多少手段は異なりますが，すべてWeb調査で行いました。こうした手段以外にも，多様な国や地域の人々が登録している世界的なソーシャルネットワーキングサービス（SNS）を利用したデータ収集も可能です。たとえばトムソンら（Thomson et al., 2018）は，関係流動性*と社会的行動の関わりを検討する比較文化心理学研究のために，調査実施当時に世界で最大規模のSNSだったFacebookにWeb調査への協力依頼の広告を出し，39もの国と地域の人々からの回答を得ています。調査票の翻訳がそう容易ではないことは次項で詳しく述べますが，それにさえ丁寧に取り組めば，データ収集の場は大きく広がっています。

②実施上の留意点

ある言語で作成された質問項目を他の言語に翻訳する際は，**バックトランスレーション**（逆翻訳）が必須です。たとえば日本語を英語に翻訳するのであれば，まず日本語を英語に訳し，その英語訳を日本語に訳し戻し，原文の日本語と比較して，英語訳を検討し直すという手続きを踏みます。日本語からの翻訳であれば，日本語のネイティブスピーカーかつ翻訳先の言語に精通した人と，翻訳先の言語のネイティブスピーカーかつ日本語に精通した人の，少なくともいずれか，できれば両方に協力を依頼することが望ましいです。

ただし，バックトランスレーションさえすればよい，というわけではありません。たとえば，前述の調査票には，選挙への投票や住民運動への参加など，政治に関わる行動をいくつかあげて，回答者が過去5年間に携わった経験のあるものをすべて選択させる項目が含まれていました。そのうち「自治会や町内会で活動した」という項目が英語やフランス語への翻訳の際に問題になりました。翻訳担当者によれば，アメリカやイギリス，フランスなどでは「自治会」「町内会」といった地域住民の互助組織がほとんど存在せず，この項目を字句通りに翻訳することはできても，どのような組織で活動することを問われ

語句説明

クラウドソーシング
群衆（crowd）と業務委託（sourcing）を組み合わせた造語。さまざまな業務を登録者に外注する仕組み。

関係流動性
私たちが人間関係を選択する際の自由度の高さ。一般に，欧米で高く，東アジアで低い。

ているのか，回答者は理解に苦しむだろうというのです。プロジェクトのメンバーで協議の末，これら諸国ではこの項目を外しました。

調査によるものに限らず，国際比較研究には，ある文化における常識が他の文化でも常識だというわけではないという難しさが常に伴います。先ほどあげたごく単純な例のように，制度であればその有無を反映させるのはそう難しくありませんが，多くの心理尺度が測定するのは「概念」であり，実体をもっていません。ある尺度でとらえようとしている概念が他の文化で存在すると考え得るのか，存在するとして同様の意味をもつのか，その概念を表象する行動パターンは文化によらず似通っているのか。こうした点を種々検討したうえで，しかも質問項目に的確に反映させることは容易ではありません。異なる文化的背景をもつ人々からデータを収集し，それらを比較することは，ある文化やそれが心理や行動に与える特徴を考える際に必要不可欠であると同時に，とても挑戦的な試みでもあることをよく理解しておきましょう。

3 ペア調査

①実現する拡張と利点

私たちの日常生活にとって，親密な人間関係はそれを豊かにもし，深刻な危機に陥らせることもある，つまりは大きな影響力をもつものです。ですから，友人，恋人，夫婦，親子といった親密な2者関係（ペア）に注目し，その関係のありよう（相互依存性）が人の行動や意識に及ぼす影響を読み解くことは，心理学にとって興味深い研究テーマの一つです。たとえば，夫婦関係にある2者がその関係に満足しているかどうかには，その夫婦のなかで展開されるさまざまなできごとが影響を及ぼすと考えられますが，特に，互いによくコミュニケーションがとれている夫婦は夫婦関係に関する満足度が高いことが予想されます。では夫婦間のコミュニケーション量と関係満足度についてペア単位で調査を実施する場合，あなたならどのような方法を採るでしょうか。

たとえば，回答者を既婚に限った調査を行い，夫婦間のコミュニケーション量を家庭内の1日あたりの会話時間（分）で尋ね，回答者自身の関係満足度について尋ねるのはどうでしょう。前者はペア単位の情報ですが，合計しか問うていないので，妻が一方的に話すのを夫が聞いていようが，互いにあれこれ話していようが，どちらがどの程度話をしているかはあいまいです。また，後者はペアの片方のみの情報なので，パートナーがどの程度満足しているかはわかりません。「あなたのパートナーはどの程度夫婦関係に満足していると思いますか」と尋ねることは可能ですが，あくまでも推測にすぎませんから，「自分が満足しているんだから相手もきっとそうだろう」といったバイアスのかかった判断かもしれません。

データを個人ごとに収集する（これを個人データといいます）のではなく，関

プラスα

ペア調査の利点

たとえば，夫婦それぞれに自らの家事分担率を聞くと，ペアの評価は必ずしも一致するとは限らず，少なからぬケースでその合計は100％を超える。つまり互いに相手が思うより「自分は分担している」と考えているということである。ここではこれ以上論じないが，こうした齟齬の存在を示せるのもペアデータならではのメリットである。言い換えれば，ペアデータを収集することで各個人の認知を超えた妥当性の検討などが可能になる。

図7-2　行為者ーパートナー相互依存性モデル（APIM）

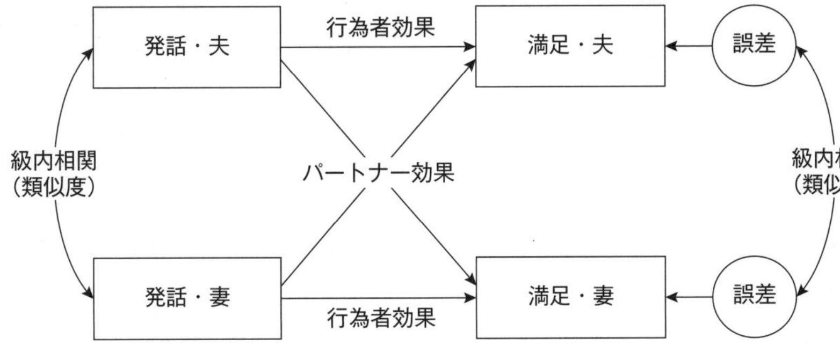

心の対象とするペア単位でデータを収集する（これをペアデータといいます）ことで，こうした問題を解決できます。これが**ペア調査**です。前述の例であれば，夫婦関係にある２者の両方に調査協力を依頼し，それぞれが家庭内でパートナーに話をする時間と関係満足度を尋ねて，両者を対応づけて分析するのです。

②ペアデータの特徴を活かした分析手法

こうしたペアデータの特徴を活かした分析手法には，大きく分けて２種類あります。１つは，個人内の影響プロセスを表す行為者効果と，個人間の影響プロセスを表すパートナー効果を独立に検討するもので，**行為者ーパートナー相互依存性モデル**（**APIM***）といいます。もう１つは，２者の間で共有された効果と各個人の独自の効果を統計的に分解したうえで，ペアレベルの影響プロセスと個人レベルの影響プロセスを分けて検討するもので，マルチレベルモデルといいます。いずれにおいても重要なのは，サンプルの非独立性を加味することです。たとえば，前述の例について100組の夫婦からペアデータを収集したなら，データは200名分ありますが，ある夫婦を構成する２者のデータ同士は相互に関連をもっており，独立ではないことを考慮する必要があるということです。

図7-2に示したのが，前述の例をAPIMによって分析するモデルです。「発話・夫」から「満足・夫」，「発話・妻」から「満足・妻」に引かれた矢印が行為者効果で，「発話・夫」から「満足・妻」，「発話・妻」から「満足・夫」に引かれた矢印がパートナー効果です。夫が妻に話す時間が妻の満足度に及ぼす影響と妻が夫に話す時間が夫の満足度に及ぼす影響は同じとは限りませんから，その比較検討も可能です。また，夫婦の発話間の双方向矢印は級内相関という統計量で，この値が高ければ，ペア内で発話量が類似していることを示します。夫婦の満足度の誤差間の双方向矢印も級内相関ですが，これは発話量の影響を取り除いたうえでの満足度の級内相関，つまり夫婦の類似度を示しています。ペア単位で得られた調査データをこうしたモデルで分析することで，夫婦間の

語句説明

APIM

Actor-Partner Interdependence Model を略記したもの。

プラスα

マルチレベルモデル

２者に限らず，家族，学級，地域のコミュニティなど，複数人で構成される集団単位で収集されたデータの分析によく適用される。

コミュニケーションが互いの関係満足度に及ぼす影響をより詳細に検討できます。

4 パネル調査

①実現する拡張と利点

第6章1節で述べたとおり，1回限りの調査で収集したデータを用いた研究の欠点としてよく指摘されるのは，変数同士の相関関係は解明できても，因果関係の解明は困難だということです。たとえば，孤独感と飲酒量の関連を検討したい場合に，両方のデータを同時に測定したのでは，両者に正の相関があることがわかったとしても，孤独感が高まると飲酒量が増えるのか，飲酒量が増えると孤独感が高まるのか，どちらの因果関係が優勢なのかは判断できません。1時点の調査では「変化」はとらえられないのです。

ある一定の時間をおいて複数回の調査を実施する縦断調査を行うことで，この問題を解決し，調査データに基づいて因果関係を推定できます。固定した回答者を追跡する，つまり同じ人々に繰り返し同じ調査への協力を求めて，時間経過に伴う変化を検討する縦断調査をパネル*調査といいます。特に，成長という著しい変化の途上にある子どもたちを対象とする発達心理学的な研究を行う際は，時間経過の影響を正確にとらえることのニーズが高く，**パネル調査**の意義が大きいです。

ここでは，中学生を対象としたパネル調査を実施した吉武（2010）を例にとってその手続きと分析方法を具体的に説明します。吉武（2010）では，日常のポジティブ・イベント（快感情を生起させる出来事）と生活満足度の影響関係を検討するために，公立中学校2校の全生徒を対象に，夏休み前後の2回，同じ項目の調査を実施しました。そして，2回の調査の両方に不備のない回答をした763名のデータが分析に用いられました。

2時点で測定されたデータを用いて因果関係を検証する際によく用いられるのが**「交差遅延効果モデル」**による分析です。統計的な説明はおいて，まずここでは図7-3を見てみましょう。影響関係を検討する2変数の夏休み前（T1）と後（T2）の2時点のデータで，矢印の向きが影響の方向を示しています。時間的に先行するT1から後続のT2に矢印が向くのは当然で，同じ変数同士に強い影響関係があるのもまた当然であることはわかるでしょう。重要なポイントは，ポジティブ・イベント（T1）から全般的生活満足度（T2），全般的生活満足度（T1）からポジティブ・イベント（T2）に向かう交差した矢印です。時をおいた双方向の影響力を仮定し，その差を比較するわけです。一方には影響力があると認められ，もう一方には認められなければ，因果関係は前者の一方向と解釈することができます。

また，広く一般市民を対象としてパネル調査を実施した例に著者らの研究（三浦ほか，2016）があります。この研究では，2011年3月の東日本大震災

プラスα

横断調査

縦断調査に対して，1回限りの調査データをいくつかのグループ（群）に分けて比較検討するものを横断調査という。

語句説明

パネル（panel）

「回答者の集合体」という意味。

プラスα

パネル調査以外の縦断調査

ある年代集団を追跡する（たとえば，同じ1990年代生まれの集団に2010年代以降10年おきに調査をする）コーホート調査や，同一定義の集団を定期的に調査する（たとえば小学6年生の全国学力調査や国勢調査など）トレンド調査などがある。

図7-3　パネル調査データの分析例

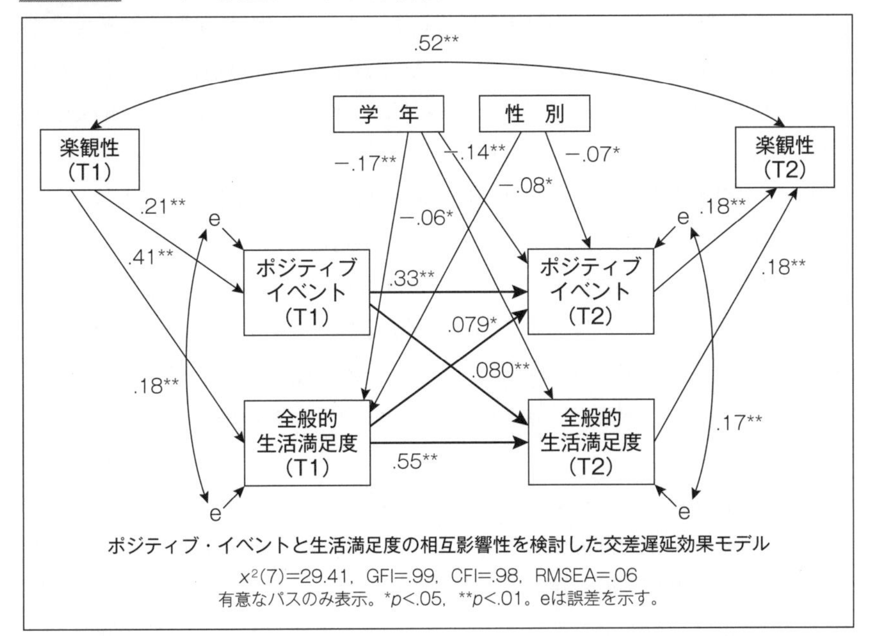

出所：吉武，2010 より引用・改変

で発生した原発事故の被災地産の食品を忌避する意識と放射線に対する不安や知識などとの関連を研究する目的で，震災発生半年後と 1 年後からの 1 年おきに，日本の 3 地域（被災地，首都圏，京阪神）の一般市民を対象とするパネル調査を Web 調査によって実施しました。

2019 年 3 月まで実施した全 9 波*のうち，ここでは 2014 年 3 月までの 4 波の調査データを用いて，先ほどの交差遅延効果モデルを拡張した分析を行いました。その結果，被災地産の食品を避けようとする傾向はひどく高いわけではないものの，震災から 3 年経過してもその傾向は減っていない，つまり時間経過だけでは判断は変わらないこと，そして，放射線に対する不安の強さは被災地産の食品を避けようとする傾向を強めること，さらには，放射性物質についての知識，特に人体への影響に関する知識をもっていると，被災地産の食品を避けようとする傾向は弱まることが示されました。東日本大震災という未曾有の大規模災害の人間の心理に及ぼす影響は，直後の衝撃がもたらしたものだけではなく，今後にわたる長期的な回復過程を見守る必要があります。こうした研究においても，パネル調査は大きな役割を果たします。

②実施上の留意点

パネル調査は，ある程度の期間にわたって同じ項目に繰り返し調査協力を求める必要があるので，吉武（2010）のように学校で実施するならともかく，三浦ら（2016）のように広く一般市民に Web 調査への回答を求める場合には，初回の回答者からずっと継続して協力を得るのは容易ではありません。実

プラスα

吉武（2010）の研究結果

吉武（2010）では，ポジティブ・イベントと生活満足度の双方向の影響力がどちらも認められ，お互いに因果的影響をもつことが示された。

語句説明

波（wave）

パネル調査で何度も同じ回答者からデータを得ることを「波（wave）」と表現することがよくある。

際，このパネル調査では，1 波の回答者 1752 名のうち 4 波すべてに回答したのは 818 名で，半数以上が途中で脱落しました。連絡がつかなくなる場合もありますし，先に述べたとおり，特に，Web 調査では調査者と回答者との関係が希薄なので，回答者の「継続して協力しよう」という動機づけは弱くなりがちです。

なるべく脱落を抑えるためには，回答者の動機づけを高め，維持するための取り組みが必要です。研究に際してなぜパネル調査によるデータ収集が必要なのか，なぜそれへの協力を求めたいのか，回答者に協力許諾を得る際に，こうした点を十分に説明し，理解してもらう努力をすべきでしょう。また，適切な調査報酬を設定したり，支払いのタイミングを工夫する（都度払いにするか，開始前／終了後のまとめ払いにするか，など）取り組みも効果的ではないでしょうか。

こうした取り組みをしたとしても長期にわたるパネル調査では相当数の脱落が避けられないので，分析に着手する前に，残存した回答者と脱落した回答者の間で主要変数の値に違いがあるかどうかを確認し，報告することが望ましいです。たとえば，男性よりも女性で顕著に脱落率が高ければ，女性が回答しにくい質問項目が含まれていたのかもしれません。調査では「回答が得られないこと」も大きな意味をもつ可能性があると考えましょう。

プラスα
パネルの脱落
パネル調査の第 1 波では，その後の脱落者を考慮して，回答者数をできるだけ多く確保する必要がある。また，回答者から「回答が得られない」ことによるデータの欠測がもつ意味を探る統計理論や分析法もある。

③経験サンプリング法

広い意味でパネル調査に含まれますが，短期間にごく短い間隔で（たとえば，数日間にわたり 1 日数回など）回答者に同じ質問項目への回答を求めるのが**経験サンプリング法**です。この手法では，回答者に，定刻あるいはランダムなタイミングで連絡して，その時点でしている行動や感じていることなどの報告を求めます。特に，心理的変数のなかでも，思考や感情など揺れ動く（ごく短い間に大きく変化する可能性のある）ものをとらえる際に効果的な手法です。たとえば「今どんな気持ちですか」「過去 2 時間以内に何人の人と話しましたか」といった項目に何度も答えてもらいます。インターネットやスマートフォンが普及する前は，こうしたデータ収集は，調査者と回答者の両方にとって大きなコストがかかりました。しかし今なら，回答者がたとえ大人数であっても，決まった時間に決まったメッセージを送信して返信を得ることや，すぐに返信がなければ督促して回答を促す，といった手続きは簡単にできます。つまり調査者にとってのコストはかなり小さくなっています。

プラスα
経験サンプリング法
経験抽出法，生態学的瞬間評価法（ecological momentary assessment：EMA）などとも称される。

経験サンプリング法によるデータ収集には次のようなメリットがあります。まず，日常生活のありのままの状態をとらえやすく，データの生態学的妥当性が高いです。また，その時点あるいはごく最近の過去について尋ねるので，想起バイアス（過去の出来事や経験の記憶を想起するとき，その正確さと完全さが異なるために生じる歪み）を最小限にできます。また，データ収集頻度が高いの

参照
生態学的妥当性
→5章

で，個人内のダイナミックな変化を詳細に検討できます。多数の回答者からデータを収集できれば，こうした個人内変動に加えて，個人間の違いも同時に分析できる点も魅力です。

2　調査データの質維持のためにすべきこと

本章の冒頭で述べたとおり，調査は，研究者と対象者の両方にとって比較的コストの低い手法です。しかし，当たり前のことですが，コストが低いからといっていい加減にやってもどうにかなる，というわけではありません。研究者が「手抜き」をすれば，データの質は著しく低下します。

1　回答者の「手抜き」

回答者の「手抜き」は質の低下に直結します。調査回答に際する回答者の「手抜き」，つまり内容をじっくり検討することをせず，求められた要件（たとえば複数選択肢のなかから1つを選ぶこと）さえ満たせばよい，という態度で行動することを**努力の最小限化**（satisfice）といいます。調査では，教示や質問項目を読んだ回答者がそれを正しく理解して回答できているかどうかを知ることは困難なので，調査者はなるべく平易で明解な内容を心がける必要がありますが，それも回答者がきちんと目を通してくれなければ元も子もありません。努力の最小限化を伴う回答行動は，そのデータの分析から得られる推論の妥当性を損なう可能性があります。

調査における努力の最小限化が，Web調査で特に深刻になり得ることは，参加環境が回答者任せで，回答に際する態度を調査者がコントロールできないことを考えればどなたでもご理解いただけるでしょう。ここではWeb調査における努力の最小限化の発生に関する傾向と対策を実証的に検討した研究（Miura & Kobayashi, 2016）をご紹介します。

2　実証研究の手続きと予測

この研究の回答者には，まず図7-4のような質問項目への回答を求めて努力の最小限化傾向を検出し，その後，図7-5のように，ある人物の情報を提示して，印象評価を求めました。努力の最小限化の検出項目は，説明文をよく読むと回答する選択肢が指示されているのですが，読み飛ばすと指示以外の選択肢を回答してしまうような内容です。「いいえ」「わからない」を選択したケースを努力の最小限化の現れとみなします。そして，読み飛ばしをした回答者には再度同じ質問を提示して，「はい」と答えるようにという指示の部分を

図7-4　努力の最小限化を検出する質問項目

あなたの日常的な行動についておたずねします。

意思決定に関する近年の研究で，人間の決定は「真空」状態でおこなわれるわけではないことがわかってきました。人が何かを決めるとき，その人の好みや知識，または，そのときどんな状況におかれているかなどのさまざまな特徴が，大きな影響を及ぼすのです。この調査では，こうした「人間の決め方」を研究するために，あなたの「意思決定者」としてのある特徴を知りたいと考えています。つまり，あなたがこの指示を時間をかけてよく読んでいるかどうかを知りたいのです。もし誰もこの問題文をお読みになっていなければ，問題文の内容を変えることが「人間の決め方」に与える影響を見たい，というわれわれの試みは意味を持たないからです。ここからがお願いです。この指示をお読みになったことの証明として，実際のあなたがどうであろうが，以下の質問には「はい」と回答して，次のページに進んで下さい。よろしくお願いします。

私は電子メールを使ったことがない

はい　　いいえ　　わからない

注：1回目違反（「はい」以外を選択）した回答者には同じ設問を再度呈示するが，その際は冒頭に「もう一度，」を付したうえで，「以下の質問には「はい」と回答して，次のページに進んで下さい。」を赤字で表示した。

図7-5　印象評定を求めた人物情報

劉建明さんは，上海出身の中国人で，年齢は18歳。あなたの地元にある大学の新入生で，先日あなたの住む家の隣に引っ越してきました。これからたびたび顔を合わせることになりそうです。

彼は，高校時代は3年間吹奏楽部で活動していました。彼をよく知る人々は，彼のことをあたたかく，精力的で，知的で，決断力があり，将来有望な人物だと評しています。

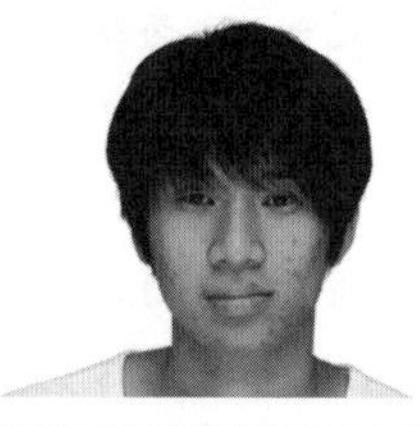

注：下線部分が条件より異なる。

赤字で表示して目立たせました。そして，2回目も「はい」を選択しなかった回答者を「最小限化」群，2回目で「はい」を選択した回答者を「行動修正」群，最初から「はい」を選択した回答者を「優良群」としました。回答者4561名のうち，最小限化群が10.0%，行動修正群が32.3%，優良群が57.7%で，このことから最初は教示を読み飛ばしていた回答者が少なくないことがわかります。

人物の印象評価では，提示する国籍と性格に関する情報が操作されました。国籍は中国か日本のいずれか，性格に関する情報はポジティブ，ネガティブ，ニュートラルのいずれかで，合計6種類のうち回答者が見たのは1種類（図7-5は「中国－ポジティブ」）です。

私たちが他者の印象を評価する際，国籍のように何らかの典型的特徴をもつとみなされやすい情報が提示されると，まずはそれに飛びつきやすいことが知られています。こうした特徴を「ステレオタイプ」といいますが，自国民にはポジティブな，他国民にはネガティブなステレオタイプがもたれやすいことが知られています。しかし，じっくり判断するだけの心の余裕や動機づけをもっていれば，それだけでイメージを決めつけることはなく，その後に提示される個人の性格に関する情報に応じて修正が行われます。しかし，これには時間をかけた情報の吟味が必要で，認知的負荷*がかかります。努力の最小限化をする人はこの吟味をせずに回答するので，たとえば「ポジティブな性格の他国民」に対してもネガティブな印象評価をすると予測されます。

語句説明
認知的負荷
ある情報を脳内で処理する際に割くべき資源量の大きさ。

3　実証研究の結果

分析の結果，ある人物の性格に関する情報について，国籍ステレオタイプと一致するもの（日本－ポジティブ，中国－ネガティブ）が提示される場合には，優良群と最小限化群でその人物に対する印象評価に違いはありませんでした。しかし，他国民だという情報が提示されたうえで，ステレオタイプと一致しない情報が提示された場合（中国－ポジティブ）には，最小限化群はその情報にあまり反応せず，ステレオタイプに合致した，よりネガティブなイメージが維持されやすいことが示されました。一方で，行動修正群の回答傾向は優良群にかなり近く，調査者が努力の最小限化に気付いていることをフィードバックすれば，いったん「手抜き」をした回答者を適切な行動へと仕向けられることが示されました。また，この Web 調査では閲覧時間を画面ごとに測定したのですが，人物情報の閲覧時間は最小限化群で最も短く，回答者の動機づけの低さが情報処理の浅さにつながっていることが示唆されています。

この研究は，特に長い文章を読ませるような調査では努力の最小限化をする回答者が少なくないことを示すと同時に，それを検知して注意を促すことで，努力の最小限化の含まれにくいデータを得やすくなる可能性も示しています。Web 調査では，回答者の努力の最小限化が深刻になり得る一方で，調査者が調査データの質を損なう可能性のある回答者の行動を検出したうえで，それを高める方向に仕向ける工夫を施せる余地も大きいのです。

3　より良い調査研究のために

ここまで２章にわたり，調査法によるデータ収集の基礎と応用について，なるべく具体的な研究例をあげながら述べてきました。調査は，心理学に限らず，数多くの人の意見を集約するために一般にも広く用いられてきた手法であり，皆さんにとってなじみ深い研究法だと思います。さらに，近年の情報機器やインターネットの普及により，より幅広く，より深みのあるデータを収集できるようになったことで，研究法としての拡張性はさらに増しています。

しかし，どんなことでも調査すれば何とかなるだろう，という安易な考えは禁物です。本章と第６章では，調査によって得られるデータの長所と短所のいずれについても詳しく紹介しました。その両方をよく知ったうえで，長所を活かせる研究テーマに積極的に用いてください。そして，研究者にとってデータ収集のコストが比較的小さい手法であるだけに，回答者に過度の負荷をかけないよう最大限配慮した，綿密な計画が必要であることをよく理解してください。そうすることが，データの質の高さに直結するからです。

考えてみよう

努力の最小限化の検出・対処に王道はあるでしょうか？

本章のキーワードのまとめ

Web 調査	Web 上に調査環境を構築して実施する調査。回答者には Web ページのアドレスを示し，インターネット経由でアクセスして回答するよう求める。ネット調査，オンラインサーベイなどともいう。
国際比較調査	さまざまな国やそこに住む人々を比較して，それぞれの類似性と非類似性を明らかにすることを目的として，複数の国で実施する調査。収集したデータに基づいて国間の差異を検討すること。
バックトランスレーション	A 言語を B 言語に翻訳する際に，まず A 言語から B 言語に訳し，その B 言語訳を A 言語に訳し戻し，A 言語による原文と比較して，B 言語訳を再度検討するという手続き。逆翻訳ともいう。
ペア調査	調査データを個人ごとに収集するのではなく，関心の対象とするペア（友人，恋人，夫婦，親子など）単位でデータを収集する調査。関係の相互依存性とそれぞれの心理や行動の関係を詳細に検討できる。
行為者―パートナー相互依存性モデル（APIM）	ペア調査で収集されたペアデータの特徴を活かし，サンプルの非独立性を加味した分析アプローチの一つ。行為者効果（個人内の影響プロセス）とパートナー効果（個人間の影響プロセス）を独立に検討する。
パネル調査	同じ回答者の集合体（パネル）に繰り返し同じ項目に回答を求める調査で，縦断調査の一類型。時間経過に伴う対象者の変化を検討し，因果関係を推定することができる。
交差遅延効果モデル	パネル調査データの分析によく用いられる統計モデル。1 時点目に測定した 2 つの変数のそれぞれの値が，1 時点目から 2 時点目にかけての両変数の変化に与える影響を検証することができる。
経験サンプリング法	回答者にごく短い間隔で同じ質問項目への回答を繰り返し求めることで，思考や感情など変化しやすい心理的変数のデータを収集する手法。生態学的妥当性が高く，想起バイアスを受けにくいデータを収集できる。
努力の最小限化	与えられた課題に応分の注意資源を割かずに，「最善」の選択肢ではなく「満足できる」選択肢を求める行動。調査回答の際に生じると，データの質を低下させ，分析から得られる推論の妥当性を損なう可能性がある。

第8章 観察法（1）：基礎

本章と次章（第９章）では，観察法を取りあげます。観察法では，対象者の行動をよく見ることもそうですが，見たことを所定の手続きに沿って正確に記録し，そのデータを定量化して示すスキルを身につけることが大切です。そのことによって，対象者の特徴を客観的に理解することが可能となるからです。ある支援や介入の前後で対象者の行動がどう変化したかを比較し，その効果を説得的に示すことができることは，心理師にとって大きな力となります。

1 観察法とは

「観察」？　そんな当たり前のことをわざわざ研究法として学ぶ必要などないのでは，と思った方もいるかもしれません。本章で紹介する「**観察法**」は，それくらい私たちにとって身近なものだといえます。そもそも日常生活のなかで，視覚的な情報は他のどの感覚器官から入ってくる情報にも増して，豊かな情報を私たちに提供してくれます。朝起きて，カーテンを開けると，空がどんよりと曇っていたとしましょう。皆さんならどんなことを考えますか？「今日は午後から雨が降るかもしれない，傘を持って行かないと。でも荷物になるし，降りそうで降らない可能性もあるから折り畳みの傘にしておこう」。意識しなくても，このように考える人が多いと思います。また，いつもは元気に帰ってくる子どもの表情がいつになく暗く，おやつを出しても「食欲がない」と言ってソファにゴロンと横になってしまいました。こんなときはどうでしょう。「学校で何かあったのかな」「友達とけんかでもしたのかな」と心配したりしますね。

このように私たちは普段から，目から入ってくる情報（空模様や子どもの言動）を手がかりに，何かを知り，考え，推測し，行動しています。では，研究法としての「観察」は，私たちがいつもやっている「見る」という行為と何が違うのでしょうか。なにより，日常生活では，目に入ってくる情報から何かがわかった（と思った）としても，それはあくまで主観にすぎません。先ほど，子どもの言動から，学校で何かトラブルがあったのでは，と推測するエピソードを紹介しましたが，それは主観的にそう感じたのであって，実際には違っているかもしれませんし，なぜそう感じたか説明するように言われても，「いつもと様子が違うから」「何となくそう感じたから」程度のことしか言えないのではないでしょうか。一方，心理学での「観察法」は，科学的なアプローチを使って客観的な資料としてデータを提示しますから，より説得力があるものとなります（詳しくは第 9 章で述べます）。

では，他章に登場する調査法や面接法と本章で扱う観察法にはどのような違いがあるでしょうか。メリットと同時に，デメリットについても触れておきましょう（表8-1）。第一に，観察法では，観察の対象者から情報を得るのに必ずしも文字や言葉を使う必要がありません。調査法で用いられる質問紙は，設問がすべて文字で書かれていますから，回答者はそれを読んで内容を理解し，また頭で考えて回答することが必要です。面接法でも，言葉を使って対象者に問いを投げかけ，相手もその意味を理解して応答しなくてはなりませんから，言葉を使ったコミュニケーションは必須です。つまり，文字を読んで理解し，回答すること，言葉を聞いて応答することができない人に対しては，これらの手法は一切使えません。

もっと具体的にいうなら，一部の認知症の人や知的障害のある人，あるいはまだ言葉でのやりとりができない乳幼児などが対象である場合は，調査法や面接法は使用できません（仮に言葉が理解できても，こちらの問いかけに応答してくれないような人が対象の場合もそうです）。これに対し，観察法では，このような人たちが対象であっても，多彩な情報を得ることが可能だという点が特徴の一つです。

第二に，他の研究法と違って，その人のリアルな姿をとらえられる点が観察法の魅力としてあげられます。「あなたは早く歩くほうですか，それともゆっくり歩くほうですか」と尋ねられたとします。このとき，たいていの人は，自分が歩いているときの様子を思いうかべて「早いほう」とか「ふつう」とかいった応答をするでしょう。しかし，よりリアルな情報を得るには，実際にその人が歩いているところを観察し，スピードを計測したほうが確かですし，他の人が歩くスピードと比較して，その人の歩行スピードが全体の分布のどのあたりに位置するかを知ることさえできます。要するに，観察法の技法を用いて客観的で正確なデータを集めることで，確かな情報を得ることができるのです。

表8-1　観察法のメリットとデメリット

メリット	デメリット
文字・言葉によるコミュニケーションがとれない対象者に関しても，データを収集することができる。	データを集めるのに時間と労力が必要である。
現実に即したリアリティのあるデータを収集することができる。	公的な場面以外でのデータは収集できない。

一方，研究法としての観察法を身につけるには，第９章で述べるように，それなりのトレーニングも必要です。自分が見たもの，またそこから得た情報が主観的なものではなく，誰もが納得できる，そして信頼性に足るものであることを担保するためには，周到な準備と工夫が必要となります。

また観察法では，調査法のようにいっぺんに大量のデータを集めることができないという制約もあります。一度に観察できる対象は限られていますから，たくさんの対象のデータを集めるには，相当な時間と労力が必要です。さらに，観察できる場面は限られています。見たいものがなんでも観察できるわけではないのは当然です。

以上，メリットだけではなくデメリットもありますが，他のどの研究法にも，同様にメリットとデメリットがあるわけですから，それぞれの研究法のよさを上手に活かして，知りたい情報を適切に得る力を身につけることがベストだといえます。

さて，次節では，そのような「観察法」が心理学の主要な研究法としての地位を確立するに至った歴史的な経緯を振り返ってみたいと思います。

2　観察法の誕生と歴史

1　心理学において観察法が用いられるようになるまで

先に述べたとおり，実験法や調査法などと並び，観察法は今や心理学の主要な研究法の一つです。しかし，心理学研究において観察法が用いられるようになるまでには，いくつかの歴史的な出来事がありました。

観察法が科学的な手法と認められるよう貢献した人物として，動物行動学（エソロジー）の祖の一人である**ローレンツ**（Lorenz, K. Z.）をあげないわけにはいきません。ローレンツは，同じく動物の行動について著名な発見を得た動物行動学者ニコ・ティンバーゲンやカール・フォン・フリッシュと共に，1973年にノーベル医学・生理学賞を受賞しました。

ローレンツがティンバーゲンやフリッシュと違っていたのは，後者の２人が動物の行動を実験的に解明したのに対し，ローレンツはあくまで動物の行動の観察にこだわった点にあります。ハイイロガンのヒナが，生後の特定の時期において，動く物体を母親と認識してしまう現象である「刷り込み」はローレンツによる最も有名な発見の一つですが，彼の発見のほとんどは，動物の行動の詳細な観察によるものでした。1954年にローレンツを訪ねた日本の動物行動学者の前田嘉明は，鳥や魚に向けられるローレンツの鋭い観察眼に強い感銘

プラスα

動物行動学（エソロジー）

比較行動学ともいう。行動を手がかりに，人間を含む動物の進化について明らかにする学問領域。

を受けたこと，そしてローレンツが人間の心理学と生物学とを架橋することを自身の使命と述べたことを述懐しています（前田，1955）。

動物行動学は，さまざまな動物の行動の「なぜ」を問う学問です。たとえば，ニホンザルの母親が子に対して授乳するのはなぜか，という問いに対して，動物行動学者は，ニホンザルの授乳に関連する行動のリストである行動目録*（エソグラム）を作成し，それぞれの行動の頻度や持続時間を計測します。これらのプロセスを通して，「子が母親の胸を触ったから」などという直接的な原因（**至近要因**）だけではなく，「授乳をすることが，母親と遺伝子を共有する子の生存率を高めるから」という進化的な原因（**究極要因**）の解明を目指してきました。今日の心理学で用いられる観察法においても，解明を目指す現象について，関連する行動のリスト（行動カテゴリー）を作成し，それぞれの行動の頻度や持続時間などを計測しますが，これは動物行動学の手法とほぼ同じです。

それでは，科学的な手法である観察法が，心理学で用いられるようになった直接的な経緯は何だったのでしょうか。心理学において観察法の必要性が叫ばれるようになったのは，心理学の祖であるヴント（Wundt, W. M.）の研究手法への批判からでした。1887 年，ヴントはドイツのライプツィッヒ大学において実験心理学の研究室を設立します。これは近代心理学の成立を意味する画期的な出来事でした。この研究室において，ヴントは**内観法**（あるいは内省法）と呼ばれる手法により，人間の意識の研究に取り組みました。内観法とは，熟練した協力者に対してさまざまな外的刺激を施すことで生じる，その協力者の内的状況（つまり心の動き）の変化を自己観察させ，報告させる手法です（「内」的な状態を「観」察する手法としての内観法）。この手法を用いることにより，ヴントは人間の心を初めて実証的なデータとして表現しました。これは心理学が哲学から実証科学*へと進む第一歩でしたが，第 3 者からは確認しようのない協力者の心の変化を，協力者自身の主観に基づく報告でとらえようとする内観法は客観性を欠き，批判を浴びました。心理学が科学として成立するためには，データの客観性，すなわち第 3 者からの検証の可能性が保証されていなければなりません。しかしながら，内観法による報告では，得られたデータを第 3 者によって確認することができず，検証が不可能だったのです。さらに，内観法は，少なくとも言語報告の可能な，健康状態に問題のない大人の協力者からしかデータが得られないという，射程の極端に小さい方法論であった点も批判されました。

内観法に依らず，第 3 者にも確認できる形で心をとらえるにはどうすればよいでしょうか。一つの方法は，「行動」に着目することです。行動は，その主体の内的状態と異なり，確認することが可能です。つまり，第 3 者による検証が可能なのです。加えて，行動に着目することで，言語報告の不可能な対象，たとえば乳幼児，動物にも，心理学は射程を広げることが可能となりまし

語句説明
行動目録（エソグラム）
観察対象の動物種がもっている行動すべてを詳細に記述し，分類したカタログのこと。

語句説明
実証科学
観測の可能な経験的事実から法則性の抽出を試みるという手法をとる科学。誰かの主張する法則について，他の者による確認が不可能な場合（たとえば神の存在など），それは実証科学とはいえない。

た。行動を観察するという手法により，実証的な科学の学問として，心理学はさらに一歩，前進したのです。

2 観察法への批判

かくして，観察法は，実証科学としての心理学の前進に大きな貢献をしました。「行動を観察する」という手法は，その行動の主体の心を客観的にとらえる手法として確かに有効です。しかし，観察法には1つ，落とし穴がありました。

観察法は，対象者の行動に着目することで，客観性を欠く対象者の自己報告に依拠することの回避に成功しました。しかしそれは，観察する側，つまり観察者の自己報告が果たして客観的たり得るのか，観察者の恣意の入り込む余地があるのではないか，という問題を新たに生じさせました。

一方，人間の行動を観察によって解明しようとする試みは，ヴントが実験心理学研究室を設立するずっと前にすでに始められていました。その最初は，ティーデマン（Tiedemann, D.）によるものでしょう。彼は自らの息子の出生時から2歳半までの行動を観察し，記録としてまとめたものを1787年に刊行しています（村田，1992)。ティーデマンと同じく，自身の子どもを詳細に観察し，1877年に生物としての子どもについての論考を残したのは，進化論で有名な**ダーウィン**（Darwin, C. R.）でした（Darwin，1877)。

ティーデマンやダーウィンらの採用した観察法は，「**日誌法**」と呼ばれます。彼らの卓越した観察眼による詳細な記述は，後世の心理学（特に発達心理学）に多大なる影響を与えました。しかし，観察対象が少ないために量的分析に耐えられず，しかもその観察対象が果たして研究目的を達成するうえで好ましかったかどうかが不明である点，そして何より，「何をもって当該の行動が生じたとするか」といった基準があいまいであったため，観察者による観察事実の取捨選択が恣意的である可能性が排除できない点などから批判を浴びました（村田，1992)。

プラスα
日誌法
特定の個人に関して日々，偶発的な観察を行い，それを日誌に記録していくことで，後にそれを再構成しようとする手法。

3 客観性を目指す観察法

観察者という人間のフィルターを通す以上，観察から得られたデータに，観察者の恣意が入り込み，客観性が損なわれるのではないか，という危惧は常について回ります。観察者の恣意が入り込むことは，観察により得られたデータの信頼性（別々の観察者が観察を行っても，同じ結果が得られる性質）を脅かします。観察法によって得られたデータが信頼性の高いものであること，すなわち，恣意的ではなくより客観性の高いものであることを目指し，研究者たちは工夫を凝らしてきました。

観察によって得られたデータの客観性を高める工夫の一つは，第9章において詳しく説明する時間見本法などのデータ記録法の導入です。同じ場面を観察しているにもかかわらず観察者間でデータが一致しない場合，その観察データの客観性が疑われます。このようなことが生じる理由の一つは，あまりにたくさんの情報を欲張って記録しようとした結果，さまざまな見落としが生じ，観察者により記録が異なってしまうことが関係しています。

時間見本法では，観察場面すべてを記録する（これを連続観察法といいます）ことを諦める代わりに，行動を記録するタイミングを限定します。観察場面すべてを記録することはビデオカメラなどの機械ならば容易でしょう。しかし，人間の観察者が行う場合には大きな負担となります。これに対し，時間見本法では限定されたタイミングにおいてのみ記録を実施するので，観察者にとっては負担軽減となり，その分，記録の精度が高まります。後述するように，時間見本法では，観察された行動の継続時間や頻度に関する真値は得られません。しかし，記録の精度の高まりは，観察者間の記録の不一致を減らし，結果的にデータの客観性を高めることにつながります。

オルソン（Olson, W. C.）らは「指しゃぶり」や「爪かみ」といった，子どもが無意識に行ってしまう行動（神経性習癖）を観察法によって記録するために，時間見本法を使用しました（Olson & Cunningham, 1934）。彼らの研究は子どもの発達に関する研究を専門に扱う学術雑誌「Child Development」に掲載されました。時を経て，この論文は，野生のヒヒをはじめとする霊長類の行動を研究する動物行動学者アルトマン（Altmann, J.）により，動物行動学の専門誌「Behaviour」のなかで引用されました（Altmann, 1974）。時間見本法は彼女の論文を通して広く動物行動学の分野に浸透し，現在，動物の行動を記録する方法のスタンダードの一つとなっています。

信頼性の指標の導入もまた，観察データの客観性を高めるための工夫の一つといえるでしょう。旧来，観察の記録はペンとメモによって行われてきましたが，近年では，ビデオカメラの小型化・軽量化に伴い，観察事態を映像によって記録することが容易になりました。これに伴い，観察事態の映像記録を観察者，ならびに研究の目的を知らない第 3 者が独立に観察し，二人の観察によって得られたデータがどの程度一致しているのかを，第 9 章に紹介する「一致率」や「カッパ係数」といった指標から評定する，ということが一般化してきています。

これらの工夫により，観察法を用いる研究者たちは，自らの得た観察データの客観性を高めることに努めてきたのです。

プラスα

アルトマン（Altmann, J.）

「Behaviour」で引用された Altmann（1974）の影響力は非常に大きかった。彼女の論文の引用回数は 14,000（2019 年 9 月現在）を超えている。

3　観察場面と観察者の立ち位置

1　実験場面の観察と自然場面の観察

前節の冒頭で，現在の観察法の基礎をつくったローレンツ，ティンバーゲン，フリッシュの３人の動物行動学者のことを紹介しました。そこでも触れましたが，観察には，実験的な場面・状況を意図的につくりだし，そこで何が起こるかを検討するやり方（「実験観察法」といいます）と，そうした人為的な操作は一切行わず，極力自然に近い場面を見ることにこだわるやり方（「自然観察法」といいます）があります。前者の実験観察では，ある場面に置かれることで，対象者の行動にどのような影響が及ぶかを調べることができますから，因果関係を調べたいときには，実験観察が向いています。一方後者の自然観察では，対象者の日常をそっくりそのまま切り取りますので，普段通りの，つまりその人の“生態”に密着したデータを集めることができます（「生態学的に妥当な観察」という言い方をします）。どちらの観察場面がすぐれているというわけではなく，集めたい情報が何であるかによって，実験的な状況を組むのがよいか，自然な場面を観察するのがよいかを考える必要があります。

ところで皆さんは，ボウルビィ（Bowlby, J.）が提唱した「アタッチメント」という概念をご存知でしょうか。発達初期の子どもにとって重要な人物（「アタッチメント対象」といいます）との関係の質を指し，安定した関係が形成されているときには，危機的な場面でその人物に保護や世話を求めて接近する行動が生じ，反対に危機的でない場面ではその人物を拠点に周囲を探索する行動が優位に生じることが知られています。そのアタッチメント関係を調べるのによく使われるのが，ストレンジ・シチュエーション法です。この手法は，養育者（主に母親）と１歳前後の子どもを実験室に招き，養育者との分離や再会の場面での子どもの行動や，その日はじめて会う他者（ストレンジャー）に対する子どもの行動を手がかりに，養育者－子ども間のアタッチメント関係の質を見極めようとするものです（詳しい手続きは図8-1）。アタッチメント関係に関連した行動は，自然な事態ではすぐに同定できないためにこのような状況を実験的につくり出すのです。

プラスα

ボウルビィ（Bowlby, J.）

イギリス出身の精神科医（1907-1990）。第二次世界大戦後のヨーロッパ各地での孤児院等の視察経験をもとに，発達初期の子どもの心理発達において養育者との関係が重要な影響を及ぼすことを示す「アタッチメント理論」を提唱した。

一方，自然な場面での行動を観察することに意味がある場合もあります。授業中，落ち着いて座っていることができず，しきりに歩き回るという主訴があった子どもに関し，実際に学校に出向いてその様子を確かめるような場合がそうです。このケースでは，教室に出向いて観察を行い，その状況（“落ち着きがない”とは具体的にどのようなことか，実際のところどのくらい歩き回るのか）

図8-1　ストレンジ・シチュエーション法

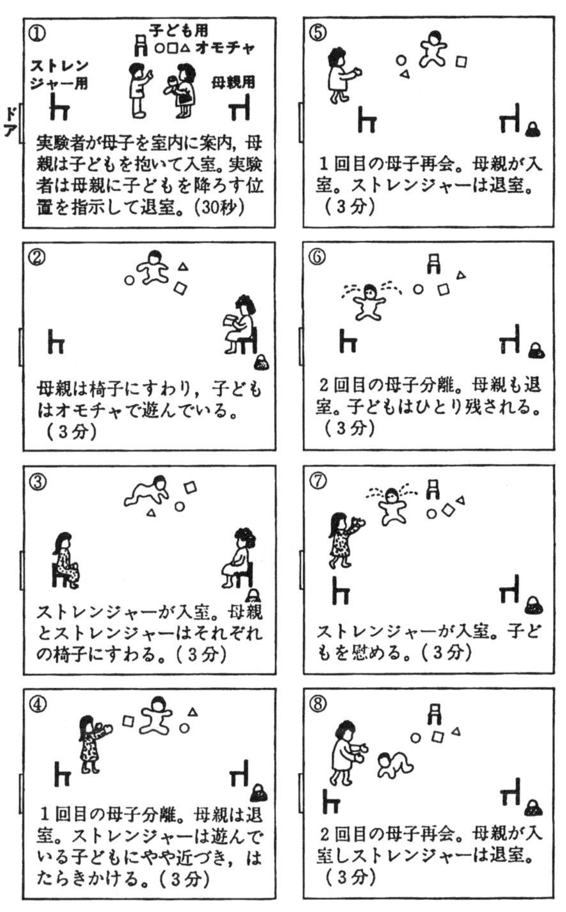

出所：繁多，1987より

を正確に把握することが不可欠です。

2　観察者の立ち位置

もう一点，観察法に関してぜひ知っておいていただきたい事柄を紹介します。それは，観察者が観察の対象となる人物とどのような距離感を保つかです。一つの典型例は，観察中，対象者とは一切関わりをもたず，あたかも自分は透明人間になったかのようなスタンスで，「こちら」側から「あちら」側を観察するやり方です。これは「完全なる観察者」の立ち位置で行う観察です。一方，その真反対の典型例が，対象者とどっぷり関わりながら相手の様子を観察するやり方です。おしゃべりをしたり，積極的に働きかけたりしながら，相手の反応を見るもので，この立場は「完全なる参加者」と呼ばれます（佐藤，2006）。

実際にはこれらの間にあたるものもありますが，いずれにせよ観察を行うときには，自分が対象者とどういう距離感にあるかを意識しておくことが必要です。

図8-2　観察場面と観察者の立ち位置からみた観察事態の特徴

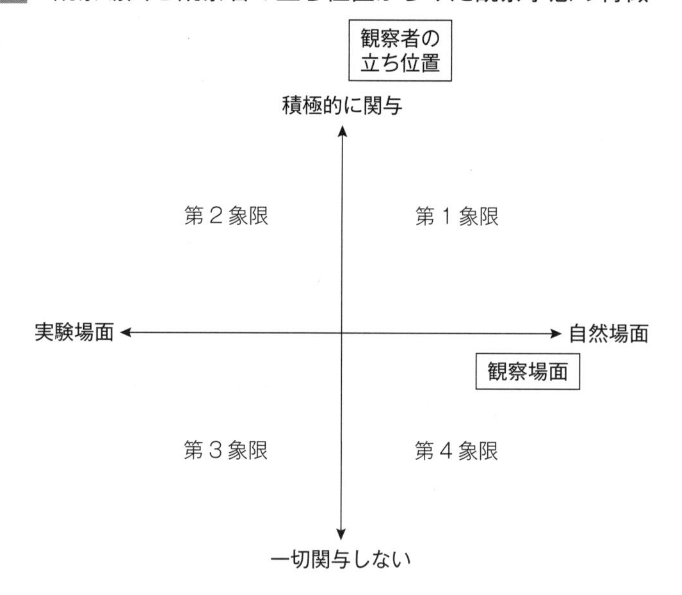

完全なる観察者の立場で観察を行うことのメリットは，観察者の存在の影響を排除して，純粋に相手がどのような行動をとるかがわかることです。これに対し，完全なる参加者の立場で行う観察の場合は，自分の働きかけに対する相手の反応をじかにこの目で確認できることが大きなメリットです。

以上，観察場面と観察者の立ち位置について述べてきましたが，これを組み合わせると，図8-2に示すような４つの観察事態を想定することができます。すなわち，自然な場面で相手と積極的に関わりながら行う観察（図の第１象限），実験的な（自然とはいえない）場面ではあるものの，相手に対して積極的に働きかけ，その反応を観察するもの（第２象限），実験的な場面で，なおかつ相手と一切関わりをもたずに相手の様子を観察するもの（第３象限），そして自然な場面で，しかし相手とは関わりを持たず，ある程度の距離を保って観察を行うもの（第４象限）です。

心理師が観察法を使って対象者のことを把握したいときには，この４つの観察事態のどれが最も適当かをよく考えることが求められます。

4　公認心理師にとって観察法を学ぶことはどのように役立つか

1　観察法を学ぶことは心理師にどう有益か

ここからは，観察法が心理師の仕事においてどのように役立つかを考えてみたいと思います。第一に，観察法に習熟することを通して，事象を丁寧かつ客観的にみつめる目を養うことができます。筆者自身も，学生時代に初めて観察法の実習を経験したとき，それまでいかに自分が多くのものを見逃してきたかを実感するとともに，観察法により多くの豊かな情報に触れられることに新鮮な驚きを覚えました。

さらにここで，観察法の重要性を表すエピソードを紹介しましょう。筆者は大学 2 年生と 3 年生を受講対象としている授業で，観察法を指導しています。この授業では，初回のガイダンスの後，「見る」ことと「観察する」ことの違いを説明します。「「見る」は「視覚によってとらえること」で，「観察する」は「物事を詳しく見極めること」」と説明しても，受講生にはピンときません。そこで，この説明の後，次のようなことを経験してもらいます。まず受講生を 2 群に分け，一方を「観察群」，もう一方を「散策群」とします。そして，これら 2 群の受講生を伴って教室を出発し，10 分間程度の時間をかけ，大学の構内を散策します。このとき，観察群の受講生には，あらかじめ，大学の構内のどこを見るのか，着眼点を伝え，それをメモに記録するよう指示します。一方，散策群の受講生には何も伝えません。教室に戻ってきた受講生たちに対し，筆者は受講生の歩いたコースに存在した景色について 10 問ほど，クイズを出題します。当然のことながら，観察群の正答率は非常に高い一方，散策群の正答率は観察群の半分未満です（散策群の受講生のなかには，全く正答できない人もいます）。

読者の皆さんは，この結果を当然と思うかもしれません。確かに，観察群の受講生には，あらかじめ着眼点を示しているので，何を見るべきかわからない散策群に比べ，正答率が高くなるのは当然です。しかし，筆者の授業の受講生は 2 年生か 3 年生でした。すなわち，受講生は，少なくとも 1 年以上，大学に通い，大学構内の景色を見ているはずなのです。にもかかわらず，散策群の受講生たちは，その景色について答えられません。この結果は，何気なく見ている景色について，私たちは気づかないうちにどんどん忘れていっていることを表しています。景色を漫然と見ているだけでは，その景色はその都度，記憶から失われているのです。

人間は目を開きさえすれば，いろいろな情報を視覚的にとらえることができます。しかし，目から入ってくる情報の量は膨大なので，そのすべてを記憶にとどめておくことはできません。したがって，目から入ってきた情報のうちのほとんどは，その都度，忘れ去られていくのです。何らかの対象を観察することで気づきを得ようとするならば，あらかじめ着眼点を絞ること，そして，見たものを記録することが必須と思われます。着眼点を決めて対象を注意深く見ること，そしてそれを記録することこそが観察です。ただ漫然と見ることは，何も見えていないのと大きく違わないでしょう。

心理師も，観察法に触れることで，事象や人物（現場で起こっていることや支援の対象になる人の様子）をしっかり見る癖や情報をつかもうとする姿勢を身につけることができるのではないかと考えます。

2 行動観察による査定と効果の検証

さて，以下では，もう少し実際の支援過程に密着して，観察法が具体的にどのように役立つかを考えてみましょう。まず行動観察は，現在の状況を把握する，**査定**の場面で有益な情報を提供してくれます。たとえば，子どもとどのように関わればよいかがわからず困っている，新米の母親がいたとしましょう。このときまずすべきことは，その母親が実際，子どもとどのように関わるのか，遊ぶのかをじっくり観察することです。子どもが泣き出したときの対応や，おむつ換えのときの関わりをよく観察し，母親の表情や子どもへの言葉かけに注意を向けることで，実際の様子がよくわかります（自然場面の観察です）。特定のおもちゃを使ってしばらく一緒に遊んでもらい，その様子を観察させてもらうこともできます（実験場面の観察です）。

このようにして得た資料は，きちんとした手順で客観的なデータに変換することで，支援グループの他のメンバーとの話し合いにも活かせますし，後述の通り，支援の効果を確かめるのにも役立ちます。比較対照として他の人に関しても同じような場面の観察データを収集し，そのデータと先ほどの母親のデータとを比較すれば，よりいっそう問題の所在がはっきりするかもしれません。なお，第２節で述べたように，このときには，データの信頼性への十分な留意が必要です。

さて，先の母親に対して何かしらの介入が行われたとしましょう。行動観察の技法が活かされる，もう一つの局面は，支援の効果を確かめるときです（**効果検証**）。先ほどの遊び場面の例でいえば，最初のときと同じおもちゃを使って観察を行い，介入前と行動がどう変わったかを確認します。

読者のなかには，わざわざそんな面倒なことをしなくても，直観的に変わったことがわかればそれで十分だと反論される方もいらっしゃるかもしれません。しかし，それをデータとして示すことには大きな意味がありますし，介入の効果の信憑性もいっそう高くなります。その成果を知って，同じような現場で支援にあたっている別の支援者が，その介入プログラムを使ってみようと思うかもしれません。そのようにして，多くの人がこのプログラムを受けることになれば，心理支援を求めている人に大きな恩恵をもたらすことにもなります。

さらに，介入の効果がどのくらい持続するのかフォローしたいときにも，定量化の作業は役に立ちます。「わが子が友達とうまく遊べず困っている」という訴えが，ある親からなされたとしましょう。実際に幼稚園に行ってその子どもの様子を観察し，許可をとったうえで撮影もさせてもらいました（これが介入前のデータとなります；査定）。その後，社会性の向上を目指す介入（たとえば，

図8-3　介入前後ならびにフォローアップ時の行動Aの頻度

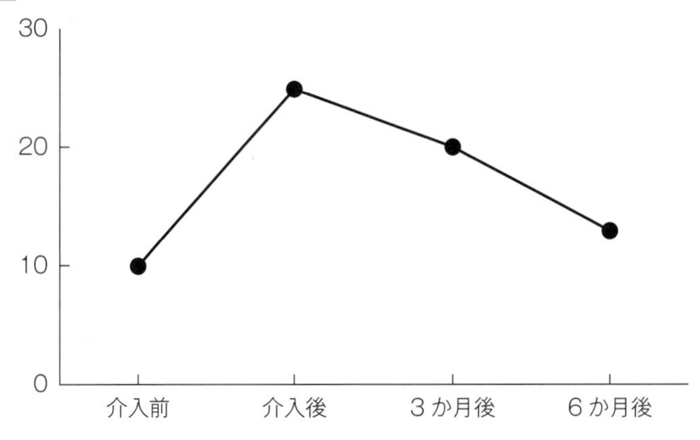

社会的スキルトレーニングなど）を一定期間行い，再度，同じ幼稚園で観察データを収集し（これが介入後のデータです），介入前のデータと比較します。

以上の分析から，仮に介入の効果が確かめられたとしましょう。では，その効果はどこまで持続するでしょうか。そのことを確認するために，3か月後にもう一度，幼稚園に出かけて同じ子どもの観察をします。また，介入から6か月後にもデータを収集します。これで，介入前，介入後，フォローアップ*1（3か月後），フォローアップ2（6か月後）の4回分のデータがそろったことになります。図8-3をご覧ください。これは，ある行動A（望ましい行動，たとえば「友達からの働きかけに対する応答」など）の変化をあらわしたものです。見ると，3か月後に値がやや下がり（介入の効果が薄れ），6か月後には介入前とほぼ同じレベルにまで値が低下していることがわかります。

ここからいえることは何でしょうか。最初の介入から3か月が経ち，効果が薄れ始めたところで，もう一度，何かしらの手立て（同じトレーニングをもう一度行う，別のプログラムを導入する，など）を施したほうがよいといったことでしょう。このような対策が考えられるのも，きちんとした手続きで行動を定量化し，比較することが可能だからです。

このように介入プログラムの評価を行うことは，その効果を高めていくうえでぜひとも必要です。まとめますと，心理師が観察法のスキルを実際に使う場面の代表例は，査定，介入効果の検証，そしてフォローアップによる効果の検証の3点ということになります（表8-2）。

5　観察法を心理師の仕事に活かそう

冒頭にも述べた通り，観察法は，心理学の研究法としては，私たちの日常生

プラスα

社会的スキルトレーニング（Social Skills Training：SST）

他者との関わりに困難を抱える人を対象に行う訓練法の一つ。

語句説明

フォローアップ

追跡調査のこと。

表8-2　心理師が観察法のスキルを実際に使う場面

被支援者の査定	支援を必要とする人の現在の状況を確認する。
介入効果の検証	介入の結果，被支援者にどのような変化があらわれたかを確認する。
フォローアップによる効果の検証	さらに期間を隔てて，効果が持続しているかどうかを確認する。

活に最も身近な手法の一つです。しかしそうであるだけに，データの客観性や信頼性を担保するために慎重な手続きをとる必要があります。また，ほかの研究法と同様に，長所だけでなく短所があることにも留意が必要です。そのことを踏まえて，心理師が活躍する幅広い領域で，観察法がどのような場面で有効かをよく考えていただきたいと思います。

次の第９章では，観察法を使ったデータ収集を行うときにぜひとも気をつけておかねばならない問題，特に倫理上の問題についてまず学びます。また，基本的な観察データの集め方や分析方法，心理師が具体的にどのようにして観察データを集め，また分析するか，それを心理支援にどう活かすことができるかを，実例を交えて紹介したいと思います。

考えてみよう

観察場面には，実験観察と自然観察がありますが，あるテーマについてそれぞれどのようなデータのとり方が可能か，テーマを設定したうえで，その具体例を考えてみましょう。

本章のキーワードのまとめ

観察法	対象を注意深く見て，起こったことを記録し，その分析結果から，行動の量的・質的特徴を明らかにしようとする研究法。実験観察法と自然観察法がある。また，対象と距離を隔てて行う観察と積極的に対象者と関わりながら行う観察がある。
ローレンツ	行動を手がかりに動物の進化について明らかにする「動物行動学」を確立した研究者。観察法を用いて動物の行動を研究し，「刷り込み（刻印づけ）」や「攻撃」に関して重要な知見を残した。1973 年にノーベル医学・生理学賞を受賞。
（ある行動の）至近要因・究極要因	行動の生じる理由の説明の 2 つの水準のこと。至近要因とは，その行動の生じる仕組みを理由とする水準である一方，究極要因では，その行動が生じることで得られる生存・繁殖上のメリットを理由とする水準である。行動が生じる理由は至近要因・究極要因のそれぞれから説明が可能である。
内観法	心理学の研究法の一つ。外部から刺激を与えた際に生じる内的な意識変化を，協力者に自己観察させ，報告させる手法。これにより，心理学は直接経験できる意識内容を扱う学問として，哲学からの分離を果たした。
ダーウィン	1859 年に『種の起源』を著した博物学者。「自然選択」などの進化理論は多方面に影響を与えたが，観察法を用いての動物とヒトの表情の比較や，自身の子の発達の詳細な記録などは心理学にも大きなインパクトを与えた。
日誌法	特定の対象を偶発的に観察したものを日誌のかたちで記録し，後に再構成しようとする研究手法。「観察者の恣意が入り込みやすい」などの短所がある一方，通常の観察では入手困難な情報を詳細に記述できる点などの長所もある。
（行動観察による）査定	対象者（被支援者など）を丁寧，かつ緻密に観察し，所定の手続きでその行動を解析することを通して，心の状態や対人関係の特徴を描き出すこと。
（行動観察による）効果検証	介入の前後，あるいは数か月，数年単位にわたる長期的なフォローアップも含めて，対象者（被支援者など）の行動を同一の手続きで観察することにより，介入の効果を検証すること。これにより，介入法を改善することも可能となる。

第9章 観察法(2)：支援に活かす実践

この章では，観察法の実践について深く掘り下げます。観察法で用いられるテクニック，質的研究への適用に関する解説に加え，観察を行ううえでの注意点，そして，観察法を他の手法と結びつけて用いる応用技術についても紹介します。心理師として研究や臨床の現場に立ち，行動観察の技法を用いて他者の心をとらえ，支援に活かそうとする際に，この章の内容を活用していただければと思います。

1 観察法を用いるうえでの心構え

1 対象者の人権への意識

もしあなたが突然，見ず知らずの人にカメラ付き携帯を向けられたら，強く困惑しその行為を止めようとするでしょう。それは，同意なく他者から自らの姿を撮影されることが，自分自身の人格権，特に幸福追求権や**肖像権***，プライバシーの権利の侵害にあたるためです。逆に，相手の姿を気軽に撮影できるからこそ，カメラ付き携帯によって写真を撮影することが相手の人権を侵害することにつながる可能性について強く意識しておかねばなりません。

研究において観察法を用いることにも，同じことがいえます。実験法や調査法と異なり，最低限，ペンとメモ用紙だけで行えてしまう観察法は，その手軽さゆえに，観察対象者（被観察者）に気づかれないまま，その対象者の行動を記録することが可能です。実験法や調査法では，研究者により何らかのタスク（実験ならば何らかの作業，調査法ならば調査票への回答）が課されますので，協力者はそれらのタスクをこなす直前に心構えを形成することが可能です。一方で観察法では，対象者に気づかれないまま，観察者は対象者を一方的に観察し，興味あるところを記録することができてしまうのです。対象者にとってみれば，これは「盗撮」と何ら変わらない，人格権の侵害に当たります。観察法を研究で用いる際には，観察者の側が，容易に対象者の人権を侵害できてしまうことに留意するべきでしょう。

語句説明

肖像権
写真や動画の被写体となることを拒否する権利のこと。

2　観察者と対象者が気持ちのよい間柄を築くために

研究の目的，そしてその目的達成のために，どのような行動を観察者に記録されるかは，観察者が告げなければ対象者には知る術がありません。観察者と対象者とが健康的で気持ちのよい間柄を築くために，観察者は必ず，対象者からインフォームド・コンセント（informed consent）を得る必要があります。何を記録されるのか，記録はどのように保管されるのか，どのように公開されるのか，などの情報を対象者が観察者から知らされることで，対象者は観察者を信頼し，気持ちよく研究に参加できるのです。公益社団法人日本心理学会の作成した「倫理規程」（https://psych.or.jp/publication/rinri_kitei/）には，研究の協力者（乳幼児や障碍を有する者が協力者の場合には，その代諾者*）から，インフォームド・コンセントを必ず書面で得るよう述べられています。

もちろん，観察の目的を事前に知らせることによって，対象者の振る舞いが不自然になることはあり得ます。そのため，観察終了後に，研究の目的や，観察の内容の詳細，データの保存や公開の方法についての詳細について対象者に説明し，同意を得ることもあるでしょう。対象者に情報が与えられるのが，観察の直前か直後か，いずれの場合にせよ，インフォームド・コンセントの得られない観察研究はあり得ないことを，観察に携わる研究者は強く心に留めておく必要があります。

語句説明

代諾者

何らかの理由で，判断能力が十分とはいえない協力者（たとえば赤ちゃんなど）に代わり，研究への参加を承諾する者のこと。

2　具体的な観察法

1　観察の準備

観察法を用いて行動をとらえるうえで，行動の量的側面（行動の頻度や継続時間）に着目するのか，それとも質的側面（行動が生じたときの雰囲気といった，量的にとらえることの難しい事柄）に着目するのかを明確にすることは非常に重要です。行動の特徴を科学的に把握するためには，行動の量的側面を数値として扱い，比較検討を行う必要があります。しかし，行動を数値としてとらえると，一つひとつの行動の質的な違いがそぎ落とされてしまいます。一方，行動の質的な側面に着目することで，その行動の生じた状況を活き活きと描写することが可能です。しかし，質的にとらえられた行動を統計的に解析することは困難です。

行動の質的な側面をとらえる観察法については第４節で説明します。ここでは，行動を量的にとらえる手法について説明しましょう。

観察法によって行動の量的側面をとらえるうえで重要なのは，対象者の何に注目するのか，「着眼点」を明確にすることです。人間をはじめとする動物の行動は実に複雑で，そのすべてを記録することは不可能です。研究の目的を達成するために，対象者のどの行動に注目するかを事前に決定し，そのうえで観察に臨まねばなりません。

対象者のどの行動に着目するのか，まずはその一覧を作成します。この一覧は「行動カテゴリー」と呼ばれます。行動カテゴリーに含まれる行動は，実際に観察を行う前に実施される「予備観察」や，これまでに実施されてきた先行研究などを参考に決定されます。そして，「どのような現象がみられたら，どの行動カテゴリーに分類するのか」を厳密に定義することで，観察された行動をミスすることなく記録できるようにします。逆に，あいまいさの残るような定義では，観察データの信頼性が損なわれる恐れがあります。たとえば，「女性の髪の毛の長さ」を観察によって「長い」と「短い」というカテゴリーに分類することを考えてみましょう。「長い」と「短い」の判定には，観察者によって違いがある可能性があります。ある観察者が「短い」と分類した髪の長さを「長い」と別の観察者が判定する可能性が大いにあり得ます。また，髪ゴムなどで髪の毛を束ねた女性を観察する場合には，「髪をほどいたらどの程度の長さか」といった推測で分類をせざるを得なくなります。これでは，同じ観察対象であっても，観察者ごとに結果が異なることになり，観察データの信頼性が揺らぐ事態に陥ってしまいます。このように，観察者ごとに見え方の異なる可能性のある分類は，行動カテゴリーに適用するべきではありません。一方で，たとえば，「髪の毛が肩よりも上にある場合，「髪の毛が短い」」，「髪の毛が肩よりも下にある場合，「髪の毛が長い」」，「髪の毛を髪ゴムやカチューシャ

図9-1 サンプリングの方式（何をいつ見るか）と記録の方式（その行動をどのように記録するか）の階層構造

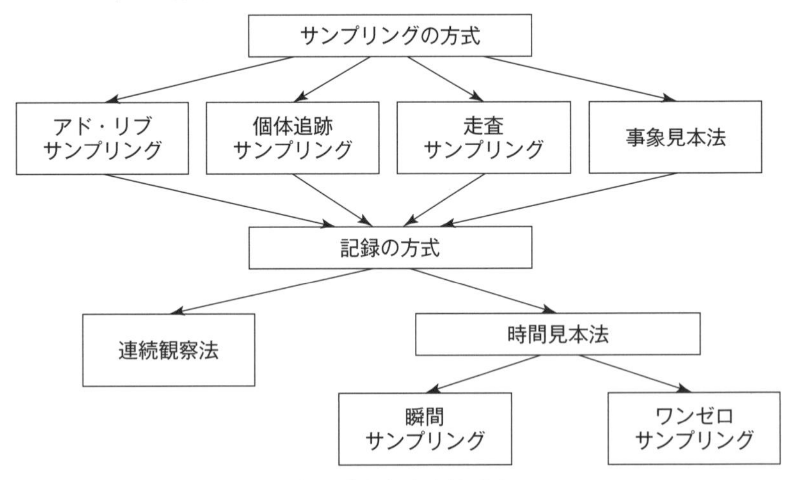

出所：Martin & Bateson, 1986 をもとに筆者が一部改変し作成

などで束ねている場合は「その他」」など，基準を明確にして分類するとする行動カテゴリーを適用すれば，観察の際，観察者が判定に迷うことは少なくなるでしょう。

どのような行動に着目するか，行動カテゴリーを決定したら，その行動の性質などを考慮して，「サンプリングの方式」と「記録の方式」を決定します（図9-1）。

2　サンプリングの方式：個体追跡サンプリング，走査サンプリング，事象見本法

「サンプリングの方式」とは，「どの観察対象をいつ観察するのか」ということです。これには大きく分けて「アド・リブサンプリング」「個体追跡サンプリング」「走査サンプリング」「事象見本法」の４つがあります。ここでは，行動観察でよく用いられる「個体追跡サンプリング」「走査サンプリング」，そして「事象見本法」について説明しましょう。

プラスα
アド・リブサンプリング（ad lib sampling）
いつ，何を，どのように観察するかについて，特にルールを設けない観察手法。研究テーマに関連する行動を見つけるための予備観察などに用いられる。

①個体追跡サンプリング

個体追跡サンプリング（focal animal sampling）とは，特定の観察対象を一定時間追跡する，という観察方法を指します。たとえば，公園で遊ぶ子どもと親とのやりとりを明らかにすることを目的とする研究を考えます。親や子は，それぞれ，公園でどのように振る舞っているでしょうか。

公園には親と子どもの２者がおり，観察者はその２者を同時に観察したいと考えがちです。ところが，親と子どもとが離れてしまい，両者を同時に観察することができないという状況は頻繁に生じます。仕方なく一方だけを追跡すると，その間，他方の行動を記録することはできなくなります。欲張って２者の行動を同時に観察しようとすると，正確なデータを得られないということにつながってしまいます。このような事態を避けるために，親だけ（あるいは子どもだけ）をまず一定時間，追跡する個体追跡サンプリングが用いられるわけです。一方の観察が終了すれば，もう一方の個体追跡観察を開始します。観察の順番は，事前に決定するとよいでしょう。また，観察時間は，注目する行動がどの程度の頻度，あるいは持続時間で生じるのか，さらには，観察対象が何人なのか，観察者がどの程度，観察に時間をかけられるのかなどによって決定します。頻繁に生じる行動であれば，個体追跡の時間は５分間程度でもよいかもしれません。一方で，非常に稀な行動に着目するのであれば，特定の観察対象を終日，個体追跡せねばならないかもしれません。

②走査サンプリング

次に**走査サンプリング**（scan sampling）について説明します。「走査」とは聞きなれない言葉ですが，英語では「scan」となります。光を照射して紙面の情報を読み取る「スキャナー」のように，観察場面の全体を短時間で見渡し，行動を記録する方法を走査サンプリングと呼びます。個体追跡サンプリングと

異なり，一瞬で全体を見渡す観察方法ですから，記録できるのはごく短時間で判定できるような種類のもの，たとえば複数の対象者同士の体が接触しているか，などに限られます。先の公園での親子間のやりとりの例では，親子の体が接触しているかどうかを，走査サンプリングによってとらえることができるでしょう。

観察で走査サンプリングを用いるときに重要なのは，2 回の走査サンプリング間の時間間隔が十分に離れていることです。通常，異なる観察場面のデータは，統計的に独立であるはずです。ところが，走査サンプリングを極端に短い間隔で複数回実施してしまうと，先行する走査サンプリングの観察場面が，後に実施される観察場面に強く影響する可能性が考えられます。先の親子の距離を考えてみましょう。たとえば親が子を抱っこし，接触していたとします。おそらくこの親子は，0.5 秒後も接触しているでしょう。0.5 秒後の親と子の接触は，先行する（0.5 秒前の）接触と独立とはいえません。

このような事態を避けるため，通常，2 回の走査サンプリングの間には，十分な時間間隔を設けます。どの程度の時間間隔を空ければ十分であるかは，走査サンプリングでとらえようとする行動によります。

走査サンプリングを個体追跡サンプリングと組み合わせて使うことも可能です。たとえば，まず走査サンプリングによって観察対象間の距離を観察し，続いて 30 分間，個体追跡サンプリングを実施する。個体追跡サンプリングが終了したら，再び走査サンプリングを実施し，観察対象間の距離を観察する，以下これを繰り返します。2 回の走査サンプリングの間に個体追跡サンプリングを挟むことによって，走査サンプリング間の時間間隔を十分に確保できます。

③事象見本法

最後に，**事象見本法**（event sampling method）について説明しましょう。ここまで紹介してきた観察法は，あらかじめ，対象者を定めて実施されました。それに対して，事象見本法では，対象者を定めるのではなく，特定の事象（行動や場面）を観察対象として定め，その事象が生じ次第，あらかじめ決めておいたチェックリストに沿って記録をしていくという手法です。この手法を用いることによって，生じることの稀な事象であっても，分析に耐え得る事例数をそろえることが可能です。

たとえば保育園の自由遊び場面における，子ども同士の「いざこざ」を記録するような際に，事象見本法は効果を発揮します。いざこざという事象は頻度が低いため，個体追跡サンプリングによって特定の子どもを追跡していても，いざこざに遭遇するとは限りません。したがって，個体追跡サンプリングでは，いざこざの事例を効率的に収集することは難しいといえます。しかし，いざこざは目立つイベントなので，一度生じれば，見つけることは容易です。そこで，いざこざが生じたら，観察者はそこに目を向け，「誰と誰のいざこざか」「口げんかなのか，叩くなどの身体的攻撃が見られたのか」「いざこざの後，仲直りが生じたか」など，あらかじめ決めておいた着眼点をチェックリストに沿って記録していきます。こうすることによって，統計的な分析に耐え得る，いざこざの事例数を集めていくことができます。

以上，個体追跡サンプリング，走査サンプリング，そして事象見本法の3種類のサンプリング方法について説明してきました。次は，どのように行動を記録するか，記録の方式について説明しましょう。

3　記録の方式：時間見本法

注目する行動を記録する最良の方式は，その行動の始発の時刻と終了の時刻をすべて記録する，というものです。この記録方式を「連続観察法」（全生起法；all-occurrence method）と呼びます。ビデオカメラは，時刻とともに被写体の行動を記録していきますが，連続観察法はビデオカメラのように行動を詳細に記録する手法です。この手法を用いることにより，その行動の頻度や継続時間の真値を得ることが可能です。

近年の記録機器の発展により，以前と比較して連続観察法による行動の記録は大変容易になりました。しかしながら，連続観察法は非常に時間と手間のかかる手法で，生身の人間である観察者が連続観察法を用いることは，大きな負担となります。そこで，この手法を用いるのは，複数の行動がどのように連なるのかという，行動の「連鎖」を記録する場合などに限られます。

時間と手間のかかる連続観察法に対して，**時間見本法**（time sampling method）は非常に効率的です。時間見本法では，得られた観察記録をまず一定の時間間隔に分割します。この間隔を「サンプル間隔」，そして，サンプル間隔を分ける点を「サンプル点」と呼びます。時間見本法には，ある行動が「サンプル点で生じたか否か」を記録する「瞬間サンプリング」と，「サンプル間隔で生じたか否か」を記録する「ワンゼロサンプリング」があります。

①瞬間サンプリング

瞬間サンプリング（point sampling）では，注目している行動がサンプル点で生じているかどうかを記録していきます。たとえば，10分間の観察記録を30秒間隔で分割することを考えてみましょう。このとき，20のサンプル点が設けられます（10分間は600秒，これを30秒間隔に分割するので，サンプル点の数は600÷30＝20となります）。観察の際には，たとえば30秒刻みでビープ音のなるような機器を利用し，ビープ音が鳴るたびに，ターゲットとしている行動が生じているか否かを記録していきます。得られる測定値は，すべてのサンプル点のうち，ターゲットとしている行動の生じていたサンプル点の割合（生起率）となります（図9-2）。

図9-2を見てわかるように，この記録方法では，行動の頻度や持続時間の

図9-2 瞬間サンプリング

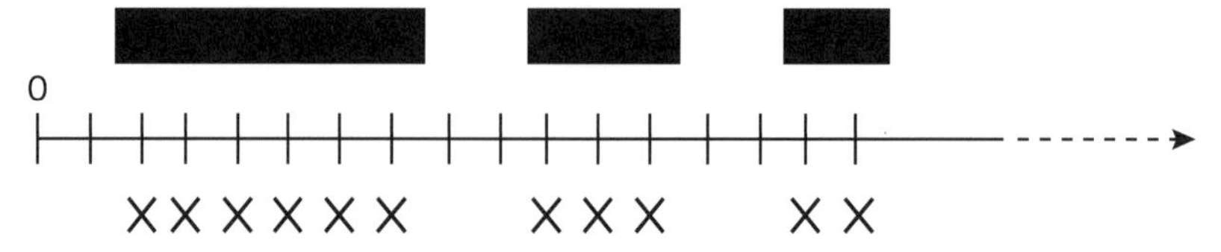

注：行動（黒い棒）が各サンプル点（ビープ音の鳴った瞬間）で生じているかどうかに基づき，スコアが算出される。
出所：Martin & Bateson，1986 をもとに筆者が一部改変し作成

真値を得ることはできません。なぜなら，各サンプル点の瞬間に生じているか否かを記録する瞬間サンプリングでは，サンプル点の瞬間に行動が開始（終了）しない限り，その行動の始点と終点をとらえることができないためです。もちろん，サンプル間隔を極限まで小さくする（たとえば0.1 秒間隔にする）ことで，行動の始点と終点をとらえることはできるかもしれません。しかし，サンプル間隔を小さくすればするほど，瞬間サンプリングは連続観察法に近づいていくことになり，時間見本法のもつ省力化の強みを手放すことになります。ただ，瞬間サンプリングで得られたデータが真値ではない点は十分に留意しておく必要があるでしょう。

瞬間サンプリングでは，ビープ音のなった瞬間に記録をせねばなりません。ですから，瞬間サンプリングはごく短時間で生じているか否かを判断できるような行動（複数の観察対象者間の距離や，観察対象の向き，姿勢など）の記録に適用されます。

実際に使用例を考えてみましょう。公園で遊ぶ 1 歳半の子どもに対し，親がどのように振る舞うか，これを明らかにすることを目的とする研究をするとします。予備観察から，親が子を抱き上げるような身体接触をあまり行わないこと，しかし，親が子から目を離すことは少ないのではないか，という気づきを得られていたとしましょう。これを観察によって明らかにすることを考えます。注目する行動は，「親子間の距離」と「親子の顔の向き」です。

観察ではまず，サンプリングの方式を決定せねばなりません。今回は，親を観察対象とした 10 分間の個体追跡サンプリングを実施します。記録の方式は，30 秒をサンプル間隔とした瞬間サンプリングとし，記録するのは「親子間の距離」（「子と接触している」「子と接触していないが，親の手の届く範囲内に子がいる」「親の手の届く範囲外に子がいる」），「親の顔の向き」（「子の方向へ顔を向けている」「子の方向ではない方向へ顔を向けている」「不明」）です。

観察では，30 秒ごとにやってくる各サンプル点で，親子間の距離が 3 種類のいずれか，親の顔の向きが 3 種類のうちいずれかをチェックしていきます。記録表は図9-3のとおりです。

瞬間サンプリングでは，サンプル点においてのみ記録を行うので，それ以外

図9-3　記録表の例

時間		番号	親子間の距離			親の顔の向き			番号
分	秒		接触	手の届く範囲内	手の届く範囲外	子の方を向く	子の方を向いていない	不明	
0	30	①	✓				✓		①
1	0	②		✓		✓			②
1	30	③		✓		✓			③
2	0	④		✓		✓			④
2	30	⑤			✓			✓	⑤

注：親子間の距離，および親の顔の向きについて，30秒ごとに，それぞれ3つのカテゴリーのうちの1つをチェックしていく。

の時間は観察対象から目を離すことも可能です。連続観察法と比較して負担が小さいことがわかると思います。

②ワンゼロサンプリング

瞬間サンプリングがサンプル点における行動の生起の有無を問題にするのに対し，ワンゼロサンプリング（one-zero sampling）はサンプル間隔において行動が生じていたかどうかを問題にします。10分間の観察記録を30秒間隔のサンプル間隔に分割することを考えましょう。この場合，サンプル間隔の数は，20（10分間は600秒ですから，600÷30＝20）となります。瞬間サンプリングの場合と同様，30秒ごとにビープ音のなるような機器を用いて記録を行います。記録を開始したら，次のビープ音が鳴るまでに，注目している行動が生じたかどうかを記録していきます。得られる測定値は，すべてのサンプル点のうち，ターゲットとしている行動の生じていたサンプル点の割合（生起率）となります（図9-4）。

図9-4　ワンゼロサンプリング

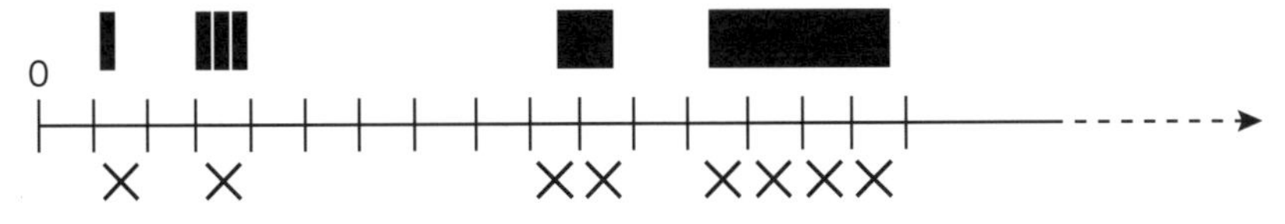

注：行動（黒い棒）が各サンプル間隔で起こっているかどうかに基づき，スコアが算出される。
出所：Martin & Bateson, 1986 をもとに筆者が一部改変し作成

この図を見てわかるように，ワンゼロサンプリングでは，行動の頻度や継続時間の真値を得ることはできません。そのうえ，1つのサンプル間隔において継続時間の短い行動が連続して複数回生じた場合も，一度しか生じなかった場合も，同じ「1」としてスコア化されるため，行動の頻度が過大評価されたり，過小評価されたりするという問題点があります。

ただ，ワンゼロサンプリングでしか記録できない行動があります。それは子ども同士の「遊び」など，始まりと終わりのはっきりしない行動などです。子ども同士の遊びをワンゼロサンプリングによってとらえることが必要な理由に

ついて，マーティンとベイトソン（Martin & Bateson, 1986）では次のように説明されています。まず，遊びには必ずしも明示的なスタートがあるわけではありません。加えて，子どもたちが離散し，遊びが終了したかと思いきや，突然再開する場合もあり，終点を明確に定義することが困難です。そのため，連続観察法では記録できず，また，生じているのかどうかを一瞬では判断できないため，瞬間サンプリングも適用できません。一方で，ある時間の幅のなかでならば，遊んでいるのかどうかを判断することは可能です。現状，観察によって遊びを記録できる方法は，ワンゼロサンプリング以外にはないと考えられます（Martin & Bateson, 1986）。

4 信頼性の指標

ここまで，行動カテゴリーの作成方法，サンプリングの方式，記録の方式について説明してきました。これらはすべて，観察者によって得られたデータの信頼性を高めるための工夫といえます。すなわち，同じ観察事態を複数の観察者によって観察した場合に，結果が同じになることが目指されたわけです。しかし，先にも述べたように，人間である観察者のフィルターを通す以上，観察の結果に観察者の恣意が入り込むリスクは常に存在します。

そこで，近年では，ある観察者の観察によって得られた評定がどの程度の信頼性を有するのかについて，研究の目的を知らない第３者の評定とどの程度，合致するのかを算出することで示すことが一般化しています。第３者は，観察者の評定をすべて評定するわけではなく，観察者の評定の10%から20%を評定することが多いです。

単純一致率，あるいはカッパ係数は，事象見本法，あるいは時間見本法のデータの**信頼性の指標**として用いられます。たとえば，10のサンプル間隔が設けられたワンゼロサンプリングで得られたデータを観察者Ａと観察者Ｂで評定し，以下のような結果を得たとしましょう。

表9-1を見ると，観察者Ａと観察者Ｂの評定は，サンプル間隔番号1，2，5，8，9，10で一致しています。一方，サンプル間隔番号4，6では，観察者Ａは「あった」と評定しましたが，観察者Ｂが「なかった」と評定してい

表9-1 観察者Ａと観察者Ｂによる評定結果

	サンプル間隔番号									
	1	2	3	4	5	6	7	8	9	10
観察者A		✓		✓	✓	✓		✓		✓
観察者B		✓	✓		✓		✓	✓		✓

注：✓の記入されたところで，当該の観察が「あった」と評定され，空欄は「なかった」と評定されたとする。

ます。さらに，サンプル間隔番号 3，7 では，観察者 A は「なかった」と評定し，観察者 B が「あった」と評定しています。このとき，単純一致率は，

$$\frac{\text{一致していたサンプル間隔の数}}{\text{評定を行ったサンプル間隔の総数}}=\frac{6}{10}=0.6$$

となります。一方，カッパ係数は，

$$\frac{\text{単純一致率}-\text{両者の評定が偶然一致する確率}}{1-\text{両者の評定が偶然一致する確率}}=\frac{0.6-\left(\frac{6}{10}\times\frac{6}{10}+\frac{4}{10}\times\frac{4}{10}\right)}{1-\left(\frac{6}{10}\times\frac{6}{10}+\frac{4}{10}\times\frac{4}{10}\right)}\fallingdotseq 0.17$$

となります。単純一致率，カッパ係数ともに 0 から 1 の間を取り，値が大きいほど信頼性が高いとされます。

表9-2　観察者Aと観察者Bによる 10 名の乳幼児の指さし回数の評定結果

	乳幼児の ID									
	a	b	c	d	e	f	g	h	i	j
観察者A	3	6	4	9	5	11	4	8	5	2
観察者B	3	8	3	9	7	14	4	7	5	2

相関係数を信頼性の指標として扱うこともあります。相関係数は，行動の回数の評定が 2 者間でどの程度一致するか検討する際などに用いられます。たとえば，10 名の乳幼児が 5 分間に産出した指さしの回数を，観察者 A と観察者 B が表9-2のように評定したとしましょう。

観察者 A と観察者 B による乳幼児の指さし回数の評定に関して，ピアソンの相関係数を算出すると，0.94 となります。これは，観察者 A が指さしの回数を少なく評定している乳幼児を，観察者Bも同様に少なく評定し，逆に観察者 A が指さしの回数を多く評定している乳幼児を，観察者 B も同様に多く評定していることを表しています。

プラスα
相関係数
2つの量的な変数の間の直線的な関係性を示す指標。−1から＋1の範囲の値となり，＋1に近づくほど，一方の変数の大小が，他方の変数の大小と一致していることを示す。

3　行動観察の応用：支援場面の実際

前節では，観察法のなかでも最も基本的な「型」ともいえる，時間見本法と事象見本法を中心に解説を行いました。しかし，〇秒単位といったやり方では定量化が難しいものもあります。人と人の言葉を介した相互作用は，その代表例といえます。

本節の前半では，親子の遊びを例にあげ，また支援場面を想定して，行動観察の応用を紹介します。介入の効果があったかどうかを行動観察の技法を用いて確認する方法についても例示します。後半では，特殊な機器や装置を使った研究例を紹介します。

1　相互作用の観察

瞬間サンプリングやワンゼロサンプリングで扱える行動は，比較的シンプルなものが中心ですが，人の行動はとても複雑ですから，○秒ごとに行動をチェックするといったやり方では対応できないことも多々あります。ある人物と別の人物との言葉によるやりとりなどがそうです。

たとえば，子育てに大きなストレスを感じていて，子どもとの関わりが楽しめないと悩んでいる母親がいたとしましょう。その母親の悩みに寄り添い支えながら，子どもとの関わりの改善を目指す取り組みを計画したとします。また同時に，相互作用の様子を追跡し，母親の行動にどのような変化が現れるか，確かめることになりました。

まずは，実際のところ，普段この親子がどのように関わりあっているかを確かめるために，プレイルームでおもちゃを使って10分程度遊んでもらいました。ビデオ撮影の許可が得られて，その撮影データを分析することになりました（このような場合の倫理的配慮については本章の冒頭に述べたとおりです）。そのときの様子を，連続観察法で文字化したものの一部が以下です（図9-5）。

図9-5　連続観察法で文字化したもの

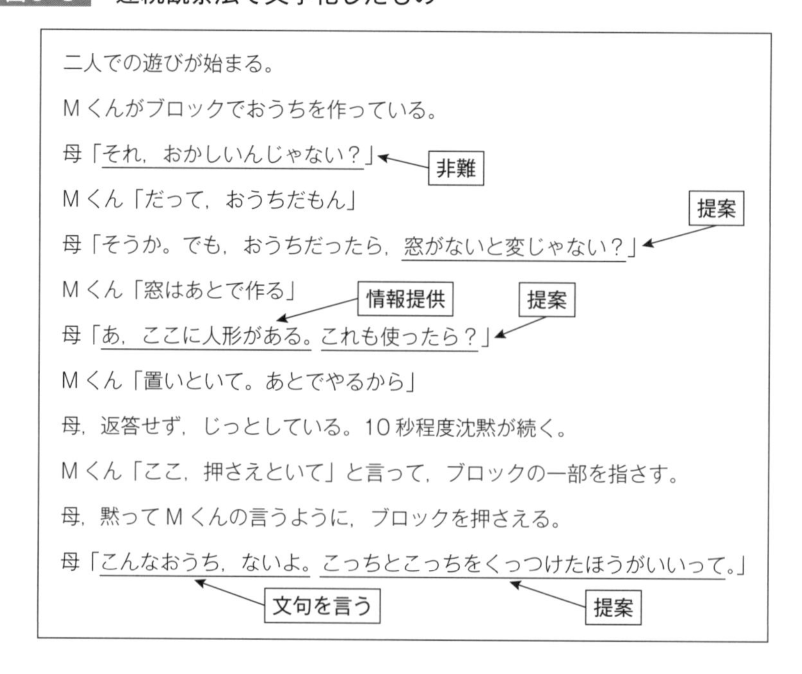

これは，ほんの20秒程度のやりとりですが，実際に行われた遊びは10分ですから，文字化するとかなりの分量になります。なお，以上のようなやりとりを身振り手振りなど非言語的な行動も含め文字化したものをトランスクリプトといいます。

さて，こうしてできたトランスクリプトを何度も読み返しながら，母親からMくんへの発話や関わりでポイントになりそうなところ（適切でないと思われる行動や発話，また反対に望ましいと思われる行動や発話）について，それらのシーン一つひとつを一言で言い表すという作業を行います（上記のトランスクリプトにはそのラベルが書いてあります）。そして，内容的によく似たラベルをまとめてカテゴリーをつくり，カテゴリーごとに定義を決めます。たとえば，上記の例ですと，「非難」と「文句を言う」は内容が似ていますので，併せて「Mくんの行動への否定的な評価」としてまとめてしまうなどがそうです。なお，上記の例では，発話のみを取りあげていますが，実際には，発話だけでなく非言語的行動も含めてカテゴリーを作成します。

最終的には，10分の遊びの間にそれぞれのカテゴリーに該当する発話や行動が何回観察されたかカウントします。なお，データの信頼性を担保するために，通常この作業は複数（たとえば2人）の人物で独立に行い，ある発話や行動をどのカテゴリーに分類するか，2人の判断の一致性を計測しておきます。文字にしてしまうと，その言葉が発せられたニュアンスや文脈が伝わりにくくなりますから，それぞれが別々にビデオを見ながら，上記のトランスクリプトにカテゴリーを書き込んでいくといったやり方がよいでしょう。

さて，その後いよいよ介入が行われたとします。紙数の関係もありますから，具体的な介入方法は省略しますが，週1回のプログラムを2か月ほど続けて，変化を確認します。最初のときと同じように，おもちゃを使った遊び場面の観

図9-6　介入前後の行動の変化

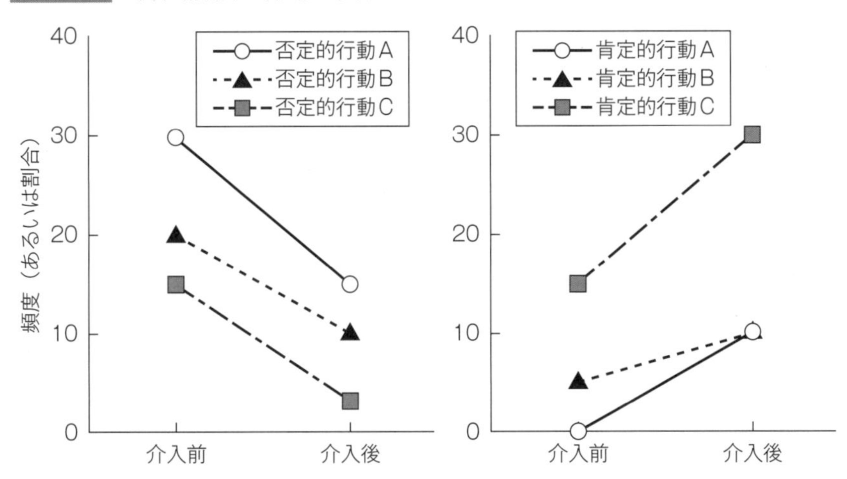

察を行い，同じようにトランスクリプトを作成して，各行動カテゴリーの頻度をカウントし，介入前後の比較を行います。そうして集計されたものを図示したのが図9-6です。介入の前後で，望ましい行動が増え，望ましくない行動が減ったことが一目瞭然です。

このように図にして示すことで，介入の効果をいっそうの説得力をもって示すことが可能となります。以上のような定量化の技法は，心理師が関わるさまざまな心理支援の現場で援用が可能でしょう。ぜひ，皆さんの仕事の成果を客観的に目に見える形で示し，より効果的な支援につなげてください。

2 機器や装置を使った観察実践例

行動観察は，観察者が自分の目で見る（ビデオカメラで録画する場合も，最終的には観察者がその映像を見ます）ことを前提としています。一方，特別な機器を使って対象者の行動の特徴を知ることもできます。たとえば，ある幼稚園で，始終落ちつきがなく，じっとしていられない子どもがいて，その状態を改善するために何かしらの介入を行ったとしましょう。介入の前後で行動がどう変わったか知るためには，もちろんその子どもを追跡観察してこれまでに述べてきたような方法で定量化を図ることもできますが，もっと簡便に活動の変化を計測する方法もあります。たとえば，この場合ですと，万歩計をその子どもに装着してもらうのはどうでしょうか。補足的な資料としては十分役に立つはずです。

ほかにも，行動の計測にはさまざまな機械や装置が利用できます。具体的には，ある種の障害をもつ子どもの注意制御を調べるのに視線計測装置が用いられたり，認知症の方の徘徊を発見するのにGPSが使われるなどといったことが行われています。

4 定量化することでは手が届かないこと：質的方法の紹介

プラスα
質的方法
定量化の手続きをとらず，事象を丁寧に記述することで，その意味を解釈することを特徴とする研究法。

ここまでのところでは，観察した行動をどう定量化して示すかに主眼を置いて解説を行ってきました。目で見た行動を数値化し，人が納得できるように伝えることは観察法の最大の魅力ですが，それにはさまざまな工夫が必要でした。

しかしながら，行動を定量化することに腐心するあまり，この目で見たもの，肌で体感したことのリアリティが損なわれてしまうというジレンマがあるのも事実です（筆者自身も過去にそのような経験をしたことがあります）。その場で起こっていること，行動を文字化する作業を一次的な加工とするなら，それをもとに行動カテゴリーをつくり，定量化する作業は，二次的な加工をしているこ

図9-7　行動の一次的加工と二次的加工

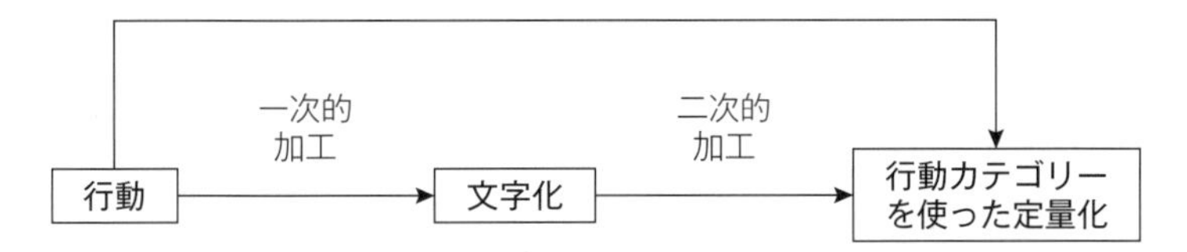

注：文字化を経由せず，直接，行動をカテゴリー化することもある。

とになります（図9-7）。

このようなジレンマを解消するのに有効なのが，質的な方法です。質的な方法では，二次的な加工を行わず，一次的な加工である文字化した資料をいっそう丁寧に書きます（“分厚く” 書くという言い方をします）。トランスクリプトをつくるときには，一般的に観察者の主観は含めずに書きますが，トランスクリプト自体を質的データとして用いる場合には，観察者の主観を含めることもあります。たとえば，「子どもがうれしそうにおもちゃに近づく」の「うれしそう」は，観察者にそう見えたという主観をあらわしていますが，どの行動から「うれしそう」に見えたかを具体的な行動を示しながら伝えます。たとえば，「顔に微笑を浮かべ，それまでより大きな声で，「やったー」と叫びながら早足で」といった表現にすれば，「うれしそう」と観察者が感じた根拠がよくわかります。

観察データは，場合によってはこのように記述的に示すほうがしっくりくる（相手にも説得力をもって伝わる）こともあることを覚えておいてください。心理学は科学であるという前提に立てば，定量化して示せるものは可能な限り定量化するのがベターですが，それでは掬い取れないものがあること，また上に示したような記述的な資料も併用することで信憑性が高まることも事実です。なお，質的なデータの扱いについてより詳細に知りたい方は，フリック（2005/2011）などをご参照ください。

5　観察法と他の研究法との併用

観察法は，心理学を代表する研究法の一つです。心理師にとってもぜひとも学んでおいてほしい技法です。しかし，その観察法の魅力を理解しつつ，他章にある別の研究法もうまく活用していただきたいと思います。

第3節で取りあげた，子育てにストレスを抱えた母親への介入では，ストレスの状態を把握するのに適当な心理尺度があります。心理尺度を使ってその人の状態を定量化し，それを介入前後で比較することでその人の心理変化をとらえることができるでしょう。また，子育ての悩みを把握し，問題の背景を理解するには，面接法のスキルが効果的でしょう。丁寧な聴き取りをするなかで，その方の生育歴や家族背景などが明らかになり，そのことがストレスや子どもとの関わりの難しさを生み出していることがわかるかもしれません。

他章でも繰り返し述べられていますが，何を調べるために，何を知るためにどの研究法が最も適切かを考え，それらをうまく併用しながら，支援に活かしてほしいと思います。

考えてみよう

1．赤ちゃんの指さし行動は生後 12 か月齢ごろから開始されますが，その特徴を明らかにするためには，どのような研究計画を考えればよいでしょうか。赤ちゃんの指さしの特徴を観察法によってどのようにとらえるとよいか（どんな状況で観察するとよいか，どのサンプリングの方法・記録の方法が適切か，など）を考えましょう。
2．ある介入の効果を量的な方法と質的な方法の両方で確認しようと考えました。どのような計画が立てられるでしょうか。

本章のキーワードのまとめ

個体追跡サンプリング	特定の観察対象を一定時間追跡し観察する手法。複数の観察対象が同時に存在する場合（たとえば，保育園の室内の子どもたちなど），個体追跡サンプリングではあらかじめ順番を決定したうえで，一人ずつ順番に観察していく。
走査サンプリング	観察場面を短時間で見渡し観察する手法。複数の観察対象が同時に存在する場合，走査サンプリングによってそれらの近接（誰と誰とが一緒にいるか）の状況などを記録できる。
事象見本法	特定の事象をターゲットとし，その事象が生じた際に，あらかじめ決められた項目を記録していくという観察手法。たとえば，保育園での園児どうしの「いざこざ」の特徴（誰と誰がいざこざをするのか，身体的攻撃が伴っていたのかなど）をとらえる際に，事象見本法を用いることで，量的分析の可能な，いざこざの事例数を集めることができる。
時間見本法	得られた観察記録を一定の時間間隔に分割し，その間隔（サンプル間隔）あるいは間隔を分ける点（サンプル点）においてのみ，行動について記録する手法。
肖像権	ある対象の容姿や動画，画像などに帰属される人権のことを指す。ある対象の容姿を無断で記録されること，あるいは記録された画像や動画を無断で他人に晒されることは，その対象の肖像権を侵害することになる。したがって肖像権とは，写真や動画の被写体となることを拒否する権利のことでもある。
信頼性の指標	得られた観察記録について，観察者の行った評定を，研究の目的を知らない第３者の評定と比較し，両者がどの程度，一致しているかを指標化したもの。単純一致率，カッパ係数，相関係数などが用いられ，これらの数値が高いほど，信頼性が高いとされる。

第10章 面接法

この章では，心理支援のための面接に基づいて研究する臨床面接法と，あくまでも調査のための面接である調査面接法について解説します。心理支援に携わる者にとって，対象者と相対する面接は，互いの顔を見ることができる身近な方法でしょう。また，心理支援のために身につけ，用いてきた臨床面接の技能や経験は，調査面接にも活かされます。けれども，身近な方法であるからこそ，それを研究に用いようとすると，容易な側面と困難な側面があります。こうした面接法の性質を考慮しながら，積極的に研究に活用してみましょう。

1　面接法とは

1　面接法の特徴

面接法は，**臨床面接法**と**調査面接法**に大別されます。臨床面接法では，心理支援としての臨床面接が，同時に研究ともなります。つまり，心理支援を目的に始まった臨床面接が，面接の進行や終結とともに，研究の目的を併せもつことになります。支援である以上，支援の対象者に影響を与えることが期待されます。一方，調査面接法は，通常，こうした支援目的を伴わず，あくまでも研究を目的としています。つまり，対象者には影響を与えず，対象者をありのままにとらえることが目指されます。

他の研究法に比べてみると，面接法には，表10-1にあげたような長所と短所があります。まず，柔軟性については，たとえば面接者の質問が対象者に理解しづらそうであれば，説明を補足するなど，その場で柔軟に対応できる長所があります。関係性については，対象者と面接者との間の信頼関係があれば，深い内面について回答を得やすくなります。言語化，意識化については，対象者が内省して意識し，言語化できる内面については，豊富な回答を得られます。

しかし，それぞれの長所は，同時に短所にもなりかねません。柔軟性や関係性を伴うということは，対象者の特性や，対象者と面接者との関係性の違いが，回答に予期せぬ違いをもたらしやすいということでもあります。また，言語化や意識化が困難な対象者や研究テーマであれば，回答を得にくくなります。研究目的に応じて，他の研究法も考慮したうえで，面接法を用いましょう。

表 10-1　面接法の長所と短所

	長　所	短　所
柔軟性	対象者の回答に応じて，その場で質問を追加したり回答を促したりできる。	異なる対象者の間で，面接者の応答に違いが生じやすい。
関係性	対象者と面接者との信頼関係に応じて，対象者の深い内面を聴取できる。	対象者と面接者との関係性によって，対象者の回答が影響されやすい。
言語化	対象者の内面について，詳細に言語化された回答を得られる。	対象者の内面について，言語化されない側面は回答を得にくい。
意識化	対象者が意識している内面について，回答を得られる。	対象者が意識しづらい内面について，回答を得にくい。

2　面接法の倫理

参照
研究倫理
→3 章

①プライバシーへの配慮

どのような研究法であってもプライバシーへの配慮は必要ですが，特に面接法に求められるいくつかの配慮があります。面接法で語られた個人の内面や経験などの多くは，その人しか知り得ないものです。さらには，面接法で得られたデータは，後述する質的研究法のように，逐語的に公表されることが少なくありません。そのため，公表に際しては，対象者を匿名化するだけではなく，データの内容から個人が特定されることがないように，配慮が求められます。また，施設や会合など，少数の特定の集団から対象者を募集してデータを集めることも，しばしば行われます。このような場合，互いに知り合い同士の集団内の対象者であれば，公表されたデータを手がかりに，データ源となった個人が特定されてしまうことがあり得ます。そのため，集団外の人はもちろん，仮に集団内の人が読んだとしても，個人が特定されることがないように，対象者の属性やデータの公表に気をつけましょう。

②インフォームド・コンセント

仮に面接の手順をあらかじめ決めておいたとしても，対話的性質を必然的に伴う面接法の進行には，不測の事態が生じることがあります。他の研究法同様，実施に先立って研究目的や，研究が与え得る影響を対象者に説明することはもちろん，実施後であっても中断できる自由について，保証しておくことが重要です。いったん調査協力を承諾していたとしても，いざ面接を始めてみてから対象者が協力を中止したくなることもあるでしょう。また，面接を終え，後日，面接者から送られてきた発話データを読んで，対象者がデータの公表を拒むこともあるでしょう。いかなる場合であっても，対象者には，当初の協力を撤回し，調査協力を中断する自由があります。さらに，たとえば調査対象者が病気や障害をもっていたり，研究テーマがプライバシーに深く関わっていたりして，面接中や面接後に心身の調子を崩すおそれも，完全には排除できません。このような万一の事態に備え，適切な専門機関を紹介する用意が面接者にあることも，説明しておきましょう。

③支援と研究の両立

臨床面接法は，心理支援としての臨床面接に基づいた研究法です。つまり，同一の面接場面が，心理支援と研究という二つの目的を併せもちます。ただし，倫理上，支援の対象者が受益者である心理支援という目的は，面接者や学界が受益者である研究という目的よりも優先されます。たとえば，進行しているカウンセリングにおいて，研究目的のためには，クライエントの生育歴について詳細な情報収集をしたいと思うかもしれません。しかし，その時点でのこうした情報収集が，不必要にクライエントを動揺させ，カウンセリングの効果的な進行という心理支援の目的を阻害するおそれがあれば，その情報収集は慎まなければなりません。このように，往々にして支援者を兼ねる面接者が臨床面接を通じて研究するためには，倫理的観点から，相反する複数の目的の優先順位をわきまえる必要があります。

2　調査面接法の計画

1　対象者の選定

面接法の対象者数は，一人あたりに要する時間を考慮すると，質問紙調査法等に比べて，一般的に少なくなります。そのため，得られた結果の一般化可能性を論じるうえでは，どのような対象者がどのようにして集められたのか，その募集方法の位置づけが重要になります。公募する場合であれば，研究目的や手続きなどがいかに伝わるかによって，集まる対象者も異なってきます。そのため，対象者にとっての募集内容の受け止め方には，注意を要します。もしも面接者の意図が対象者に十分に理解されていないならば，面接は思わぬ方向に進みます。たとえば，ライフヒストリー*を調べる研究目的をもちながらも，対象者には，その意図が社会の歴史を調べる目的として受け止められれば，面接で得られる回答は，個人よりも社会一般のことになりがちです。

語句説明
ライフヒストリー
個人が生きてきた歴史，生活史。

2　場面の設定

一対一の**個別面接法**では，対象者は，自身のプライバシーや内面を語りやすいでしょう。しかし，一人で考えても答えにくいようなテーマは，むしろ他人の話に触発されて答えやすくなることがあります。このようなテーマでは，複数の対象者を一堂に集めた**集団面接法**の利用を考えてみましょう。ただし，集団面接法では，個人と個人が互いに影響を与え合ったり，集団が個人に影響を与えたりする力関係，ダイナミクスがつきものです。たとえば，発言力の強い人が全体の議論を引っ張り，そうではない人は議論の流れに追従するような事態が生じます。そのため，集団面接法の聞き手である面接者には，ファシリテーター*として，対象者全員の語りを促し，いわば小さな声を拾い上げる工夫が求められます。

面接の場所は，静穏な個室が望ましいでしょう。面接者が大学や貸会議室などの一室を用意できれば，機材の準備や不測の事態への対応をしやすくなります。一方，対象者の移動が困難だったり，時間の都合がつきにくかったりした場合は，対象者の自宅等，希望する場所に面接者が訪問することになります。その場合は，面接者にとっては慣れない場所ですので，予備の機材を持参するなど，あらかじめできる限りの準備をしておきましょう。

語句説明
ファシリテーター
中立的な立場から，集団内の話し合いを促す役割。

3　面接の構造化

面接法では，質問項目や受け答えなどの面接の進め方をあらかじめ決めておくことを，構造化と呼びます。それらが厳密に決まっているものを**構造化面接**，ほぼ決まっておらずにその時の自然な流れに任せるものを非構造化面接と呼びます。ただし，構造化が厳密過ぎると，対象者の自由な回答を得にくくなる一方，流れに任せ過ぎると，対象者の回答が研究目的から逸れていったり，面接者の尋ね方や応じ方も相手によってばらばらになったりしてしまいます。そのため，ある程度，柔軟さを伴った**半構造化面接**がよく用いられます。この方法では，一般に，質問項目の内容は決まっていても，文言や項目の提示順序は決まっていません。対象者の回答に自由度が保たれると同時に，大まかな手続きが対象者間で統一されるという利点があります。

3　調査面接法のデータ収集

1　予備調査の実施

面接法は，上述した構造化が施されたとしても，その時々の対象者の回答に応じて方法を調整する柔軟さを伴います。この柔軟さがあればこそ，対象者の回答を研究目的に沿って深めるような，機転を利かせた対応が可能になります。けれども，柔軟さは，同時にまた，不測の事態を招きかねません。そのため，できる限り本調査に近い設定で，予備調査をしておくと，こうした事態に慌てずに済みます。用意した質問項目では，思いのほか回答を得られなかったり，長時間に及ぶ回答が研究目的に沿っていなかったりすることは，珍しくありません。また，データの収集方法には，後述の通り，研究の目的や対象者の承諾に応じて，手元のメモや，録音・録画，およびそれらの併用があげられます。録音や録画をするのならば，機材の操作や，データの音量や画質のレベル，バッテリーの使用可能時間なども，この機会にチェックしておきましょう。

2 対象者の募集

対象者の募集には，大学や施設の掲示板で対象者を募るような公募と，知人のつてを辿る縁故法が考えられます。面接法のテーマはプライベートなものになりやすいため，募集に際して，研究目的に関する丁寧な説明が必要です。それでもなお，十分な対象者が集まらない可能性もあります。このような場合，面接者がどのような人物で，研究が何を目指していてどのような意義をもつのかがわかるように，自分の言葉で募集を呼びかけることができると，対象者が応募に踏み切るハードルを少し下げられるかもしれません。たとえば，教員等，責任者の許可を得たうえで，大学の授業時間や施設の集会などを利用して，口頭で呼びかけることを検討してみましょう。また，大学のような面接者自身の所属機関を出て，学校や福祉施設などで募集するためには，校長や施設長の承諾が必要です。職員や生徒，利用者と面識があると，対象者は応募しやすくなりますから，募集先となる研究フィールドには，面接実施以前に，早めに足を運んでおきましょう。

3 インタビューガイドの作成

面接の構造化には，手続きの統一が必要です。たとえば，質問項目の言葉遣い，追加質問をする判断基準などを，面接の実施に先立って決めておきましょう。さらには，質問項目が，回答を面接者の予測に合わせて誘導しないように注意しましょう。こうした研究手続きの統一には，インタビューガイドと呼ばれる，面接の指針を準備することが有効です。

インタビューガイドの作成にあたり，面接者自身の応答の方針や癖を，できる限り自覚しておくことが望まれます。ふだんの会話においても，相手の聞く姿勢によって，話が盛り上がったり，話す気をなくしたりした経験がないでしょうか。聞き手の応答次第で，得られるデータの質や量は大きく変わるものです。たとえば，声や仕草を含む相づち，回答への焦点づけ，回答の明確化などの要素は，回答に大きく影響します。面接者自身がこれらの要素を自覚することは容易くありませんが，後述する臨床面接で用いられる反射や明確化などの基本的面接技法の習得や，ロールプレイ*における自分の応答の録画とその検討などは，自覚するために有効な手立てです。

プラスα

臨床面接における基本的技法

臨床面接における基本的技法には，対象者の語りを対象者の感情に沿ってそのまま伝え返す「反射」，対象者の語りに含まれる事実や感情の不明確な点に対する「明確化」，対象者の語りの一部を面接の主題に沿って深める「焦点づけ」などがある。

語句説明

ロールプレイ

実際の場面を模した場面を設け，面接者や対象者等の役割を演技すること。

4 データの収集

いよいよ対象者と対面し，面接データの収集を始めるにあたっては，手元にインタビューガイドや要点を記録するメモを用意しましょう。インタビューガイドに記載されていることを含め，終了後の謝礼の進呈等，面接の手順に遺漏がないか，手元にチェックリストを用意しておくと万全です。また，録音や録画に加えて，対象者から受けた印象や話の要点を面接時間中に記録しておくと，終了後に役立つことがあります。けれども，話を聞きながら同時にメモを取るのが難しく，聞くことがおろそかになるくらいならば，記録は機械に任せたほうがよいでしょう。

初対面であれば，互いの自己紹介や研究目的の説明など，本題に入る以前の会話が，データ収集に要する信頼関係，いわゆるラポールを形成し，面接の進行を円滑にしてくれます。言うまでもないことですが，人に接するときの一般的なマナーとして，相手を不快にさせない挨拶や身だしなみにも気を配りましょう。対象者や質問項目によっては，面接時間が長時間に及ぶこともあります。1時間程度を目安に，それを超えるようでしたら休憩をとる，もしくは日を改めて2回目の面接を設けるなどして，対象者の疲労には配慮しておきたいものです。

5 逐語録の作成

データの収集後，録音・録画データを文字化した逐語録*（トランスクリプト）を作成します。このプロセスを経ずに録音・録画データを視聴しながら，後述の概念化等のデータ分析をしようとすると，後になって，その概念化の元になるデータを探すのが困難になります。逐語録（図10-1に例示）を作成してから，後続するデータ分析のステップに進んだほうが，かえって時間を節約できます。なお，逐語録の細かさは，研究目的に応じて調整しますが，発話内容そのものに加えて，その周辺的要素である沈黙の長さや，相づちを含めて逐語化

語句説明
逐語録
録音された発話の一言一句を忠実に文字化した記録。

図10-1　逐語録の例

I12	お仕事のほうはどうですか。
C12	看護師をしてるんですけれども，（そうですか）仕事をしている間は緊張感を強いられますし（はい），あの，体力的にも大変な仕事なので，その間だけは気持を切り替えないとやっていけないっていう部分もあって。（沈黙18秒）うーん，ただ，仕事があって良かったな（ああ）っていう部分もちょっとあるんですね。
I13	大変な仕事だけど，あって良かったなとも思われる。
C13	そうですね，その，朝起きて，仕事場に行くまではやっぱり気が重いんですよ。

注：筆者が面接者を演じたロールプレイから抜粋。左端のIは面接者，Cは対象者を示し，それに続く数字は面接開始から始まる発話の連番を示している。万一のデータ漏洩に備え，複数対象者間の区別は，イニシャルのような第三者が個人を特定し得る表記を避け，A，B，C等のアルファベットで行っている。（　）内は，面接者の相づちや短い応答，沈黙時間を示している。

しておくとよいでしょう。また，発話に連番を付けておくと，分析する際に参照しやすくなります。

4　調査面接法のデータ分析

1　質的分析

①質的分析の用い方

調査面接法で得た音声や映像のデータは，発話からなる言語的なものと，身振りや声からなる非言語的・周辺言語的なものに分けられます。ここでは，面接法のデータとして多用される前者に焦点を絞って解説します。

これらの言語的データの分析は，言語のまま分析して研究結果を生む**質的分析**と，言語を数量化して研究結果を生む**量的分析**にさらに分けられます。まず，質的分析では，その目的に応じた分析法を用います。近年は，グラウンデッド・セオリー・アプローチ（以下 GTA；Corbin & Strauss, 2007/2012）ほか，標準化された分析法の普及が著しいです（Willig, 2001/2003）。けれども，はじめに方法ありきでは，データに基づいて豊かなアイディアを生む生産性が損なわれかねません。元来，質的分析には，量的分析に比べて，面接者が分析手続きを試行錯誤し，工夫をこらす余地が残されています。既成の分析法に頼る以前に，目の前のデータから研究目的を達成するにはどのような分析があり得るのか，面接者それぞれが知恵を絞るのが，質的分析の醍醐味でしょう。そこで本節では，既成の分析の活用法を紹介しつつ，それらの分析法にも共通する一般的な質的分析法の概略を解説します（総説として；佐藤，2008）。

②質的分析法の選び方

質的分析のなかでも，個々の調査対象者の語りをできる限りそのまま記述し，調査対象者の人となりを表すことに適した分析方法は，事例研究法です。この方法は，調査面接はもちろんのこと，後述する臨床面接で重用されます。GTA は，調査対象者個人の発話データを，いったんは調査対象者個人や発話の流れといった文脈から切り離すという，いわゆる切片化を施し，それらの発話にカテゴリーのような名前を付け，カテゴリー間の関連を解釈して，モデルを生成します。GTA によるモデル生成は，個人についての詳細な描出というよりは，モデルという法則の提起といえるでしょう。ただし，日本では GTA の修正版が作成され（木下，1999），むしろ上述の文脈を積極的に考慮した分析法も探られてきました。

③質的分析の一般的な手順

既成の分析法を含め，多くの分析法に共通する手順は，目的に応じた発話のユニット分けと抽出，発話データに名前をつける概念化，それらの間の関係を示すモデル化です（表10-2）。ユニット分けに際しては，一文や発話ターン*，意味のまとまりなど，研究目的に応じて，ユニットの大きさを決めます。たとえば，図10-1の逐語録を例に，3種類のユニット分けをしてみましょう。一文のユニットは，C12の「看護師をしてる……部分もあって。」になり，発話ターンのユニットはC12全体になり，意味のまとまりのユニットは「仕事」を話題としたC12とC13を合わせたものになります。発話の抽出では，その手順が恣意的にならないように，何らかの明文化可能な基準を設け，研究目的に答え得る発話を抽出します。ただし，この過程を経ずに，全ユニットに対して，次の概念化を施す場合もあります。

語句説明
発話ターン
会話において話者が交代する（turn-taking）までの一続きの発話。

表10-2　質的分析の一般的な手順

①ユニット分け	一文や意味のまとまりなどの切れ目でデータを区切り，分析のためのユニット（単位）に分ける。
②抽出	ユニットのなかから目的に対応したものを抽出する。
③概念化	抽出したユニットにラベルやカテゴリーの名前をつける。
④モデル生成	ラベル間やカテゴリー間の相互の関連を解釈して，モデルを生成する。
⑤マトリクス作成	対象者とカテゴリー等を軸に，対象者別にカテゴリーの出現頻度を示す一覧表を作成する。

発話データの概念化とは，個々の発話にラベルやカテゴリー名を付けることを指します。事例研究を除くと，発話データをそのまま記述すると，情報量が多過ぎて，読み手には研究目的に対応した結果を読み取ることが難しくなります。そのため，発話データを概念化する，いわゆるデータの縮約が求められます。概念化においては，その概念の定義と，概念化の根拠となる発話例の明示が必要です。そこでの概念化の抽象度は，研究目的にふさわしいものが求められます。抽象的過ぎると，多くの発話にあてはまりやすい一方，どのような研究目的にもあてはまってしまい，研究目的との対応づけが希薄になります。また，反対に，具体的過ぎると，それにあてはまる発話データが限定され，概念の数が膨大になってしまいます。一般化可能性を維持しながら，研究目的に対応した，程よい抽象度をもつ概念化は，質的分析の難しさであり，面接者の腕の見せ所でもあります。質的分析には，こうした個人の腕に負うところが拭えませんが，その腕を磨くには，チームで分析をしたり，暫定的な分析結果について他者の意見を仰いだりする手順が，有用でしょう。なかでも，調査対象者自身に分析結果をフィードバックして意見を仰ぐ手順は，メンバー・チェック

(Flick, 2007/2016) と呼ばれ，調査対象者の視点を重視して妥当性を高める研究では重要な手順です。

概念化の後は，抽象化されたラベルやカテゴリー間の関連を推測し，その関連に基づいて，モデルを作成します。関連を推測するためには，ラベルやカテゴリーのもとになるユニットが，個々の発話のなかでどのように位置づけられていたのか，発話データの文脈に戻ることが必要になります。なお，こうしたモデルや，それを構成するラベルやカテゴリーが，どれほど一般化可能性をもつかを知るためには，調査対象者別に，ラベルやカテゴリーに相当する発話の有無を一覧できるマトリクスに図表化すると，わかりやすくなります。

2 量的分析

研究テーマに応じて，発話データに含まれる特定の表現（語句や文）の出現頻度を数えることで，そのデータの特徴をとらえられます。あるいは，数段階の選択肢から構成される尺度（リッカート尺度）にあてはめて，発話データを得点化する方法もあります。この種の尺度には，体験過程*尺度（池見ほか，1986）のように既存の尺度を用いる場合もあれば，発話データをもとに自作する尺度を用いる場合もあります。このように質的な発話を量的な数値に変換することによって，あらかじめ設けた仮説を統計的に検証することもできます。言語データだからといって，必ずしも質的に分析するだけではなく，量的に分析する，あるいはその両者を併用する方途も，研究目的に応じて考えてみましょう。

参照
リッカート尺度
→6章

語句説明
体験過程
カウンセリングにおいて，クライエントの内面で刻々と生じている名状し難い体験の流れ。

5 臨床面接法

1 臨床実践と研究

臨床面接法では，面接開始時から研究目的が明確化されているとは限りません。むしろ，心理支援として進行していたカウンセリングについて，事後的に研究目的が発生することが多いでしょう。こうした研究目的の事後的な発生が，臨床面接法の特徴です。では，研究目的はどのようにして生まれるのでしょう。表10-3に示すように，面接の開始以前から抱いてきた問いや，面接の過程を経て生じた問いについて考えを深めたり，面接の過程で経験したことを，その他の支援対象者や支援者と共有したりして，研究目的が生まれます。

このように事後的に研究目的を明確化する順序性ゆえに，臨床面接法の研究目的は，支援の場に密着している半面，場当たり的になりがちです。事後的に

表 10-3　臨床実践から生まれる研究目的

- 支援を通じて生まれた問いの探索
- 支援以前から抱いていた個人的な関心や研究テーマの探索
- 既存の理論や技法への示唆
- 同様の問題を抱えた支援対象者への示唆
- 同様の問題を抱えた他の支援者への示唆

明確化された研究目的が，どれほどの独自性や学術的意義をもつのか，先行研究を参照して，その目的を研究史上に位置づけることが必要です。

2　事例研究法の特徴

心理学に限らず，現実に深く関与する諸領域では，幅広く事例研究法が用いられます。たとえば，法学における裁判の判例研究，経営学における企業のケース・スタディのほか，医学領域における患者や病理の症例研究なども，広い意味で**事例研究**と呼べるでしょう。心理学領域では，構成概念を中核に据えて，それと心理や行動との結びつきや，複数概念間の関連の法則性を調べる法則定立的研究と，個人や支援の個別性を描き出す個性記述的研究に大別することができます。事例研究法は，後者の代表的な研究法として，個々の臨床実践の内実を描くために，盛んに用いられてきました（総説として；山本・鶴田，2001）。

事例研究法の長所を，包括的，個別的，実践的な性質の 3 点からまとめてみます。まず，概念などの要素に切り分けず，支援の全体像を可能な限り掬い取ることができる包括的な性質をもちます。そして，概念や変数のように抽象化されていない，個別具体的な支援対象者や支援過程を描き出すことができます。読者は支援者や支援対象者の視点に立って，実践に活かすことができます。

一方，これまでの心理学における事例研究の役割をめぐる議論（吉村，1989）を参照すると，事例研究法の短所は，少数例，事後的性質，統制困難の 3 点からまとめられるでしょう。まず，少数例という点では，単一事例研究はもちろんのこと，複数事例研究であったとしても，統計的検定が可能なほどの事例数を集めにくく，一般化可能性を主張しにくいことがあげられます。事後的性質という点では，前述の通り，研究目的が事例の開始後に生まれることが多く，計画性には乏しくなります。統制困難という点では，支援対象への効果的支援という臨床実践の目的が，研究の目的よりも優先されるために，研究上必要な要因の統制は困難です（表 10-4）。

表10-4　事例研究法の長所と短所

長所

包括的	要素に切り分けず，支援の全体像を伝えることができる。
個別的	抽象的な平均像ではなく，支援の個々の対象者やプロセスを描き出すことができる。
実践的	支援者や支援対象者の視点に立った，実践への直接的な示唆を与えることができる。

短所

少数例	支援対象者数が少なく，一般化可能性を主張しにくい。
事後的	あらかじめ研究計画を立てにくい。
統制難	関連する多数の要因を統制しづらい。

出所：吉村，1989を参考に作成

3　事例研究の手順

①データの記録

臨床面接では，支援対象者や支援機関が録音や録画を認めないことも少なくありません。仮に認められたとしても，録音や録画機材の存在は，臨床面接の進行を，どこか不自然なものにしかねません。そのため，臨床面接法のデータになり得るのは，支援者が面接終了後に記憶を頼りに残した面接記録に限られます。記憶を頼りにする以上，こうした記録には，脱落や錯誤を避けられません。正確なデータ保全のためにも，そして，臨床上，次回の面接を実りあるものにするためにも，各回の面接終了後，速やかに記録を残すことをお勧めします。また，自分の記憶の偏りを知るには，たとえば，臨床面接のロールプレイを録音・録画した後，まずは記憶のみを頼りに面接記録をつくり，それと録音・録画とを照らし合わせてみるトレーニングも有効です。慣れないうちは，支援対象者の語りを聞いていたつもりでも，重要な点を忘れていたり，記憶と食い違っていたりして，驚くかもしれません。その他，後日，記録を読み返してみて，その時の面接の印象をありありと思い浮かべられるようにするには，支援対象者の発言だけではなく，支援者自身の発言や考えも併せて記録しておくことが役立ちます。

②データの抽出

面接記録から，上述の通り，事後的に生成した研究目的に関連する箇所を抽出します。よく似た作業に，事例報告の作成があります。事例報告は，事例の進行中に，スーパーヴィジョンやケース・カンファレンスなどでの提示を目的に作成されます。しかし，この報告目的は，臨床面接をより効果的に進めたり，臨床面接中に生じた問題を克服しようとしたりする，あくまでもその事例に密着した実践上の目的です。これらの実践上の目的と研究上の目的の異同に注意しておかないと，データ抽出は場当たり的で恣意的なものになりかねません。

プラスα

臨床における面接者の訓練過程

熟練した面接者から面接の進め方や面接者の技能に関して指導を受けるスーパーヴィジョンが欠かせない。面接者が担当する事例を，面接者を含む専門職の間で検討するケース・カンファレンスも，しばしば行われる。

③データの解釈

上述した事例報告に比べると，事例研究には，学術的・実践的意義のある考察が求められます。そして事例研究は，往々にして面接者自身が支援者と研究者を兼ねるうえに，データの収集から抽出とその解釈に至るまで，他者の視線にさらされにくい性質があります。また，調査面接に比べても，積極的介入を含む臨床面接は，面接者である自分自身が，多かれ少なかれ，データの一部に反映されています。自分自身というデータを客観視して解釈するのは，容易ではありません。そのため，データの解釈にあたっては，他の解釈可能性を考慮し，必要ならば，研究上の指導者や仲間から意見をもらい，独りよがりな解釈に陥らないように注意しましょう。

6　面接法の留意点

1　対象者との関係性

無記名で集団式の質問紙調査などと比べ，面接法では，名前を明かした調査対象者と一対一で対面することになります。日常の場とは異なる研究の場とはいえ，研究者にとって，表情や仕草を含め，一人の人間の全体像を目の当たりにすることは魅力的です。けれども，対象者にとっては，自分が好奇の眼差しにさらされるような無防備さを感じかねません。そのため，面接者と対象者との間の人間関係が，面接の進行と成果を左右します。とりわけ，対象者が面接者や研究目的をどのようにとらえているのかは重要です。たとえば，面接者のことを無遠慮で詮索好きととらえたならば，対象者の口は自ずと重くなるでしょう。過去の人生や，秘めてきた内面を吐露しがちな面接法だからこそ，面接者には対象者に対する敬意が求められます。

2　面接者の主観性

場面設定や手続きなどの条件を統制する実験法などと比べて，面接法は，その場で意図せず生じる即興性を伴います。そのため，面接者の主観性が，面接の実施に深く影響します。たとえば，対象者の回答に対して，面接者が研究目的に応じた先入観や期待をもっていたならば，どうでしょう。面接者は，知らずしらずのうちに，対象者の回答のある部分に強く相づちを打ち，ある部分を深く掘り下げる質問を重ねるかもしれません。そうすると，対象者の回答は，特定の方向に誘導されます。元来，対話という側面をもつ面接法で得られた結果には，面接者と対象者との間の協同構成的性質があります。そのため，面接者の主観性が，意図せぬ研究結果をもたらすことには，注意が必要です。自分の主観性に気づくためには，自分以外の人の視点が有用です。質問項目が誘導的になっていないか，誰かに見てもらいましょう。あるいは，予備的な面接の結果を録音・録画して，振り返ってみましょう。

3 言語化の得失

面接法のデータは表情や仕草も含むとはいえ，その中心は言語データです。言語データを収集するうえでは，2つの留意点があります。一つ目は，言語化の限界です。たとえば，食べ物の味を言葉で表そうとすると，限られた言葉で表すことしかできません。味覚という本来アナログなデータを，言葉というデジタルなデータに変換することには，限界があるのです。ですから，経験を言語化すると，もとの経験の細部はそぎ落とされ，単純化されます。二つ目の留意点は，言語化による影響です。過去の経験を言語化すると，それによってもとの経験の記憶が多少なりとも変質します。たとえば記憶に伴われていた感情が，言語化によって鎮静されることがあります（野村，2017）。あるいは，言語化された経験にまつわる他の経験が思い出されることがあります。そして，これらの言語化の影響は，面接中だけではなく，面接後に生じることも珍しくはありません。特に，初めての開示経験は，その人に多大な影響があるでしょう。面接者は，面接が終了した後の対象者の日常生活にも，思いをはせておきたいものです。

考えてみよう

実験法や質問紙調査法などの他の研究方法に比べて，面接法にはどのような利点や欠点があるでしょう。
また，一人の支援者による単一事例研究は，他の支援者による支援に，どのように役立つでしょう。

本章のキーワードのまとめ

臨床面接法	カウンセリングや心理療法等の心理支援を目的とした面接に基づいて行う研究方法。心理支援を目的に始まった面接が，面接の進行や終結を経て，事後的に研究の目的を併せもつようになる場合が多い。
調査面接法	調査を目的に，調査対象者に対面しながら質問をし，口頭によって回答を得る研究方法。一般的には，面接が対象者に影響を与えることを避け，対象者をありのままにとらえることが目指される。
個別面接法	面接者と対象者が，一対一で対面して回答を得る面接法。両者の間に適切な信頼関係が築けたならば，対象者は，プライバシーや内面を語りやすくなる。
集団面接法	複数の対象者からなる集団を一堂に集め，共通のテーマに関する回答を集める面接法。対象者が互いの回答を聞くことで答えやすくなる半面，対象者による回答の多寡の偏りに注意を要する。
構造化面接	質問項目や面接者の受け答えなどの面接の進め方が，あらかじめ厳密に決まっている面接。対象者間で手続きが統一され，統制される一方，進め方の柔軟性が乏しい。
半構造化面接	質問項目の内容は決まっていても，文言や項目の提示順序が決まっていないなど，進め方に柔軟性のある面接。対象者の回答に自由度が保たれる一方，大まかな手続きが対象者間で統一される。
質的分析	面接法においては，対象者の表出した言語や行動を，そのまま定性的に分析して研究結果を生む手法を指す。言語データをカテゴリー等に概念化したり，それらの間の関連をモデル化したりする分析が用いられやすい。
量的分析	面接法においては，対象者の表出した言語や行動を，定量的に分析して研究結果を生む手法を指す。発話データに含まれる特定の表現の出現頻度を数えたり，発話データを尺度によって数値化したりする分析が用いられやすい。
事例研究	一つまたは少数の事例について，多面的で詳細な資料を収集し，その事例の特徴や変容の過程を包括的に明らかにする方法。面接法では，支援対象者や支援の実践を，個別具体的な事例として記述することを通じて，支援のリアリティを提示したり，普遍的な真実を提起したりする。
臨床面接の事例研究	支援対象者や支援の実践を，個別具体的な事例として記述することを通じて，支援のリアリティを提示したり，普遍的な真実を提起したりする研究法。単一事例研究のほか，複数事例研究もあるが，一般には少数例にとどまる。

第11章 介入研究法

介入研究は，リサーチ・クエスチョンに関する知見が成熟した際に行われ，因果関係を明らかにし，臨床に応用するためのエビデンスを提供します。適切に実施されるとインパクトのある研究になりますが，バイアスの問題や倫理の問題など注意すべき点もいくつかあります。この章では，３種類の介入研究の方法論，そして，その１つである前後比較研究を実施した例について紹介します。

1 介入研究法とは

1 介入研究の意義

介入研究とは，問題となっている事象と関連すると考えられる要因について，その要因の有無や程度を操作する介入を行い，その介入の効果を検討する研究です。特定の要因を研究者が統制（コントロール）し，因果関係を推測するということから，臨床場面における**実験研究**ということができます。臨床の場では，日々，個人や集団の問題を解決するためにさまざまな介入が行われますが，そうした個人や集団に資することを主目的とした介入と，因果関係や効果の検証といった研究の目的で行われる介入とは，同じ内容でもその目的が異なります。

現在のところ心理学の分野において，観察研究の数に比べて，介入研究の数はまだ少ないといえます。もちろん，介入研究は，倫理面の問題や研究に要するコストが少なくなく，知見が蓄積されたリサーチ・クエスチョンを対象とするため，簡単に実施できるわけではありません。しかし，介入研究は，心理学研究が積み上げてきた知見を，現実社会の心理学的な課題の解決につなぐのに必要不可欠な研究になります。

2 介入研究のデザイン

介入研究のデザインは，PICOの枠組みに沿って行われます。対象者（P）は，その介入によって恩恵を受ける者です。通常，アウトカム（O）について何らかの課題がある人や，介入によってより良い状態になることが期待される

参照
リサーチ・クエスチョン
→2章

参照
実験研究
→2章，4章，5章

参照
観察研究
→2章，8章，9章

参照
PICO
→2章

人が対象になります。介入研究は，実際に人を対象として何らかの操作を行うため，倫理的配慮がより強く求められます。研究参加者の包括基準と除外基準を明確にして，リスクが高い人を対象から除外するなど適切な対象者の選択を行いましょう。また，介入する対象者数（**サンプルサイズ**）は，万が一にも介入による不利益が生じる可能性を考えて，統計上必要十分な数に限定すべきです（次節参照）。次に，介入（I）の内容を考えるにあたっては，実施可能性を検討することが重要です。たとえ効果がある介入であっても，費用や実施者が限られるといった課題のある介入では，現実の問題解決につながらない可能性が高いため，実施可能性について十分考えましょう。そして，比較対照（C）は，介入の効果があると主張するための基準になります。この比較対照の選択の仕方が，介入研究の種類の違いにつながります（第 3 節参照）。最後に，アウトカム（O）の設定です。アウトカムは，研究対象者が抱えている課題や改善したい点になりますが，単に統計的に有意になるという観点ではなく，どのような内容がどの程度改善すれば，実際の臨床現場や社会で意味があるのかということを考えながら設定してください。

2　サンプルサイズの計算

介入研究の対象者を決める際に重要なのが，サンプルサイズの計算です。これは，介入研究に限らず統計的検定を行うあらゆる研究デザインに必要なことです。しかし，対象者の安全性や研究にかかる労力の大きさのことを考えると，介入研究では，必要かつ十分なサンプルサイズを見積もることが，より重要になります。ここでは，サンプルサイズの計算に必要な基本概念について説明します。実際の研究でどのようにサンプルサイズを計算するのかについては，第 4 節で紹介する研究例を参照してください。

サンプルサイズの計算には，効果量，有意水準（α），検定力（$1-\beta$）の 3 つの情報が必要です。**効果量**（effect size）とは，研究において検出したい差や関連の大きさのことです。たとえば，抑うつを改善するとされる新しい心理療法（介入）の効果を検討する前後比較研究（次節参照）の場合，参加者に，介入の前後に抑うつの尺度に回答してもらい，抑うつの点数が何点低下していれば効果があると考えるかという基準が効果量になります。効果量は，既存の研究や臨床上の経験などの情報をもとに，介入の前後でどの程度の差が生じれば，介入に意味があると考えるのか，研究者が決めます。ただし，実際の研究場面では，そもそもその新しい心理療法の効果をこれから検証する場合が多いので，見積もりは容易ではありません。

一方，**有意水準**（α）と**検定力**（$1-\beta$）は，研究者が判断するのではなく，

プラスα
サンプルサイズの算出
サンプルサイズの計算は，基本的な統計ソフトで実施可能である。また，無料で使用できる web サイトやソフトも公開されている。例）G*Power：http://www.gpower.hhu.de

通常設定する値がある程度決まっているので，その値を用いることになります。ここで，この２つの指標について理解するために，仮説検定の考え方について簡単に確認します。確率統計では，「AとBに差がある」ことを示すためには，まず，「AとBに差はない」という**帰無仮説**（null hypothesis）を立てます。先ほどの心理療法の効果についての研究であれば，「A（介入前）とB（介入後）の抑うつの得点に差がない」というのが帰無仮説になります。そして帰無仮説に基づいて考えたとき，実際の研究で得られた差は，偶然に生じる確率がきわめて低いことを示し，帰無仮説を否定（棄却）することによって，「AとBに差がある」という**対立仮説**（alternative hypothesis）を採用する，という手順を取ります。ここで，AとBの差が偶然に生じる確率の「きわめて」の判断が人によって異なると議論が混乱するため，心理学の場合，通例として，5%以下や1%以下といった基準を用いることが多いです。この基準のことを有意水準（α）と呼びます。5%水準で有意という場合，5%以下の確率では，本当は差がないのに差があるという結果を採択してしまう可能性がある，ということになります。このように実際には差が「ない」のに「ある」と判断してしまうことを**αエラー（第１種の過誤）**と呼びます。逆に，実際には差が「ある」のに「ない」と判断してしまうことを**βエラー（第２種の過誤）**といいます。そして，βエラーをおかさない確率である「$1-\beta$」が，検定力（統計学的パワー）です（表11-1）。こちらも明確な基準はありませんが，通例として，コーエン（Cohen, 1988）の示唆により$\beta = 0.2$，つまり，検定力（$1-\beta$）を0.8と設定することが多いです。検定力とは，言い換えると，本当に差があるときに，差があると正しく判断できる確率のことです。検定力0.8とは，母集団に本当に差があるときに，研究の対象集団においても差があると判断できる確率が80%であるということです。αエラーとβエラーは，できる限り小さくすることが望ましいですが，完全になくすことはできません。また，どちらかを低くするとどちらかが高くなるという関係にあるため，両方同時に低くすることはできません。有意水準（α）と検定力（$1-\beta$）を決めることは，これらのエラーをどの程度許容するのかを決めるということです。

　また，研究デザインに従って必要なサンプルサイズを見積もるという流れが

表11-1　第１種の過誤と第２種の過誤

		検定の結果	
		差がある	差があるとはいえない
真実	差がある	正しい判断 この判断を正しくできる確率が（$1-\alpha$）	βエラー（第２種の過誤）
	差がない	αエラー（第１種の過誤）	正しい判断 この判断を正しくできる確率が検定力（$1-\beta$）

理想ですが，実際には，さまざまな理由で，最初から確保できるサンプルサイズに限界がある場合もあります。その場合には，決められたサンプルサイズのなかで，統計的に有意な差を検出できる効果量を事前に決めておくという方法をとることもあります。いずれにしても，研究デザインの段階で，サンプルサイズ，検出したい差の大きさ，許容するエラーの範囲（αとβ）を事前に決定することが重要です。そうすることで，都合の良い結果だけを選んだり，事後的に仮説を変更したりして発表するといった研究者の恣意性を防ぎ，研究の科学的妥当性を高めることにつながります。

3　介入研究の種類

ここでは，介入研究に関連する 3 つの研究手法の概要を説明します。ある介入の効果を示すためには，ただこの介入は優れていると主張するだけでは説得力がありません。何かと比べて優れているかという比較対照が必要です。比較対照の違いによって，2 種類の研究があります（図11-1）。1 つは，同一の対象者で，「介入の前」と「介入の後」のアウトカム（結果）の差を比較するという方法で，前後比較研究といいます（図11-1の太線。a_1 と a_2 を比較する）。もう 1 つは，全対象者を介入を行う群（介入群）と介入を行わない群（統制群）の 2 つ以上の群に分けて，各群のアウトカムの変化を比較する方法です。介入群と統制群を設ける研究の代表的なものが，無作為（ランダム）化比較研究です（図11-1の点線。a_3 と b_3 を比較する）。

加えて，介入研究に関連する研究手法として，同様の介入を実施した複数の先行研究の結果を統合的に評価するメタアナリシス（メタ分析）という分析方法があります。これは，研究者自身が介入を行うわけではないという点で他の介入研究とは大きく異なりますが，介入研究の知見を積み上げていくうえで重要な方法です。次に，それぞれの研究方法について，詳しく説明します。

図 11-1　介入研究の種類の図

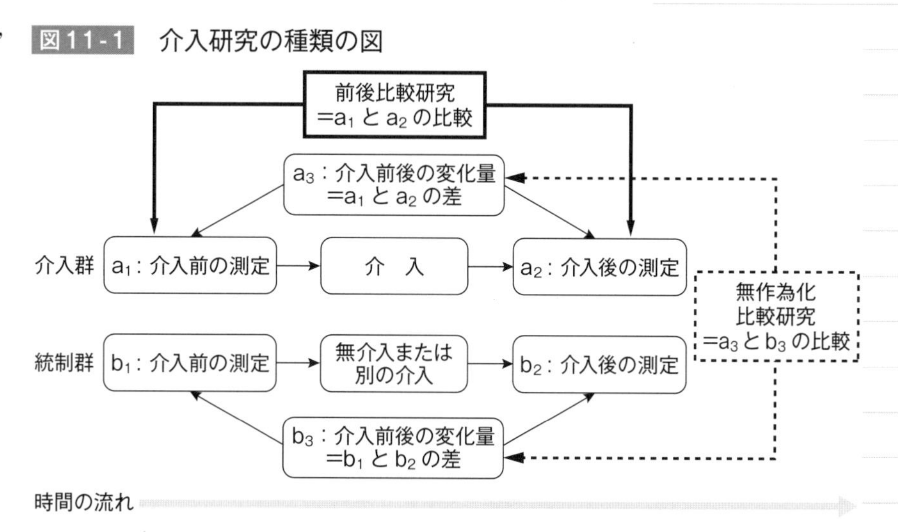

1 前後比較研究

前後比較研究（pretest-posttest design）とは，研究対象となる個人や集団全員に介入を行い，介入の前後でアウトカムが変化するかどうかを検討する研究方法です。このデザインでは，同一の対象者内で比較をするため，いわば，対象者自身がコントロールの役割を果たすことになり，年齢，性別，遺伝的要因といった個人特性が同じ状態の人を比較することができます。また，統制群を設けないため，介入研究のなかでは比較的行いやすいという利点もあります。しかし，このデザインでは，介入前後の変化が真に介入による効果なのか，アウトカムを2回以上測定したために生じた学習効果なのか，あるいは，介入を行っていなくても時間が経過したことによって生じた自然な変化なのか，といったことを判断することはできません。また，実は介入の内容の影響ではなく，「研究に参加している」「観察されている」など相手から見られているという本人の認知によって，結果が良くなるということがあります。これを**ホーソン効果**と呼びます。前後比較研究のデザインは，こうした介入外の要因の影響，学習効果や時間，誤差による影響などによって介入前後の変化が生じている可能性を排除しきれない点が大きな課題です。

前後比較研究のなかには，事例研究のかたちをとるものもあります。**N＝1デザイン**（N-of-one study）という方法では，1人の対象者について，介入の実施と中止をランダムな順序で行い，その効果を検討します。この方法は，基本的には，介入の効果が比較的短期間で現れること，介入の効果を次の試行に持ち越さないこと，介入を中止したら元の状態に戻ることが前提として考えられる場合に限られます。1事例の研究は，大人数を対象とする研究に比べて客観性や一般化可能性が低いと思われがちです。しかし，近年，事例研究を分析するための方法論の発展や，無作為（ランダム）化比較試験だけではエビデンスとして不十分であるという指摘などから，医学領域や臨床心理学領域を中心に，研究法としての事例研究を改めて評価する動きがでてきています（Dattilio et al., 2010；岩壁，2013；OCEBM Levels of Evidence Working Group, 2011；McLeod & Elliott, 2011）。また，臨床の場面で，特定の個人にとって最適な介入を考える場合にも，この考え方は有用になります。

2 無作為（ランダム）化比較研究

前後比較研究が同一対象者内で比較をしたのに対して，全対象者を介入群と統制群に分けて，群間でアウトカムの変化を比較するデザインもあります。対象者を各群に分けることを「割り付け」といい，割り付けを無作為（ランダム）に行う研究を，**無作為（ランダム）化比較研究**（randomized control trial：RCT）といいます。無作為に割り付けるというのは，たとえば，裏表の出方に偏りのないコインを用いて 2 群に分けるように，群分けの手順に恣意的な操作が含まれないようにするということです。無作為化比較研究は，研究者がある要因に介入する，あるいは，介入しないというコントロールを行いその影響を検討するため，実験研究に含まれます。

無作為化の最大のメリットは，測定されていないものも含めて，測定前の時点での研究群間の特性の偏りを取り除き，交絡要因の影響を排除できることです。**交絡要因**（confounding factor）とは，調べようとしている要因とは別に，独立変数と従属変数の両方に関連がある要因のことです。研究群間で交絡要因の分布に偏りがあると，得られた結果が介入によるものなのかどうか判断できなくなります。ただし，無作為に割り付けても，偶然，群間で特定の要因の分布に偏りが生じてしまうこともあります。もし，その要因を介入前に測定していた場合は，分析の段階で統計的に調整することは可能ですが，無作為化も万能ではない点に留意してください。

参照
独立変数と従属変数
→4 章

また，割り付けを行う際にもう一つ重要な要素として，**盲検化**（blinding）することがあります。盲検化とは，「その人が介入群に割り付けられているのか，実験群に割り付けられているのか」ということを知らない状態にすることです。イメージしやすい例としては，薬の効果を検討する際に，本物の薬と見た目が全く同じ偽物の薬（プラセボ）を用いることがあります。対象者自身が自身の割り付けを知らされないことを一重盲検化（single blinding）といい，対象者も介入や解析を行う調査側も知らないようにすることを二重盲検化（double blinding）といいます。対象者も調査側も，意図の有無にかかわらず，介入の効果について，何らかの期待を抱いてしまうものです。対象者は，どちらの群に割り付けられているか知ることで，モチベーションが変わったり，自己申告の詳細さが変わったりする可能性があります。また，調査する側も，介入の際の言葉がけが微妙に変わったり，分析や判断が介入群のほうがより詳細になったりしがちです。人が関わる以上，このようなバイアスは少なからず生じてしまうため，盲検化を行うことでその影響を減らすことが大切です。ただし，想像に難くないと思いますが，心理学の分野において，プラセボに該当するようなものを見つけるのは容易ではありません。また，介入を行わない群を設けることが倫理的でない場合や，統制群に割り付けられる可能性があるということで参加者からの協力が得られない場合もあります。この点は，研究者の工夫のしどころになります。

また，介入を受けられないことで不利益を受ける群が生じることを防ぐために，全対象者を複数の群に分け，時間差を設けて，すべての群に介入を行う**クロスオーバー研究**（crossover trial）というデザインもあります。この方法は，たとえば 2 群の比較の場合，対象者をランダムに 2 群に分ける点は同じですが，研究を 2 期に分けます。第 1 期に片方の群に介入を行って，もう片方の群は待機して統制群とし，第2期には，第1期に介入を行った群を統制群，待機していた群を介入群と逆の割り当てを行います。この方法を用いると，対象者数を減らすことができ，また，いずれの群も介入を受けることができるために，介入を受けたいと思う対象者の同意を得やすくなるというメリットがあります。しかし，デメリットもあり，研究の期間が2倍に延びること，第1期に介入を行った群が第2期に統制群になるためには，第1期で受けた介入の効果が第2期の時点で持続していない（介入の**キャリーオーバー効果**がない）場合に限られることなどが課題になります。介入のキャリーオーバー効果の可能性がある場合には，第1期と第2期の間に回復期間を挟むこともあります。

3 メタアナリシス（メタ分析）

1つの介入方法について複数の介入研究の知見が蓄積してくると，「結局のところその介入は有効なのか」という疑問が生まれます。そこで行われるのが，システマティックレビューやメタアナリシスです。**システマティックレビュー**（systematic review）とは，特定の研究テーマについて，あらかじめ決められた手続きに基づいて，網羅的に先行研究を調べ，それらの研究の質を批判的に検証し，研究結果を統合する研究方法です。一方，**メタアナリシス（メタ分析）**（meta-analysis）とは，「分析の分析」という意味であり，システマティックレビューにおいて，結果を定量的に統合しようとする際に用いる統計的な分析手法のことを指します。この2つは同義として用いられることもありますが，メタアナリシスは，厳密には，統計的な分析の部分のみを指しており，定量的な分析を含まないこともあるシステマティックレビューのほうがより広義の概念になります。

メタアナリシスは，次のような流れで行われます。まず，他の研究と同様に問題の定式化（PICO/PECO）に従って，リサーチ・クエスチョンを設定します。たとえば，「非行少年に対するスケアード・ストレート・プログラム*という矯正教育プログラムは，その後の犯罪率を軽減するか」というリサーチ・クエスチョンについて，メタアナリシスが行われています（Petrosino et al., 2004)。そして，そのリサーチ・クエスチョンに関する先行研究を，論文データベースや学術誌を用いたり，個人的に研究者に連絡をとったりして，未発表のものも含めて網羅的に検索します。そこから一定の基準に従って信頼性の高い研究を選択します。この際，RCTに限定して行われることが望ましいですが，研究数が少ない場合はそれ以外の研究を含めることも少なくありません。そして，対象者の割り付けに偏りがある場合や二重盲検化がされていない場合など，各研究に存在する可能性のあるバイアスを評価します。バイアスの可能性の多さによって研究結果の信頼性の高さに重みづけを行ったうえで，効果量を用いて統計的に結果を統合します。最終的に，出版バイアス*の有無を確認す

参照

問題の定式化（PICO/PECO）

→2章

語句説明

スケアード・ストレート・プログラム

非行を犯す可能性のある少年らを対象に，成人刑務所の見学や受刑者との接触を通して，恐怖に（scared）直面させる（straight）ことで，将来の犯罪率を低減させることを意図した教育方法。

出版バイアス

否定的な結果になった研究が，肯定的な結果になった研究よりも公表（出版）されにくいということによって生じるバイアス。

るなど研究全体を見渡して，リサーチ・クエスチョンに対する結論をまとめます。ちなみに，先述の非行少年を対象としたプログラムは，メタアナリシスの結果，将来の犯罪を抑止するどころか，犯罪率の上昇につながっていることが明らかになりました。

個々の研究の質を高めることももちろん重要ですが，１つの研究で扱うことのできるサンプルサイズには限りがあり，また，各研究固有の状況があるため，単一の研究から決定的な結論を導くことはできません。介入は，時に直接的に人に不利益をもたらす可能性もあるものです。研究の蓄積のなかで，複数の研究結果を統合し，より正確に効果を評価していくことは，きわめて重要です。医学系領域では，治療方法について質の担保されたシステマティックレビューを定期的に更新し，広く情報提供を行うコクラン共同計画といった取り組みや，研究の質を批判的に検証するための方法であるGRADEアプローチという枠組みが提唱されていて，システマティックレビューを用いて，研究結果を臨床に活用することが一般的になっています。心理学の領域でも，今後さらに求められる研究手法になるでしょう。

プラスα
コクラン共同計画
コクラン共同計画では，心理学領域の介入の効果の検討もされていて，その一部は日本語でも読むことができる。

4　介入研究の実際

本章の最後に，筆者らの研究グループが行った，がん患者を対象とした介入研究について，研究の内容とともにどのように研究を組み立てていったのか紹介します。

1　がん患者の心理的苦痛と問題解決療法

現在，日本人全体の死因の第一位はがんであり（厚生労働省，2017），生涯のうち，約２人に１人ががんに罹患します。治癒率は高くなっていますが，依然として進行し死に至る可能性のある病であり，がん患者は，身体症状以外にも，さまざまな心理的問題を抱えていて，適応障害やうつ病などと診断されない場合でも心理的なサポートを必要としています（Akechi et al., 2001）。しかし，現在の日本のがん医療では，時間的，人的な制約が多くあり，心理的サポートが十分に提供されているとは言い難い状況です。そこで，短期間で実施可能で，比較的簡単なトレーニングで介入の実施者を養成できて，かつ，効果のある介入の開発が求められていました。筆者らの研究グループは，これらの条件を満たす可能性のある介入方法として，問題解決療法に着目しました。

問題解決療法（problem-solving therapy：PST）とは，認知行動療法*の一つに分類される介入方法・技法です。問題解決療法では，「問題」とは，何らか

語句説明
認知行動療法
個人の行動と認知の問題に焦点を当て，問題を解決するために計画された構造化された治療法。自己理解に基づく問題解決と，セルフコントロールを目指す教授学習プロセス。

の障害により，そうありたいと思う状態（what I want）と現在の状態（what is）が不一致であり，効果的な解決策（コーピング）が取れない状態のことであると考えます。その問題に対して有効な解決策（コーピング）をあげて，そのなかから最も有効な手段を見つける心理プロセスに着目して，問題解決療法が提唱されました（D'zurilla & Goldfried，1971）。具体的には，５つのステップから構成されていて，①自分にとっての問題をあげる，②問題のうち１つに関する達成可能な目標の設定する，③解決策を可能な限りたくさんあげる，④解決策を選ぶ，⑤解決策の実施と結果の評価をする，という内容です。問題解決療法をがん患者に用いることは妥当と指摘されており（Nezu et al., 1999），実際に，無作為化比較試験によって有効性も示されています（Nezu et al., 2003）。またこの方法は，比較的簡便で患者に受け入れられやすく，専門家以外の医療従事者でもトレーニングを受けることで提供が可能である（Mynors-Wallis，2005）という長所があります。これらのことから，筆者らは，日本のがん患者を対象とした問題解決療法のプログラムを作成し，その効果評価を行うプロジェクトを実施しました。

2 研究プロジェクトの流れ

プロジェクト全体の流れを図11-2に示しました。プロジェクトは大きく分けて，問題解決療法を日本のがん患者向けにアレンジしたプログラムを開発する「開発者としての仕事」と，その効果評価を研究として行う「科学者としての仕事」の２つの流れがありました。また，この研究に限らず，多くの介入研究は，研究室で研究の科学性を高めることと，臨床の場に加わって，周囲の人と協力関係を築き，介入の準備をすることを，車の両輪のように進めていきます。この研究は，医学系との共同研究であり，医学的臨床研究に求められるさまざまな条件を満たさなければいけませんでした。具体的には，「プロトコール」と呼ばれる詳細な研究計画書の作成を行う必要がありました。この過程で，リサーチ・クエス

図11-2 研究プロジェクトの流れ

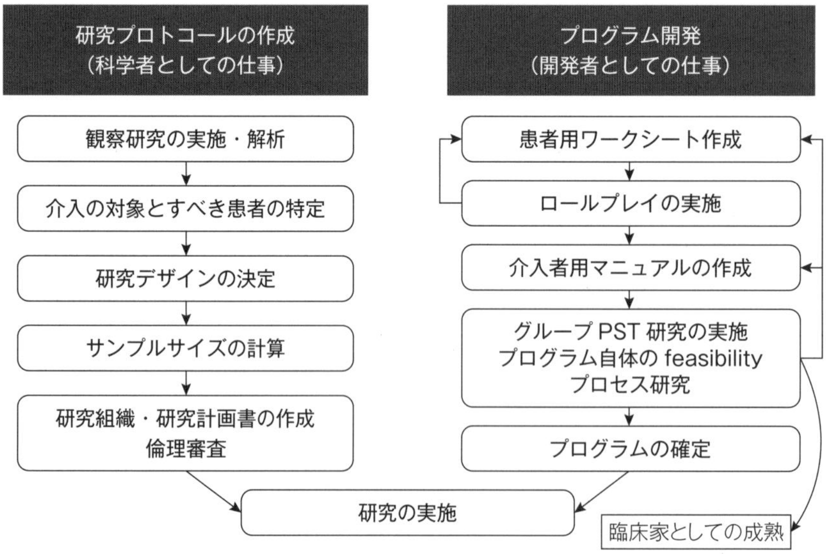

チョンのブラッシュアップという科学的な観点と，予算，研究期間や施設などの各種の制約条件を踏まえた実施可能性という2つの観点から，あらゆる可能性を考えました。プロトコール完成時には，研究の知的作業の8割は終わっている状態まで内容を詰める必要があり，研究計画の策定と準備だけで1年以上の時間を要しました。

プロトコールでは，リサーチ・クエスチョンの定式化（PICO/PECO）の枠組み（第2章を参照）に従ってリサーチ・クエスチョンを明確に示すことが求められます。このプロジェクトでは，心理的苦痛のある術後補助化学療法を終了した乳がん患者を対象とし（Patients），問題解決療法プログラムを用いた心理的介入（Intervention）を実施すると，介入前と比べて（Comparison），HADS（Hospital anxiety and depression scale）で測定された抑うつと不安の程度が有意に改善するか（Outcomes）を明らかにすることを研究の目的としました（Hirai et al., 2012）。

プロジェクトの流れを，順を追ってみていきましょう。「科学者の仕事」として，まずは，「観察研究の実施と解析」が必要になります。筆者は過去に，今回のプロジェクトの対象者と同じ母集団（術後の乳がん患者）を対象とした観察研究を行っていました（平井・塩崎，2007）。その研究のなかで，HADS（Zigmond & Snaith, 1993）の日本語版を用いて，術前から術後6か月までの心理的苦痛の程度の変化を確認しました。その結果，術後乳がん患者で補助化学療法またはホルモン療法を受けて，かつ，心理的苦痛の大きい人（HADS≧11点）が，介入の恩恵を受けられそうな対象者であると判断し，「介入の対象とすべき患者を決定」しました。

この一方で，「開発者としての仕事」の流れとして，「患者用ワークシートを作成」し，「ロールプレイの実施」をしてワークシートの改良に取り組みました。また，「介入者用マニュアルも作成」しました。そして，それらを用いて，少数の対象者に介入を実施して，プログラムの実行可能性を検討するフィージビリティ・スタディ（feasibility study）を実施しました。そして，対象者のプログラムに対するアドヒアランス*が高いこと，臨床的に効果を実感できることを確認し（Akechi et al., 2008），プログラムの内容を確定しました。

ここで，「科学者としての仕事」に戻り，研究デザインの決定とサンプルサイズの計算を行いました。研究デザインは，本研究の実施施設における対象者数に限りがあることから，実施可能性を考慮して，統制群を設定しない前後比較研究にしました。そして，第2節で紹介した流れでサンプルサイズの計算を行いました。まず，効果量，つまり，どの程度HADSの得点が低下すれば介入に効果があったと判断するかについて検討しました。先述の観察研究（Hirai & Shiozaki, 2007）によると，本研究の対象者である「心理的苦痛の大きい術後補助化学療法を終了した乳がん患者」は，術後6か月の時点で，自

参照
リサーチ・クエスチョンの定式化（PICO/RECO）
→2章

プラスα
対象者の選択
第2章のPICO/PECOの「対象者」の箇所で紹介したとおり，対象者は，アウトカムが発生しやすい（介入の恩恵が受けられそうな）という観点から検討された。

HADS
HADSは42点満点の尺度であり，日本人がん患者における適応障害・大うつ病の可能性が高いと判断される値（カットオフ値）は11点である（Kugaya et al., 1998）。

語句説明
アドヒアランス
患者が自分の意思で積極的に治療に参加すること。

然経過でHADS得点が平均1.74（*SD*=6.82）点増加していました。この自然経過による増加分は，効果量から差し引く必要があります。効果量については，アメリカの心理療法の臨床研究の専門家からコメントを貰う機会があり，効果量1*SD*とは誰が見ても意味のある効果であると考えられるため，効果量をどれくらいに設定するのか（0.5*SD*か1*SD*か）よく考えるようにという指摘を受けました。そこで，観察研究から推定された自然経過による増加分に，このアドバイスをもとに1*SD*（6.82点）を引いたもの（6.82−1.74≒5），すなわち，HADS尺度の5点の減少を検出すべき効果量と決めました。そして，第2節で紹介した通り，第1種の過誤（α）を0.05，Power（検定力）は0.80と設定し，想定されるHADSの分散を7点（≒6.82）として，サンプルサイズの計算を行いました。その結果，必要なサンプルサイズは，N=17となりました。これを下限値として，統計解析の問題や途中辞退者の可能性を考慮に入れた目標症例数をN=30と設定しました。その後，倫理審査の申請と承認，臨床試験登録システム（UMIN-CTR）への登録を経て，介入研究を始めました。

プラスα

臨床試験登録システム

臨床試験登録システム（UMIN-CTR）は，事前に研究プロトコールを登録するシステムである。事前登録することで，研究者が恣意的にプロトコールを変えたり，都合の良い結果だけを発表したりすることを防止する役割がある。

3 介入の内容と実施

プログラムは，週1時間×5回のセッションとフォローアップ1回で構成され，問題解決の5ステップに基づくワークシートを用いて，個別に実施しました。対象者となる基準（包括基準）は，①手術可能な乳がん患者（Stage I or II）であること，②術後補助化学療法またはホルモン療法を受けたこと，③がんと告知されていること，④20歳以上70歳までであること，⑤がん患者の日常生活の制限の指標であるECOG-PSで0または1（少なくとも歩行や軽作業は可能）であること，⑥心理的苦痛を測定するつらさの寒暖計（Akizuki et al., 2005）で「つらさ3以上」かつ「支障1以上」，またはHADS11点以上であることでした。また，対象者から外す基準（除外基準）は，①希死念慮のあるうつ病などで精神科医による対応が必要であると判断された場合，②認知症，せん妄，統合失調症などの認知機能障害があるとわかっている場合，③日本語の読み書きが難しい場合でした。病院の外来で，医師が，包括基準に該当すると考えた患者に対して研究の概要と目的を知らせました。次に，研究スタッフが，心理的苦痛の程度についてスクリーニングをしました。そして，上記の基準を満たしており，書面での同意を得た患者を対象に，介入を開始しました。参加者には，介入の開始前，最終回の直後，最終回から3か月後のフォローアップ時の3時点で自己記述式の質問紙に回答を求めました。また，プログラムを実施するうえで何か問題がないか確認するために，フォローアップ時，または，途中でプログラムを辞めた対象者の場合は辞めたときに電話でのインタビューを行いました。

対象者について，36名の患者が医師から紹介され，参加基準を満たし参加に同意した 23 名を対象に介入を始めました。3 名は途中で参加を辞め，1 名はフォローアップの質問への回答がありませんでした。途中で参加を辞めた 3 名のうち，1 名はプログラムに満足できないという理由で中止となり，2 名は仕事のために，毎週のセッションに参加できなくなったので中止となりました。最終的な分析対象者は 19 名でした。

4　介入研究の結果とその後

研究の結果，分析対象者 19 名の HADS の得点は，介入前とフォローアップ時で平均 6.05（*SD*=1.94）点低減しました。これは，事前に設定した 5 点という基準を超えており，その差は統計的に有意でありかつ，比較的大きな効果量（0.82）を得ることができました（Hirai et al., 2012）。このことから，今回の研究で開発された問題解決療法プログラムによる介入は，心理的苦痛の高い術後乳がん患者の抑うつ・不安を低減させることが示せました。

また，このプログラムは，特別な場を設定するのではなく，実際の臨床場面で実施されたことから，実行可能性の高い介入であるといえます。もちろん，5 回ですべての問題が解決できない場合もありましたが，HADS 得点以外に副次的に検討した患者の社会関係や人間関係の問題に関する指標も改善していることから，すべてではなくともいくつかの問題解決に取り組むことで，患者の日常生活や家族関係，仕事関係の行動が変容し，そのことが，さらに抑うつや不安の低減につながる可能性が示唆されました。

一方で，今回の研究には，課題も残りました。第 1 に，統制群を設定できなかったことです。今回の研究の場合，介入を行わないグループと既存の心理療法を用いたグループの 2 群を統制群として設定することが理想的と考えられました。しかし，現在の日本の保険医療体制のもとで既存の心理療法を受けるグループを設定すること，また，限られた人数から参加者を募る際に無介入の群を設けることがきわめて困難であったため，前後比較研究となりました。事前に効果があると判断する基準（効果量）を決めたことで，研究の妥当性を高めるように努めましたが，結果の解釈には一定の限界があると考えられます。第 2 に対象者の選定が，ランダムサンプリングではなく，医師からの紹介による簡易サンプリングであった点です。この点についても，研究に参加する対象者の適格基準を厳格にすることでサンプリング上の誤差を減らすように努めましたが，何らかの誤差が生じている可能性は否定できません。今後，これらの問題点に対応した無作為化比較試験の実施が望まれます。

なお，今回の研究で想定した効果量（HADS の変化量の 1*SD*）は，実は，実際の介入の現場で見ていた感覚としては，研究参加者の様子が「目に見えて良くなる」くらいはっきりしたものでした。つまり心理学研究において，効果量が高い結果というのは，誰の目から見ても明らかに変化したと実感できるくら

プラスα
問題解決療法の概要
この研究をはじめとする一連の研究をもとに作成された，問題解決療法について紹介する web サイトにも，プログラムの概要が掲載されている。http://pst.grappo.jp/index.html（閲覧日：2019 年 11 月 1 日）

いのものであるということです。臨床研究では，複数の臨床家が明らかに効果があると感じる介入であっても，高いコストをかけてその効果を実証する必要があります。そして，そこまでしても統計的には有意な結果が得られないこともあります。さらに，今回の研究は，日本のこの分野では，かなり手の込んだ研究デザインでしたが，サンプルサイズが小さいこと，無作為化比較試験でなかったことから，国際的に有力な学術誌に投稿した際には，編集者判断での掲載不可となりました。このように，臨床家にとって当然と感じるような結果を導くために，かなりの手間隙とコストをかけて行う臨床研究は，研究者としてはなかなか労の取る仕事であると感じました。

しかしながら，上記の研究を通して，事前に得られるべき効果量を設定し，それに基づいてサンプルサイズを計算しておくことの重要性，PICO/PECOでリサーチ・クエスチョンを明確にする重要性について示し，介入研究がまだまだ少ない分野で，一石を投じることができたのではないかと思います。また，机上の空論ではなく，実際に臨床の場面で介入を実施してみることは，臨床家としての成熟，そして，より意味のある研究を実施できる研究者としての成熟につながると感じました。介入研究は，知識と経験，時間と労力が必要となる研究ではありますが，それゆえいっそう，研究者としての知的好奇心を刺激される研究になり，学問や社会の発展につながるものになります。本章を通して，皆さんが，介入研究のイメージをつかむことができれば幸いです。

考えてみよう

心理学の分野（保健医療，福祉，教育，司法・犯罪，産業・労働）に関するシステマティックレビューを調べて，興味のあるものを１つ取りあげ，その内容（対象者，介入や要因の内容，比較対照，アウトカム）を要約してみましょう。調べる際は，国立情報学研究所の学術情報データベースCiNiiやコクランレビュー（一部の要約は日本語訳されています）などを用いて，「システマティックレビュー」「心理学（精神衛生）」などといったキーワードで検索してみてください。

本章のキーワードのまとめ

実験研究	研究者が，特定の要因を加えたり取り除いたりするといったコントロールを行い，その要因のアウトカムに対する効果を検証するための研究方法。因果関係についての仮説を検証するのに向いている。
サンプルサイズ	データの個数。母集団から取り出してきた標本の大きさのことを指す統計用語。適切なサンプルサイズは，期待される効果量，有意水準，検定力を決めることで，統計的に求めることができる。
有意水準（α）	統計的仮説検定を行う場合に，帰無仮説を棄却するかどうかを判定する基準。本当は差がないのに差があるという結果を採択してしまうαエラー（第 1 種の過誤）を犯す確率ともいえる。
検定力（1 －β）	統計的仮説検定を行うときに，実際には差が「ある」のに「ない」と判断してしまうことをβエラー（第 2 種の過誤）といい，βエラーをおかさない確率（1—β）を，検定力（統計学的パワー）という。本当に差があるときに，差があると正しく判断できる確率ともいえる。
前後比較研究	研究対象となる個人や集団全員に介入を行い，その介入の前と後でアウトカムが変化するかどうかを検討する研究デザイン。コントロール群が設定されないため，学習効果や経時変化，選択バイアスなどによる影響を排除できない。
N=1 デザイン（N-of-one study）	1 人の対象者について，介入の実施と中止をランダムな順序で行い，その効果を検討する方法。基本的には，介入の効果が比較的短期間で現れること，介入を中止したら元の状態に戻ることが前提として考えられる場合に限って実施可能な方法。
無作為化比較研究	研究対象となる個人や集団をランダムに複数の群（介入群と統制群など）に割り付けて，介入によって群間のアウトカムが異なるかどうかを検討する研究デザイン。ランダム割り付けを行うことで，各群の性質が同じになると考えられるので，群間の違いを介入による違いとして検討することができる。ランダム化比較研究ともいう。
交絡要因	独立変数と従属変数の関連について検討する際に，測定の対象としている変数とは別に，独立変数と従属変数の両方と関連がある変数。独立変数によって従属変数が変化した場合でも，交絡変数があると，独立変数と従属変数の間の因果関係を結論づけることができない。
盲検化	データの収集や解析時に生じるバイアスを減らすために，対象者，介入を実施する者，データの解析者などに，バイアスを引き起こすような情報（たとえば，ある対象者が割り付けられているのが統制群であるか介入群であるかということ）を伏せておくこと。
クロスオーバー研究	群分けした対象者について，介入する時期を変えて，すべての群に介入を行う研究デザイン。たとえば，介入群と統制群を比較する際，前半は A 群に介入を行って，B 群は統制群とし，後半に，A 群を統制群，B 群を介入群と逆の割り当てを行う。
システマティックレビュー	特定の研究テーマについて，あらかじめ決められた手続きに基づいて，網羅的に先行研究を調べ，それらの研究の質を批判的に検証し，研究結果を統合する研究方法。定量的な分析を含む場合も含まない場合もある。
メタアナリシス（メタ分析）	システマティックレビューにおいて，複数の先行研究の結果を定量的に統合しようとする際に用いる統計的な分析手法。個々の研究のバイアスを考慮したうえで，結果を統合する手法。

第12章 バイオマーカーを用いた心身医学研究

この章では，バイオマーカーを用いた心身医学研究とは何かについて述べていきます。心理学という学問のなかで心身医学研究はどう位置づけられるべきか，またバイオマーカー研究は心理学にとってどのように役に立つのかについて知ることができます。この分野は心理学のいわゆる王道とは違うかもしれません。しかしながら，心理学の多くの分野（社会心理学・実験心理学・臨床心理学等）と関連が深く，心理学と医学，心理学と工学などの他の分野とも接点をもつ研究になります。

1 バイオマーカーとは

プラスα
代表的な心身症状
腹痛，頭痛，胃の不調，イライラ・不安，睡眠の異常，下痢・便秘，嘔吐等がある。

「**バイオマーカー**」という用語，「**心身医学**」という用語はいずれも心理学ではなじみのない用語かもしれません。バイオマーカーとは一言でいうと，生体から生じるなんらかのサインといえます。たとえば風邪をひいたりインフルエンザにかかったとき体温計で熱を測ると思います。この「体温」もバイオマーカーの一つです。では，「心身医学」とは何でしょうか？　心身医学は，日本心身医学会によると「身体面・心理面・社会的環境を含め，総合的に人を診断する学問です」と紹介されています（日本心身医学会 HP)。日常的にこのような体験を想像してもらうとわかりやすいかもしれません。たとえば子どものころ，「遠足や運動会がいやだと思ったら，お腹が痛くなって学校に行けなくなった」という体験をしたことはありませんか？　もしくは，「あの人に会いたくないと思うと急に体調が悪くなって……」といったことを体験されたことはないでしょうか？　この例が示しているのは体に現れる症状（身体的症状といいます）は，「なんだか嫌だ」「行きたくない」といった心の状態によってあらわれることがあるということです。病気や人間の体調の不調，そしてそれに伴う行動は必ずしも明確な原因があるわけではないことは古くからいわれてきたことです。日本の昔のことわざにも「病は気から」というものがあります。たとえば，感染症は，「インフルエンザはインフルエンザウイルスが体内に侵入し定着することで発生する」といったように，病気の原因がはっきりしています。しかしながら，心身医学で扱う病気は必ずしもそうではありません。

残念ながらこの「気」は目に見えないものです。人には目に見えないものはなかなか信じることができない，もしくは認められないという面があります。

目に見えないものを見えるようにし，人間にとってどのような影響があるのか，そしてどのようなメカニズムで起こるのか，予防するにはどうしたらいいのか等を追求するのが「バイオマーカーを用いた心身医学研究」です。その代表例がストレス・疲労を対象とした研究です。この章ではこれらの研究の方法や考え方を中心に説明したいと思います。

1　バイオマーカーを用いた心身医学研究とは

先に述べたとおり，「バイオマーカーを用いた心身医学研究」は，心身の問題・不調の生体への影響を明らかにする学問です。たとえば，筆者が大学院で行った研究に「阪神淡路大震災の被災者のストレスとコルチゾールの研究」(Fukuda et al., 2000) があります。阪神淡路大震災以降，日本でも PTSD (心的外傷後ストレス障害) という言葉が一般的にも知られることとなりました。では，被災によるストレスはどのぐらいの量なのでしょうか？　そしてストレスにさらされると人はどうなるのでしょう？　ストレスを測定する方法がさまざまにあることは一般的にはあまり知られていないかもしれません。上記の研究では，筆者は，被災者の自覚しているストレスを自己記入式の質問紙で把握し，ストレスを表すバイオマーカーとして血液中のコルチゾールを使用しました。個人の感じているストレスはその人にしかわからないので，その人に回答してもらうしかありません。厳密には気が付いていないストレスもありますが，ここで述べているのは個人の自覚しているストレスのことです。これを主観的なストレス指標といいます。一方で，コルチゾールの量はその人の意思で変化させることはできません。したがってこういった指標は客観的ストレス指標といいます。この二つを組み合わせることによって「バイオマーカーを用いた心身医学研究」は成立しています（手順については本章3節参照)。

2　心身医学と心理学の接点

心身医学的な研究は心理学とどのように関係があるのでしょうか？　昨今研究の領域の境界はどんどんわかりにくくなってきています。「私は心理学者です」「私は工学系の研究者です」と名乗っている人でも心身医学的研究を行っている人がいます。論文のタイトルだけ見るとどの分野の研究かわからない場合さえあります。それでは，どこが異なるのでしょうか？　まず心身医学的な研究の場合，最終ゴールが「心身不調をどう治すか？」にあります。そのためにストレスがどのように生体に影響するかについて調べています。また，心身不調の患者もしくは心身不調から派生する疾患の患者を対象として研究する方法もあります。

一方で，心理学の場合はどうでしょうか？　心理学の場合にもゴールが同じことは当然あります。また，心身医学同様に患者を対象として研究する場合もあります。しかしながら，心理学の場合は，そこに存在する心理学的プロセスを重要視しています。どのような心理的なメカニズムによってその症状が発生したのかを明らかにしていき，そこにアプローチすることで心身不調を治そうとするものです。では，工学系の場合はどうでしょう？　工学系の場合，そのバイオマーカーを簡便に測定する手法や機器に焦点があることが多くなります。より簡便なバイオマーカーの測定方法を検討する，場合によってはバイオマーカーを測定するための生体サンプルの採取方法をシステム化するといったことが考えられます。

プラスα

生体サンプルの種類

生体のサンプルには機器を取り付けて取るタイプ（脳波・体温・脈拍等）のほかに生体から得られる血液・尿・唾液等から特定もしくは不特定の物質を測定する方法がある。

ストレスの種類

「化学的ストレス」「生物学的ストレス」「物理的ストレス」「心理社会的ストレス」の4つがあるとされている。一般的にストレスと称されているものの多くは心理社会的ストレスである。

語句説明

ストレス

もとは工学用語で，対象物に物理的な負荷がかかることを表す。転じて，対象に心理的な負荷がかかることも「ストレス」負荷と呼ばれるようになり，今日心理的負荷を表すほうが一般的となった。

ストレッサー

ストレスの原因となるもの。対象者にストレスを及ぼすこと。これによってストレス反応が始まる。

2　バイオマーカーと測定項目

次にバイオマーカーとして使用されているものについて解説したいと思います。心理系の学生，大学院生，研究者の皆さんにはなじみのない言葉も多いかもしれません。ここではわかりやすくすることを重要視していますので，興味をもった場合は，専門の書籍や論文を読み知識を確実なものとしてください。

心身医学研究で使用されるバイオマーカーはかなり多岐にわたっています。そのすべてを取りあげることはできませんので，心理学の分野で近年使用されているものを取りあげたいと思います。主には後述する生理学的指標，内分泌・免疫系（図12-1）の指標です。その他に，この2つに分類されない指標があります。

最初に心身不調がどう生体に影響を及ぼすかについて「ストレス*」を例にみてみたいと思います。心身医学研究で心理学領域の人にとって最もなじみが深い項目が「ストレス」であると考えられるからです。ストレスはどこで感じるでしょうか？　「ストレス」を正確にいうと「ストレッサー*（以降ストレスと表記）」は大脳で感知します（図12-1：大脳のなかに「視床下部」という部分があります。ストレスを最初に感知する場所については諸説あるものの，ストレスを大脳で感知すると視床下部からホルモンが出ます（本節2項参照））。このホルモンが副腎皮質から出るコルチゾールというホルモンの放出に関わります。一方で，感知したストレスは自律神経にも影響を及ぼします。これによって心拍が上昇するといった影響がでます。こういったストレッサーに対する反応を**ストレス反応**といいます。この影響は副腎髄質から放出されるカテコールアミン類への影響が知られています。その他，ストレスとして認知する（気がつく）ことやストレスが固定されることには記憶に関係する海馬という部位が関わるという報告や感情と密接な関係のある扁桃体という部位が関係するという報告もあります。図12-1で述べている主観的ストレス評価というのは，主に自分の自覚

図12-1　ストレス反応のメカニズムと主な主観的・客観的ストレス評価

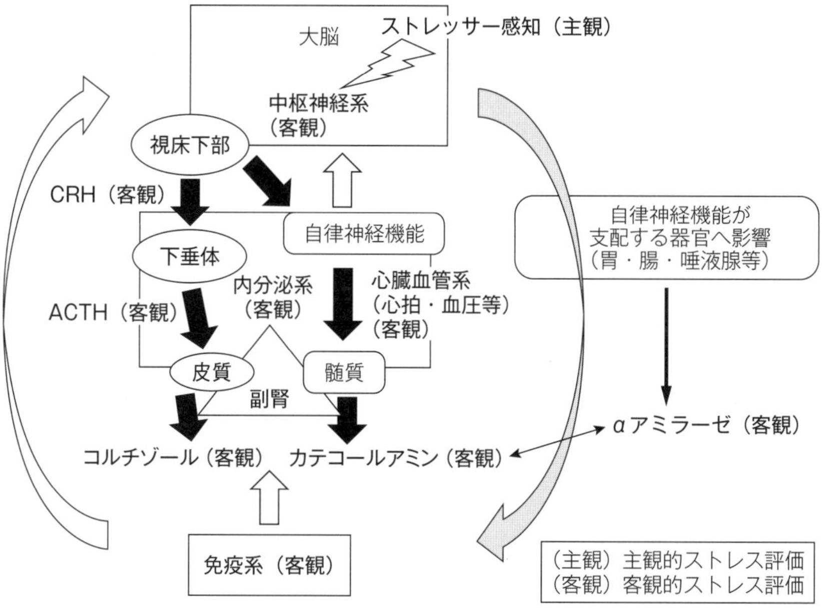

しているストレスを評価していることを意味し，客観的ストレス評価というのはバイオマーカーを用いた評価を意味しています。

1　心身医学研究で使用されるバイオマーカー：生理学系

生理学系の指標として知られているものには，体温・血圧・脈拍・自律神経機能・睡眠/活動量・発汗量・瞬目反射等があげられます。体温は体温計で測定するのが最も簡単ですが，正確な値を測定するためには直腸温の測定が望ましいと考えられています。ただ，直腸温を測定するには直腸に体温計を挿入し測定しますので簡単な測定ではありません。血圧・脈拍に関しては家庭用の血圧測定装置で測定することができます。発汗量・瞬目反射等は専用の装置が必要です。**自律神経機能***も解析に特別な知識がいるマーカーでしたが，近年比較的安価で簡便に測定・解析できる装置が出てきました。睡眠/活動量*も，近年スマートフォンのアプリで測定できるものや睡眠時の簡易脳波がとれるもの等，多種多様な測定装置が出てきています。行動量や活動量だけであれば歩数計のようなものでも測定できますが，活動すべき時間帯に活動し，睡眠をとるべき時間帯に質の良い睡眠をとることができていることは心身の調子に大きく関係しています。したがって，双方を測定することが望ましいのです。ただし，いずれも研究に用いるには精度を保つ必要がありますので，一定の手法で，研究に耐え得る機器で測定する必要があります。

脳波計，fMRI（磁気共鳴機能画像法），MEG（脳磁図），PET（陽電子放射断層撮影），NIRS（近赤外線分光法）等で，脳機能を測定することもあります。

語句説明

自律神経機能
交感神経と副交感神経からなる生体の機能（呼吸，心拍，血圧，体温，発汗等）をコントロールし，生命維持に関与する機能のこと。自分の意志ではコントロールできない（『からだのしくみ事典』，2010）。

睡眠/活動量
24時間の加速度計が組み込まれた活動量計を装着することにより，眠っているときおよび起きているときの活動状態を計測し，その結果から睡眠時間，睡眠までにかかる時間等を計測すること（田島，2010）。

いずれも安静時の動態も測定できますが，何らかの課題（ストレス負荷課題や認知課題，記憶課題等）を行っている最中とそうでないときの動態の比較を行う方法や，同じ課題を行った際の心身症*の患者と健康な者を比較する等といった形式で研究が行われることも多くあります。PETは特定の物質にラジオアイソトープ*で標識（印をつけること）することで，脳だけでなく全身の薬物動態を見ることが可能です。しかしながら，fMRI，MEG，PET，NIRS，脳波計測は特別な施設，機器や解析技術が必要であり，また高価な機器でもあり誰もがすぐに使用できるものでもありません。いずれもそれぞれの分野の専門家の指導を受けて実施することがよいと考えられます。

語句説明

心身症
心身の不調等を発端として発症する病気，もしくは心身の不調を呈する病気。

ラジオアイソトープ
PETの標識はターゲットとする薬剤にごく微量のラジオアイソトープで標識することにより動態を測定することができる。ごく微量なため被ばく量はそれほど大きくない。

2　心身医学研究で使用されるバイオマーカー：内分泌・免疫系

内分泌の指標の代表例は，コルチゾールおよびその働きに関連するホルモンです。コルチゾールとは，副腎皮質から出るホルモンです（図12-1）。生命維持に必須のホルモンで血糖値の調節機能等もあります。コルチゾールは，脳下垂体前葉からの副腎皮質刺激ホルモン（ACTH）が副腎皮質に作用することにより促進され，ACTHは，間脳視床下部の副腎皮質刺激ホルモン放出ホルモン（CRH）によって促進されます。一方で，ACTHは，視床下部へも作用してCRHの分泌を抑制します。これをネガティブフィードバックと呼んでいます。コルチゾールの分泌量が増加し，一定量に達すると今度は，CRHの分泌とACTHの分泌の双方を抑制します。ストレスが負荷されると**視床下部―下垂体―副腎皮質系**（HPAaxis）の反応が起こることはセリエが汎適応症候群*を報告して以降，世に知られることとなりました（Selye, 1946）。コルチゾールを用いたストレス研究は，当初は血液サンプルを用いた研究がほとんどでしたが，近年では唾液中の測定も多く報告されるようになっています。また，その他に，毛髪中や爪，母乳中のコルチゾールも測定することが可能となってきています（Izawa et al., 2015）。心理学の領域では医学や保健の領域ほど簡単に血液を採ることができません。血液サンプルを採取するには医師の指導のもと，医療の有資格者が採取する必要がありますし，場所もどこでもよいわけではありません。したがって血液以外のサンプルで測定が可能になったこともこの領域での研究が心理学において飛躍的に発展した理由の一つといえます。

語句説明

汎適応症候群
セリエの学説。ストレッサーに暴露した後，生体の反応には3つの段階があるというもの。その反応の代表例がコルチゾールである。

その他に代表的なホルモンにはアドレナリン・ノルアドレナリンがあります。アドレナリンはストレスが負荷されてから体内で放出されるまでの時間が早いことが知られています。しかしながら測定手法に特殊な装置や知識が必要です。またアドレナリン・ノルアドレナリンは唾液中での検出が濃度の観点などにより難しいことから，心理学領域ではαアミラーゼ（唾液中に含まれる消化酵素）が比較的よく使用されています。唾液中のαアミラーゼは，血漿ノルアドレナリン濃度と相関が高いことが知られています（Thoma et al., 2012）。簡易な装置も使用されていますが，研究用には他の測定を使用するほうが値の誤差は少なくなります（すべてのバイオマーカーを本書で紹介することはできませんので，さらに知りたい人は『生理心理学と精神生理学第Ⅱ巻応用』（北大路書房）もしくは福田・渡邉（2016）を参考にしてください）。

コルチゾールのような内分泌系の物質の動きと，サイトカインなどの**免疫**機能の動きは連動することが知られています。こういった動きが心身の不調と密接に関わり，心身の動きを脳がコントロールしています。こうした物質の動きの連携・連動を包括的にとらえた学問を，精神神経内分泌学や精神神経免疫学などと呼びます。サイトカインとは，細胞から分泌され，他の細胞に情報を伝達し，その動きに影響を与えるタンパク質で，炎症反応や免疫反応時に機能するものです。サイトカインのうち IL-6 や IL-1（IL：インターロイキン）は，炎症性サイトカインと呼ばれ，コルチゾールと関連した動きを示すことから双方を用いて内分泌・免疫・心身の３者関係を明らかにすることもできます。

その他に心身医学系の研究で用いられる免疫細胞があります。免疫細胞の代表例としてナチュラルキラー（NK）細胞があります。NK 細胞は T 細胞，B 細胞に次ぐ第３のリンパ球として発見され，細胞障害性をもつ細胞です。当初はがん細胞を標的にし，傷害する細胞と考えられていました。近年はもっと詳細な機構が明らかとなっていますが，とりわけストレス・疲労の研究では NK 細胞が免疫系の指標の一つとしてよく登場します。NK 細胞をはじめ免疫細胞は一般的に活性がある（細胞が生きている）状態で測定する必要があります。したがって採血後も特殊な処理が必要であり，凍結しておいて後で測定することができません。また測定に技術や装置が必要です。サイトカイン類は，凍結サンプルでも測定できます。しかしながら，外からの刺激（運動等）が加わらないと血液中でほとんど測定できない場合がある（測定限界を超えない）ほど微量なバイオマーカーでもあります。近年，数種類のサイトカインを同時に測定できる技術も開発されていますが，特殊な機器が必要なことと，試薬類が比較的高価であるという問題があります。

唾液中の免疫グロブリン A（IgA）も，古くからストレス指標として活用されてきました。IgA は，口腔内など粘膜組織において分泌され，感染に対する防御機構として働くことが知られています。IgA に関しては，持続的なストレスでは低下するが，一過性のストレスでは上昇し，その後速やかに回復するといった傾向の報告が多いことや，唾液中 IgA は，唾液量や唾液の出る速さの影響を受けると考えられており，使用する際には注意が必要です。

3　心身医学研究で使用されるバイオマーカー：その他

内分泌・免疫系・生理系のいずれにも分類しにくいものとして炎症系のマーカーである CRP*（C-reactive protein），セロトニン・ドーパミン等といった

プラスα

起床時コルチゾール反応（Cortisol awaking response：CAR）

コルチゾールはもともと日内変動があることが知られている。午前に高く，午後から低くなるといわれている。要は活動が始まるとともに上昇し，活動を終えるころに減少していくということで，コルチゾールは活動のためのホルモンともいえるであろう。唾液中のコルチゾールの起床時の反応は，起床から１時間の間に一度急激に上昇するといった性質をもっている。この性質を利用してストレス反応性を評価しようというバイオマーカーが起床時コルチゾール反応である（Clow et al., 2004）。

語句説明

CRP

C-reactive protein の略であり，炎症や組織細胞の破壊が起こると血清中に増加するたんぱく質。一般的な感染症などで上昇が認められる（白井，2017）。

神経伝達物質*やゲノム・遺伝子解析，それに付随したmRNA*（メッセンジャーRNA），micro RNA*，エピゲノム*等やプロテオミクス（タンパク質の網羅的解析）やメタボロミクス（代謝物の網羅的解析）のような新しい技術・手法の開発が進むにつれて，新しいバイオマーカー候補がどんどん出てきています。これらの技術・手法は一部のものを除いて特殊な機器や解析手法が必要となり，今現在は，一般的ではありません。しかしながら新しいものに取り組むことに早い遅いはありません。また，新しい技術を開発した研究者は，新しい手法を開発したものの何に使っていいかわからないという場合もあります。臆せずこういった手法に熟知した研究者に話をしにいってほしいと思います。

4 心身医学研究で使用される測定項目

心身医学研究で使用されるもう1つ重要なツールとして質問紙や心理検査・アセスメント等があります。バイオマーカーを組み合わせる場合も，基本的に研究の手順に変わりありません。通常の調査や実験研究と同様に必要なツールを選択し，そこにバイオマーカーを追加することになります。たとえばうつの症状について尋ねたいのであればうつ症状を尋ねる質問紙を用いると思いますが，バイオマーカーを用いたからといってこの手順が変わることはありません。

3 バイオマーカーを用いた研究の具体例

バイオマーカーを用いた心身医学研究で，代表的なものの1つは調査・疫学研究であり，もう1つは介入・実験研究です。心理学の領域では数年前はどちらかというと介入・実験研究が多いイメージでしたが，近年調査・疫学研究にバイオマーカーを用いた結果を発表している研究者も増えてきているように思います。ここでは，筆者の研究例で方法を紹介し，また，近年重要となってきている研究倫理についても述べたいと思います。

1 バイオマーカーを用いた心身医学研究の具体例：調査・疫学研究

バイオマーカーを用いた心身医学研究を始める動機はさまざまであると思います。「人と違う研究がしたい」「生体影響を含めた心身のメカニズムを解明したい」「ストレスのバイオマーカーを明らかにしたい」等……筆者の場合の動機は「ストレスのバイオマーカーを明らかにしたい」というもので「ストレスという目に見えないものを可視化することで，早期にストレスに気づき，対処する予防手法としたい」というのが研究の出発点でした。こういった場合，個々人の動態を明らかにするだけでは多くの人に共通するバイオマーカーとは

語句説明

神経伝達物質
神経細胞体からの電気信号を神経末端に伝える物質（白井，2017）。

mRNA
メッセンジャーRNAのこと。DNAの情報をRNAに伝える際に働くRNAのこと（岡田，2017）。

microRNA
マイクロRNAは低分子量RNAであり，近年がんなどの疾患との関係が報告されている（藤兼ほか，2008）。

エピゲノム
DNAの塩基配列を変えることはなく，遺伝子の働きを決める仕組みをエピジェネティクスと呼び，その情報の集まりがエピゲノムである。一卵性双生児は同じゲノムをもつが，全く同じ病気にかかるわけではないことなどはエピゲノム状態が変化していくからであると考えられている（CREST-IHEC 国際人エピゲノムコンソーシアム日本チームHP）。

なりません。したがって，多くの人を対象とする必要があるため調査研究という手段を取りました。最近では，調査研究は調査人数が 1000 人でも少ないといわれる時代に入りましたが，バイオマーカーを用いた研究の場合，数十人の単位から可能です。もちろん人数が多ければ層別解析（男女の別や年齢別等）が実施できますし，精度は上がるのはいうまでもありませんが，関連性を検討する場合にはもう少し数が少なくても可能という意味です。たとえば，筆者の行った研究に慢性疲労症候群*の患者と健康な成人の酸化ストレスを比較した研究があります（Fukuda et al., 2016）。この研究の場合，患者は 121 名，健康な成人は年齢・性別をマッチさせた同数のものと比較しました。患者－対照研究*の場合はこのように双方の対象の人数を揃える場合が多いですが，希少疾患の場合には患者数のほうが少ないこともあり得ます。また，バイオマーカーの選択は基本的に病気の発生や原因とされているメカニズムに沿って選択されます。調査項目は，患者と健康な成人に差がある項目や，患者の病状と関連があるものが選択されます。

近年，大規模な**疫学研究**，いわゆるコホート研究というものが増えてきています。環境省のエコチル調査（エコチル調査 HP）がその一例です。こういった大規模集団の研究に参加でき，かつ自分の目指している内容であれば実施するのはそれほど難しくないかもしれません。こういった研究の場合すでにバイオマーカーは多数取られています。生体サンプル（検査の材料をさす（血液・髄液・尿や組織の一部など））も凍結保存されていることも多いと思います。コホート研究にはたくさんの人が関わる場合があります。その場合，必ずしも自分の第一のリサーチ・クエスチョンに合う研究をできないかもしれません。しかしながら，最初から自分の行いたいという研究に適した研究フィールドをもちかつ，適したバイオマーカー検体を得られることはまれであると思います（もしそうならかなりラッキーです）。まずは大型研究に関わり経験を積み，自分の理想とする研究に近づくことも 1 つの手段であると思います。

それでは，1 からこういった研究をスタートする場合どうすればいいでしょうか？　図12-2および図12-3の研究実施の手順に沿って説明をしたいと思います。まず，文献を集め仮説をたてます。これは普通の心理学研究法と同じです。すぐにでも研究をスタートしたいところですが，ヒトから生体のサンプルを取る研究の場合は研究倫理審査委員会への申請が望ましい（必須といっても差し支えない）です。したがって，所属機関の研究倫理審査委員会に申請し，承認されてから研究に取りかかりましょう。学部学生の立場で難しい場合は，指導教員とよく相談してみましょう。所属機関に研究倫理審査委員会がない場合は，本節 3 項を参照してください。

次に，対象集団，調査項目，バイオマーカーを仮説に沿って決定していきます。バイオマーカーを用いた心身医学研究の難関の一つといえるものがその費

語句説明

慢性疲労症候群
6か月以上の疲労を中心とする痛み等多様な症状を呈する，日常生活に影響がきわめて大きい疾患群。

患者－対照研究
患者とその症状をもたない対象（健康な人を用いる場合だけではない）を比較することでその差異を明らかにする研究。

図12-2　バイオマーカーを使用した心身医学研究の基本手順と発生が考えられる問題

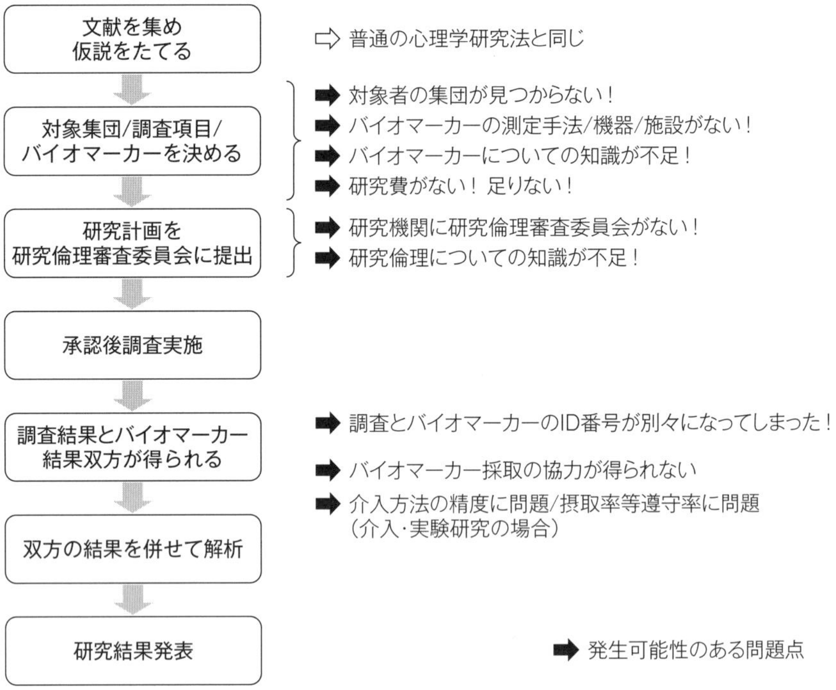

文献を集め
仮説をたてる

⇨ 普通の心理学研究法と同じ

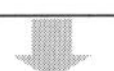

対象集団/調査項目/
バイオマーカーを決める

➡ 対象者の集団が見つからない！
➡ バイオマーカーの測定手法/機器/施設がない！
➡ バイオマーカーについての知識が不足！
➡ 研究費がない！ 足りない！

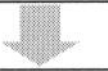

研究計画を
研究倫理審査委員会に提出

➡ 研究機関に研究倫理審査委員会がない！
➡ 研究倫理についての知識が不足！

承認後調査実施

調査結果とバイオマーカー
結果双方が得られる

➡ 調査とバイオマーカーのID番号が別々になってしまった！
➡ バイオマーカー採取の協力が得られない
➡ 介入方法の精度に問題/摂取率等遵守率に問題
（介入･実験研究の場合）

双方の結果を併せて解析

研究結果発表

➡ 発生可能性のある問題点

図12-3　基本的な研究実施のスケジュール

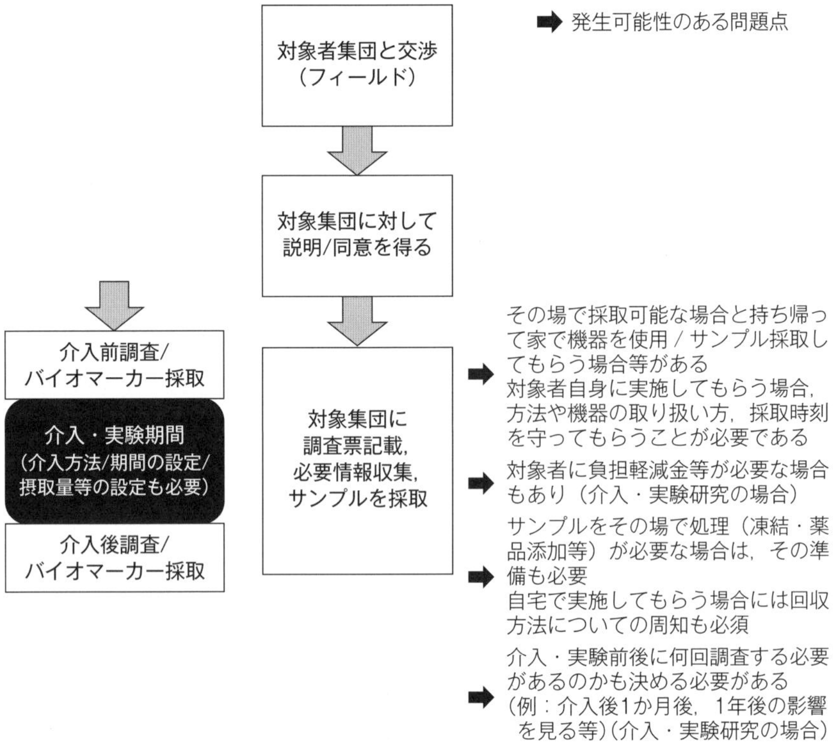

➡ 発生可能性のある問題点

対象者集団と交渉
（フィールド）

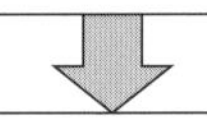

対象集団に対して
説明/同意を得る

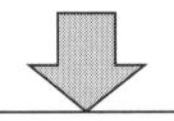

介入前調査/
バイオマーカー採取

介入・実験期間
（介入方法/期間の設定/
摂取量等の設定も必要）

介入後調査/
バイオマーカー採取

対象集団に
調査票記載，
必要情報収集，
サンプルを採取

➡ その場で採取可能な場合と持ち帰って家で機器を使用 / サンプル採取してもらう場合等がある
対象者自身に実施してもらう場合，方法や機器の取り扱い方，採取時刻を守ってもらうことが必要である

➡ 対象者に負担軽減金等が必要な場合もあり（介入・実験研究の場合）

➡ サンプルをその場で処理（凍結・薬品添加等）が必要な場合は，その準備も必要
自宅で実施してもらう場合には回収方法についての周知も必須

➡ 介入・実験前後に何回調査する必要があるのかも決める必要がある
（例：介入後1か月後，1年後の影響を見る等）（介入・実験研究の場合）

用であり，バイオマーカーの種類にもよりますが，お金がかかる研究であることは間違いありません。もちろんバイオマーカーをあきらめるという方法もあります。もしくはもう少し安価に実施できるバイオマーカーに変更するという手段もあるでしょう。しかしながら，ここであきらめるのは非常にもったいないと思います。関連する学会や研究会に出かけて，思い切って同じバイオマーカーを用いた研究をしている研究者に話しかけて，可能性を探ってみましょう。指導教員がいる場合は，指導教員に尋ねてみるという手段もあります。

自分の実施したい研究は決まっているが，調査フィールドが見つからないというケースも発生します。大学にいる研究者の場合，大学生を対象とした研究以外を実施したい場合に，この問題にぶつかるかもしれません。この場合は，何としても調査のフィールドを開拓します。自分で難しければ，フィールドをすでにもっている共同研究者を探すことになります。次に可能性がある問題は，バイオマーカーの測定方法がない，もしくは知識が不足しているという場合です。自力で機器を購入し，各種バイオマーカーの測定方法を確立することも可能かもしれませんが，ハードルは高くなります。すでに研究施設や共同の研究施設が所属機関にある場合は実施可能かもしれません。現実的であるのは検査を検査機関に委託する，もしくは測定手法を確立している共同研究者を見つけることです。検査を委託すると，自分で測定するよりずっと費用がかかります。学部学生や大学院生で，実施したい研究が決まっている人は，大学院進学やポスドク（博士号を取った後に研究員等として研究機関や大学等で働く人）等で就職する際に，研究内容を適切に指導できる人を選ぶとよいと思います。

2　バイオマーカーを用いた心身医学研究の具体例：介入・実験研究

調査・疫学研究でバイオマーカーがある程度確立してから，もしくは最初から介入・実験研究にバイオマーカーを用いるという研究も可能です。

オーソドックスな実験研究は，前述したストレス負荷課題を実施し，その前後でバイオマーカーの変化を測定するというものです（福田・渡邉，2016）。筆者らは，前半に2つの課題を2時間実施し疲労させた後に，ストレス負荷課題を実施し，唾液中コルチゾール反応がどのように変化するかという実験を行っています。これは，いったん慢性的なストレス状態においた後にさらにストレスを負荷するとどのような影響が身体に現れるかを検討した実験です（図12-4）。**介入研究**とは，対象者に食品摂取・薬の摂取・心理療法・心理教育等何らかの介入を行うこと全般を指します。筆者らは，香りを使った介入研究を実施しました（福田・渡邉，2016）。

では，こういった介入・実験研究はどのような手順で行うかを考えてみましょう（図12-2および図12-3）。まず，何を証明したいか考え，仮説をたてる，これは他の心理学研究と同様です。その際に調査にするのか，面接がよい

プラスα
ストレス負荷課題
ストレス負荷の方法は多数あるが，面接課題や暗算の課題等がある。唾液中コルチゾールとストレスの研究ではTrier Social Stress Test（TSST）等が有名である（ロールプレイング形式の面接課題と計算課題を組み合わせた課題）（Kirsch-baum et al., 1993）。

図12-4　疲労負荷課題における2時間前後の唾液中コルチゾールの変化

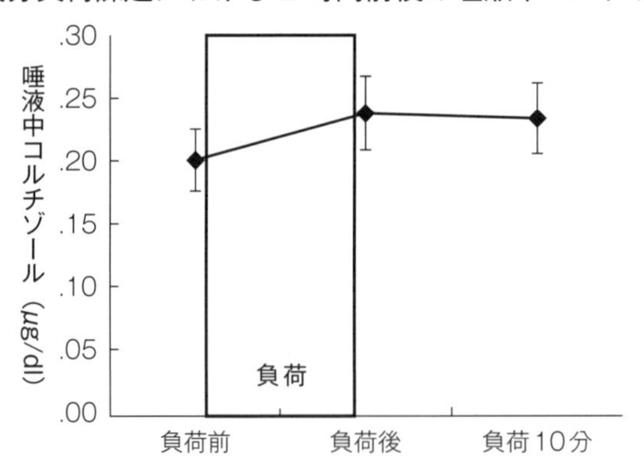

注：疲労負荷課題にはATMTとn-back課題を用いた。
出所：福田・渡邉，2016

のか，実験がよいのかを選択します。バイオマーカーを用いた場合も同じです。実験室研究で証明したい，そのメカニズムの解明にこのバイオマーカーが必要であるといったように選んでいきます。証明したい内容は決まっているわけですから，どのような実験課題にするかはこの段階では当然決まっています。

あとは，バイオマーカーを測定するタイミングです。オーソドックスなものは課題の前後にバイオマーカー測定を行うというものですが，バイオマーカーによっては課題の直後には変化がでないが10分，20分と経ってから変化がでるものもあります。その場合は先行研究からどのぐらいで変化するかを調べておきます。先行研究がない場合は，必ず予備実験を行い，変化のタイムコースを確認する必要があります。また，バイオマーカーの種類によっては1日のうちに生体内で動態が変化するものもあります。コルチゾールはその好事例で，日内リズムがあることが知られています。こういったバイオマーカーを使用するのにもかかわらず実験時間が一律でなかったらどうでしょうか？　正しい結果が出ないのは当然でしょう。

その他に注意すべき点は，バイオマーカーは生体への何らかの負荷の影響を受けやすいということです。たとえば運動・食事・睡眠不足・喫煙等，生体に影響を及ぼすものは意外に多いということも覚えておきましょう。実験手法とバイオマーカーが定まれば後は，本節1項の例と同じです。実施可能性について考える必要があります。数多くのバイオマーカーを複数回測定しようと考えると，一人ではとても実験をオペレーションできない可能性もあります。その場合には当然ながら，協力者が必要となります。介入研究の場合は，ここにさらに「介入」の内容が加わります。介入を行うと当然ながら，対象者がどのぐらいきちんと介入の内容を行ったかが重要となります（食品摂取であれば毎日食べてくださいと言っても，すべての人が毎日食べるとは限らない）。したがって，介入の完遂率および遵守率が非常に重要になってきます。また，心理療法等の介入の場合，どうしても療法を行う術者の違いが影響してきます。このあたりをいかに平準化し，実験の精度をあげるかが研究の成功のカギになるかと思います。しかし，これはバイオマーカー研究に限らないことですので，そこにバイオマーカーならではの注意事項に留意すれば実施可能性が高まります。

3　バイオマーカーを用いた心身医学研究で注意したい研究倫理

バイオマーカーを用いた心身医学研究では，各施設の研究倫理審査委員会に申請し，承認されて実施することが望ましいです。最も関係が深いのは「人を対象とする医学系研究に関する倫理指針」であろうと思われます。特に採血等人体に侵襲性*のある検体を採取することを考えているならなおさらです。また，投稿する雑誌によっては研究倫理審査委員会で承認を得ていることや，インフォームド・コンセントをどのように行っているか等が記載されていないと，門前払いという場合がありますので，どの分野の雑誌への投稿を目指すかを研究前に決めてスタートすることも必要です。研究倫理審査委員会に申請し承認を受けることについて，時間と手間が大変すぎるという声もありますが，それをしなかったためにすべての研究成果が無駄になり対象者に多大なる迷惑をかけ，研究費の無駄遣いとなることに比べればどうでしょうか？　また，ヒトゲノム・遺伝子解析をバイオマーカーとする心身医学研究もありますが，その場合は「ヒトゲノム・遺伝子解析研究に関する倫理指針」も対象となります。しかしながら，ヒトゲノム・遺伝子解析は特殊な技術・装置等を必要とします。こういった研究を実施したい場合も専門家の意見を求め，共同研究者となってもらう等して進めるのが望ましいと思われます。

2018 年 4 月 1 日から臨床研究法が施行されました。この法律は医薬品・医療機器等の介入研究を実施する場合に関連することがあります。特に一部のサプリメントに関しては対象になる可能性がありますので，医薬品を使用しないからといっても関係ないとはいえないかもしれません。特に患者を対象とする介入研究を実施する場合や医薬品に近い薬効成分をもつ物質について試験を行う場合は，厚生労働省のホームページの一読をお勧めします。

語句説明

侵襲性

人体に何らかの形で侵入する形で検体を得ること（採血時に針を刺す等といったことを意味する）。

4　バイオマーカーを用いた心身医学研究の意義と今後の展開

この分野の研究は，心理学の多くの分野（社会心理学・実験心理学・臨床心理学等）と関連が深く，心理学と医学，心理学と工学といったように心理学以外の分野とも接点をもつ分野になりますと章の冒頭で述べました。では，どのように心理学の多くの分野と関わるのか，今後関わっていくのかについて述べたいと思います。

今後，この分野の研究は①バイオマーカーとして取り扱う物質の候補が増えるもしくは複数のバイオマーカーを組み合わせるように発展する，②産業・社会・発達・臨床心理学研究等，心理学のさまざまな領域での応用研究として発展する，③商業利用として発展する，可能性があります。①に関しては，近年のバイオテクノロジーの進歩に伴い，より多くの種類の生体物質・生体由来マーカーが測定できるようになったということ，従来からあるバイオマーカーをより簡便に精度よく測定できるようになったことの2点があげられます。②に関しては，製品等の評価にバイオマーカーを用いるというものです。たとえば，ストレスに効果のある食品Aというものがあるとして，そのAを1か月摂取すればストレスが軽減されるかどうかといった研究を行った場合等がそれに該当します。臨床心理学では，うつ病の患者さんに認知行動療法を行った際にストレス物質がどう変化するかといったような内容が該当します。③は，②に伴って特許を取得する，その製品に付加価値をつけることによって可能になります。しかしながら，③は研究によって製品にお墨付きを与えるということが，社会的にそして研究倫理上どういうことを意味するのかということをよく考える必要があります。その製品を販売している企業から研究費をもらっているならなおさらです。しかしながら，バイオマーカーを用いた心身医学研究は，今現在ある心理学研究に新たな可能性と意義をもたらすことは間違いありません。

考えてみよう

1．心理学においてバイオマーカーを用いて検討する利点は何でしょうか？
2．バイオマーカーを選択する場合に重要なことはどのようなことでしょうか？

本章のキーワードのまとめ

バイオマーカー	生体に何らかの刺激（ストレス，感染など）が加わったときに生体から出る何らかのサイン。発熱時の体温等もそのサインの一つといえる。近年では，バイオマーカーの定義は拡大され，病気の変化や治療に対する指標を定量的にはかれるものを指す。
心身医学	心と体およびその取り巻く環境を総合的影響と考え，人の疾患や症状を診断する学問。心と体には関係があると考え，その関係のメカニズムや疾病につながるメカニズムを考える学問。
自律神経機能	自律神経機能とは，末梢神経の一つで，自分の意思とは無関係に消化器・内分泌系等の調節を行います。交感神経と副交感神経から構成されており，自律神経機能がうまく働かないと，眠れない，夜中に目が覚める，口が渇く，胃が重い，腸の調子がおかしい，イライラする，ドライアイなどの症状を引き起こす可能性がある。
ストレス反応	ストレスが負荷された際，ストレッサーを感じた場合に生体に起こる影響のこと。ストレスは，もとは工学用語で，対象物に物理的な負荷がかかることを表す。転じて，対象に心理的な負荷がかかることも「ストレス」負荷と呼ばれるようになり，今日心理的負荷を表すほうが一般的となった。
内分泌	ホルモンを分泌する器官のこと。内分泌腺ともいう。代表的なものに副腎ホルモンを放出する副腎，成長ホルモンを出す松果体，甲状腺ホルモンを出す甲状腺等がある。
視床下部—下垂体—副腎皮質系	コルチゾールおよびその働きに関連するホルモン。コルチゾールとは，副腎皮質から出るホルモンであり，生命維持に必須のホルモンで血糖値の調節機能等もある。コルチゾールは，脳下垂体前葉からの副腎皮質刺激ホルモン（ACTH）が副腎皮質に作用することにより促進され，ACTH は，間脳視床下部の副腎皮質刺激ホルモン放出ホルモン（CRH）によって促進される。
免疫	生体の防御反応，感染等が起こった場合等に外部からきた病原体と戦い体を守ること。現在ではガンやアレルギーをはじめとする多くの疾患との関係が明らかとなっている。
疫学研究	人の集団を対象にして健康に関する事柄（病気・症状の発生等）について調査し，その要因を明らかにする研究のこと。多くの原因不明の疾病や症状の原因を明らかにしてきた。英国におけるコレラの発症をコレラ菌の発見の前に原因を発見し，食い止めた活動が最初といわれている。
介入研究	人の疾患や問題のある症状に何らかの積極的な介入を行うことでその効果を検証する研究のこと。薬やサプリメントを投与する研究が代表的だが健康教育等の教育的介入も含まれる。

第13章 研究成果の公表

この章では，研究成果を論文としてまとめる際の基本的事項と，それらをより質の高いものにするために心がけるべきポイントを概説します。研究は，公表することによって初めて「成果」として社会的に認められたものとなります。実習レポートや卒業論文と学術論文では公表する範囲に違いがありますが，心がけることは同じです。良い研究法にコツがあるように，良い論文の書き方にもコツがあります。

1 心理学論文の書き方

参照
リサーチ・クエスチョン
→2章

プラスα
「論文」と「レポート」
実習科目などで実施した比較的コンパクトな研究成果をまとめたものは「レポート」と呼ばれることも多いが，「論文」と本質的な違いはない。

ここまでの章で詳しく述べてきたとおり，心理学研究では，人間の心理に関わる何らかの**リサーチ・クエスチョン**への解を得るために，多様な方法を駆使してデータを収集し，分析します。仮説を立てたならそれが実証されたか否か，探索的な検討なら興味深い発見など，データから得られたさまざまな事実がその解に当たりますが，解に到達したら研究は終わりというわけではありません。研究によって得られた事実とそれに対する論考をまとめて，他者に伝える必要があります。研究成果を世に問うための最終成果物が論文です。特に科学的方法に依拠したものを，**科学論文**ということもあります。

研究とは，あるリサーチ・クエスチョンについて，先行研究の肩のうえによじ登ってこれまでより少しでも視界を広げ，これまで築かれてきた学術ピラミッドに新たな知見を積み重ねる行為です。そのことに，たとえばそれが卒業論文という必修科目の単位を取得するために行われたものかどうかなどは関係ありません。つまり，研究成果をまとめた論文は，研究がどのような流れに依拠するもので，そこにどのような新たな視点を付け加えようとするものか，そのためにどのようなデータを収集し，それを分析することによって何がわかったのか，そして，分析結果は何を意味していて，研究の流れを今後どう発展させていくものなのか，こうした点を緻密かつ明解に述べるものです。

そんな大それたものが自分に書けるだろうか（きっと書けない）と不安に思う人もいるかもしれません。特に初めて論文を書こうとするときならなおさらでしょう。しかし，以下で述べるような，論文の基本的な構成要素を把握し，それに沿ったアウトラインを書き，「**パラグラフ・ライティング**」という方法でそれに肉付けする作業をすれば，質の高い論文を書くこともそう難しくはないのです。

1　論文の構成

では，論文の基本的な構成要素から説明しましょう。通常の論文は，表13-1に示すような8つのセクションから成ります。うち，本文を構成するのは，②「問題と目的」から⑤「考察」までの4つのセクションです。

①表　題

表題は「論文の顔」です。研究テーマをうまく要約した，簡潔かつ魅力的なものになるよう工夫しましょう。読者をひきつけ，一刻も早く読みたいと思わせるようなものが理想ですが，そんな表題をつけるのは簡単なことではありません。研究内容が具体的に伝わるものが望ましく，研究テーマをシンプルに示す（例，「服従への抵抗に関する実験的研究」），独立変数と従属変数を明示する（例，「表情の快・不快情報が選好判断に及ぼす影響」）といったようなタイトルがその助けになることが多いです。

参照
独立変数，従属変数
→4章

②問題と目的

論文の冒頭では，大きく一般的な視点から，なぜこの研究をするのか，つまり問題と目的を記述します。この書籍の各章冒頭の段落のような内容だといえばわかりやすいでしょうか。ただし，いきなり俯瞰的な視点を呈示すると着地点を知らない読者を混乱させることがあります。まずは表題をもう少し具体的かつ詳細にした「私はこういう研究をします」というリサーチ・クエスチョンを提示して，論文の着地点を明確にしてから俯瞰的な視点に移行するのがよいでしょう。

このセクションで求められるのは，当該テーマに関する先行研究を丁寧に検討し，この論文で報告する研究の必要性を議論することです。そのため「序論」と呼ばれることもよくあります。この過程はよく「レビュー」と称されます。先行研究で得られた知見に触れながら研究に至る背景について述べることで，これまでにどのような点についてはすでに同意が得られて

表13-1　論文の基本的な構成要素

①表　題	「論文の顔」として研究テーマを簡潔かつ明解に要約する。
②問題と目的	大きく一般的な視点から，リサーチ・クエスチョンの設定に至るまでの経緯について記述する。序論ともいう。
③方　法	研究で用いた材料や手続き，対象者に関する情報などについて，詳細かつ具体的に記述する。
④結　果	収集したデータを分析した内容について記述する。
⑤考　察	得られた結果をリサーチ・クエスチョンと対応づけて，どのような意味をもつのかを論じ，結論を述べる。論議あるいは議論ともいう。
⑥引用文献	論文中で言及した，研究を実施するにあたって下敷きにした先行研究や関連する研究のリスト。
⑦要　約	「問題と目的（序論）」「方法」「結果」「考察」を包括的かつ簡潔にまとめる。抄録ともいう。
⑧付　録	研究内容の信頼性や妥当性を確認する手がかりとなる資料や補足的分析などを掲載する。

いて，どのような点ではそれがまだ得られていないのかを整理するのです。そして，まだ残されている課題を明らかにし，この研究でその解決のためにどのようなアプローチを採るのかを述べます。設定したのであれば，検証すべき仮説を提示することも必要です。

③方　法

ここからの３セクションが，この論文で報告する研究の具体的内容です。方法セクションでは，対象者に関する情報，実験機器・装置や呈示刺激・調査の質問項目など，研究で用いた材料に関する情報，倫理審査を受けたなら審査機関名や承認番号など，そして具体的な研究の実施手続きなどについて記述します。読者にとって，研究結果の信頼性と妥当性を評価するための，また再現性を確認する（つまり，追試をする）ための手がかりとして充分な情報を含むよう心がけましょう。なるべく詳細かつ具体的に記述することが重要で，もちろん正確さが必須であることはいうまでもありません。

ただし，詳細かつ具体的にと思うあまり，情報をひたすら羅列すると読みにくくなるのでので，小見出しを活用したり，実験手続きをフローチャート（流れ図；図13-1）で示すなど，整理された形での記述を心がけましょう。書いた本人は網羅的で未整理な記述でもその意味を汲み取ることができるかもしれませんが，それは内容を誰よりも詳しく知っているからなのです。あなたの研究計画について何ら事前知識をもたずに論文を読む読者のことを配慮した記述を心がけましょう。

④結　果

結果セクションでは収集したデータを分析した内容を記述します。ここでは，何らかの統計分析を行った場合を例にとって説明します。

統計分析の結果を書くときは，データの全体像を明らかにする記述統計*についてまず述べてから，推測統計*（統計的仮説検定）の結果について述べましょう。初心者は，後者の手続きや結果の解釈のほうが自らにとって難解なものだからだろうと思いますが，推測統計に関する情報（たとえば有意性の検定結果）を記述することに力を入れるあまり，そもそもその検定の対象となった具体的な測定値（たとえば平均値）を書き忘れるようなミスを犯しがちです。両方が揃って初めて意味をもつのですから，記述統計をおろそかにしないようにしましょう。

語句説明

記述統計
得られたデータの統計量（平均，分散など）を算出することで，データそのものの傾向や性質を知るための統計手法。

推測統計
得られたデータの記述統計に基づいて，その背後にある対象（母集団）の全体像を見通すための統計手法。

図13-1　実験手続きのフローチャートの例

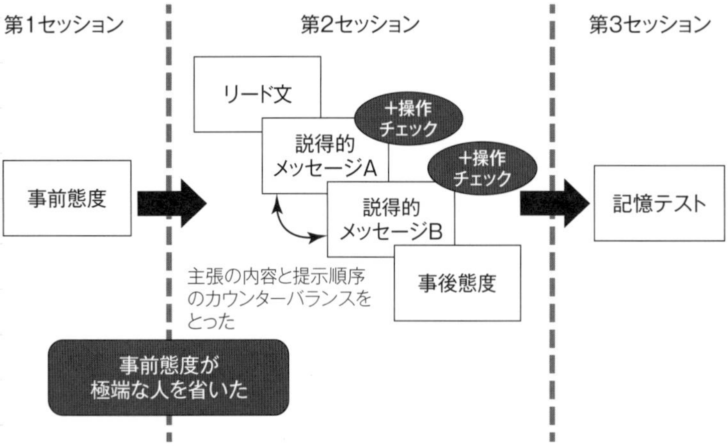

統計分析の記述方法については詳細なルールがあるので，日本心理学会の『執筆・投稿の手びき』（日本心理学会，2015）やアメリカ心理学会（APA；American Psychological Association）の“Publication Manual”（APA，2019）を参考にしましょう。

また，文章だけでは表現しにくい情報は，図表を効果的に活用しましょう。たとえば図13-2と図13-3は同じ「ウサギ」を文章と写真で説明する内容なのですが，文章より写真がはるかにわかりやすいでしょう。ウサギに関する動物学的な論考ならば「写真を見よ」では不十分かもしれませんが，一見してウサギだとわかれば十分な文脈であれば，くどくどと文章で説明することの必要性は乏しいのです。

仮説検証を目的とした研究であっても，データを得てから新たに検討すべき点を発見し，それらを探索的に分析する場合もあるかもしれません。その際は，まず仮説検証に関する分析，次に探索的分析の結果を記述しましょう。両者を読者がはっきり区別できるようにすることも重要です。

プラスα
アメリカ心理学会のマニュアル
2019 年に第 7 版が刊行された。第 6 版は日本語訳も出版されている（アメリカ心理学会，2011）。

図 13-2　文章による説明

全身が柔らかい体毛で覆われている小型獣である。耳介は大型で，眼は頭部の上部側面にあり広い視野を確保することができ，夜間や薄明薄暮時の活動に適している。前肢よりも後肢が長く，跳躍走に適している。

図 13-3　写真による説明

⑤考　察

考察は，分析結果をリサーチ・クエスチョンと対応づけて，どのような意味をもつのかを述べ，仮説を設定したのであればそれが支持されたかどうかを明確にするセクションで，論議あるいは議論とも呼ばれます。コンパクトな研究であれば，結果と考察を同じセクションにまとめることもあります。結果と考察が離れていると，ある結果に基づいて主張できること，という論理的な流れが断ち切られてしまうことになりかねませんが，両者が小さなまとまりごとに連動していると，研究全体として何がいえるのかという大きな流れが見えにくくなってしまうかもしれません。時に応じてより自然だと思うほうを選択すればよいでしょう。

考察の記述で重要なのは，分析結果とリサーチ・クエスチョンの整合性をとることです。特にあまり論文を書いた経験のない人は，方法や結果を詳しく記述することに腐心するあまりでしょうか，研究の問題や目的を忘れてしまったかのような「考察」をすることがままあります。たとえば，この研究で得られた結果と他の研究で得られた結果との類似点と相違点を検討したり，仮説には含まれない予想外の結果について言及するのは，リサーチ・クエスチョンと対応づけた検討をした後です。

リサーチ・クエスチョンについて，得られた結果からは主張できない部分，つまり「限界」に言及しておくことも必要です。たとえば，女性のデータのみに基づく研究であれば得られた結果に性差があるかどうかはわかりませんし，質問紙調査を 1 回実施したデータに基づく結果から因果関係を特定することはできません。限界に言及するのは弱みを見せるようなものだ，と心理的には抵抗があるかもしれませんが，研究の今後の展開可能性を示すことにつながるのです。ただし，主張できる領域に比べて限界が大きすぎるのはよくありません。特に心理学の場合，独立変数と従属変数の間に介在するかもしれない剰余変数はほとんど無限に想定できますから，ともすれば考察に延々と限界に関する記述が並ぶことになってしまいかねません。主張できる領域も，主張できない限界も，たった一つの研究であれもこれもと言及するのではなく，論点を絞り込むことが重要です。

参照
剰余変数
→4章

考察の最後に結論を述べます。この研究で得られた結果が先行研究を踏まえた研究の流れにどのような知見を新たに付加するものなのか，俯瞰的な見地からコメントしてください。複数の研究を実施した場合など，考察にも多角的な観点が含まれるようであれば，それらを羅列しただけではリサーチ・クエスチョンの解がなんなのかわかりにくくなってしまいます。こうした場合は，考察とは独立させて結論の節を設けるほうがよいでしょう。

結果の記述が図表も含めて定型的で，ルールさえ把握すればそれほど難しくないのに比べて，考察は定型がありません。しかし一方では論文の質的評価を決定づける重要な部分なので，どう記述すべきか思い悩むことも多いでしょう。考察の執筆過程を少しでも愉快なものとするための秘訣は，リサーチ・クエスチョンの設定に至る過程に丁寧に取り組むことと，分析過程でデータとじっくり「対話」することです。それぞれの過程で誰か（指導教員や研究仲間）と議論することも良いアイディアを思いつくきっかけとなるかもしれません。つまり，考察に辿り着くまでの過程で手を抜かないことが，良い論文を完成させるためのキーポイントなのです。

⑥引用文献

研究実施に際して下敷きにした先行研究や関連する研究は，本文中で必ず出所を明記し，論文の末尾に引用文献リストにして示します。心理学をはじめとする科学的研究は，ほとんどの場合，何らかの先行研究を下敷きとして行われ，また，多くの関連研究が存在します。どこまでがすでに知られていることで，どこからが当該論文の著者のオリジナルかを明確にするためは，オリジナルでない部分には先行研究が引用されなければならないのです。記述スタイルの細かいルールは，前出の『執筆・投稿の手びき』や“Publication Manual”を参考にしましょう。

⑦要　約

論文が長文にわたる場合は，各セクションの内容を縮約した要約（抄録ともいう）をつけるのが一般的です。先ほど表題を論文の顔だと書きましたが，要約も魅力的な顔を形づくる重要な要素です。

量の目安は 400 字程度です。この制限のなかで，研究の概要を知るために重要な事項――リサーチ・クエスチョン，対象者（人数，性別，年齢など），方法（装置や手続き，使用した検査など），主要な結果，結論――を記述します。正確で，簡潔かつ具体的な内容を心がけましょう。なお，学術誌の要約は，本文が日本語であっても英語で書かれる場合がほとんどで，アメリカ心理学会では 120 語以内，日本心理学会では 100～175 語とされています。要約は論文冒頭（稀に末尾）に掲載されており，Web 上で刊行された学術誌の電子版ではほとんどの場合無料で閲覧できます。先人たちの事例を大いに参考にしましょう。

⑧付　録

論文で報告した研究について，本文に記載しなかった情報を公開するのが付録セクションです。実験材料や調査票，観察記録や面接の質問リスト，あるいは得られたデータがそれにあたります。付録セクションに含まれる情報は，決して「付け足し」ではありません。科学論文の内容が妥当性と信頼性をもつものであるかどうかを確認するための手がかりとなる重要な資料です。研究者は，そうすることが対象者の個人情報保護に差し障らない範囲において，これらすべてを公開できるようにしておくべきです。いつでも自らの研究内容について第三者による再現性の検証ができるよう環境を整備しておくことも，研究者の責務だといえるでしょう。

参照
妥当性，信頼性
→1 章

参照
再現性
→2 章

2　論文の文章作法

前項で，論文の大まかな構成と，各セクションで述べるべき内容の概略はつかめたことでしょう。本項では，論文に求められる文章作法について解説します。多くの人が書いた経験をもつだろう「日記」や「感想文」と論文とは，根本的に書き方が異なります。論文に求められるのは，独創性や創造性ではなく，感情や憶測を交えずに事実を正確に書くことです。これを**テクニカル・ライティング**といいます。まずは以下の 3 点を心がけましょう。

①学術用語やキーワードの定義を明確にする

専門的な学術用語やキーワードは，論文で最初に言及した箇所でその定義を明確に記述します。専門用語であっても，複数の意味で用いられるものはいくつでもあります。たとえば「相互作用（インタラクション）」という言葉は，社会心理学の文脈では人と人が影響を与え合うことや単に会話をすることを指すことが多いですが，知覚心理学の文脈では複数の感覚器官（たとえば，視覚と聴覚）が相互に関係をもちながら環境からの情報を処理することを指します。それが論文中で重要な用語であればあるほど，間違いなく情報を伝えるために定義を明示しておく必要があります。

②文学的表現を避ける

論文に期待されるのは冷静かつ客観的な文章であり，美しい感動的な文章ではありません。「凝った表現」を工夫する必要はありませんし，大げさな表現も控えましょう。小説家の夏目漱石は“I love you.”という英語を「月がきれいですね」という日本語に翻訳したといいます（ただし事実だという確証はありません）。「月がきれいですね」が遠回しの愛の告白だというのは文学的には優れた表現かもしれませんが，論文にはふさわしくないのです。論文では，「私はあなたを愛しています」と，伝えるべきことをシンプルに伝えることが重要です。

③論理的な文章を書く

論理的な文章の根幹は，主語と述語の関係が明確に示されていることです。日本語は，話し言葉では主語が省略されても相互に了解さえあれば伝わる言語ですが，論文では主述関係を明確にしましょう。論文は難解なものであるべきだから，長文を書かなくては，と思っているかのような学生が時折いるのですが，それは根本的に間違いです。長文になると，一文のなかに複数の主述関係が入れ子になってしまい，わかることもわかりにくくさせてしまうことがよくあります。主述関係がわかりやすい短い文を連鎖させることで論理を畳みかけるほうが，論理的な文章になります。

論文の各セクションは，論旨のまとまりごとに適切に段落を区切ることによって，流れをより明確にすることができます。そして，段落の構成の仕方には大いに工夫の余地があります。それがパラグラフ・ライティングです。パラグラフとは英語で段落を意味する言葉です。段落を，それ自体が全体として１つの意味的なまとまりをもつ文の集まりであることを強く意識して段落を構成すると，とても明解な論文になります。パラグラフ・ライティングの基本原則は次の４つです。

(1)　段落を論文の基本ブロックとする

１つの段落では１つの話題（主題あるいは論点）だけを論じます。そして，いくつかの段落パラグラフを積み上げての論文を構成します。つまり，段落は単なる文のかたまりではなく，論文の基本ブロックであることを意識しましょう。

(2)　段落には話題文が含まれる

段落の内容の核心部分を１文で表わした文を**話題文**（トピック・センテンス）といいます。英語の場合は，話題文は必ず段落の先頭に置くべしとされているのですが，日本語の場合はそれでは不自然になることもあるので，必ず先頭に置くべしとはいいませんが，なるべく段落の前半に置きましょう。

⑶　段落は「見出し」がつけられるようなまとまりである

段落のもつ意味を強く意識しながら書くためには，話題文をさらに凝縮した「見出し」を想定すると書きやすいでしょう。

⑷　話題文と無関係な文はその段落には含めない

段落に含まれる話題文以外の文は，話題文を詳しく解説・補強したり，他の段落との関連を説明したりといった役割を果たします。つまり，それらの文は必ず話題文となんらかの関係をもっている必要があります。これを意識すれば 1 段落 1 話題の原則を守ることができます。

*

これらの原則を忠実に守って各段落を構成することによる最大の利点は，話題文だけを取り出してつなげて読んでいけば，論文の流れが理解できることです。この章もパラグラフ・ライティングで書いているので，それを意識して読んで下されば，どういうテクニックなのかが理解しやすいはずです。

パラグラフ・ライティングを実践するときは，まず話題文だけを書いていって全体の構成を見通せる骨組みをつくってから，各話題を段落へと肉付けしていく作業をするとよいでしょう。パラグラフ・ライティングを意識して書かれた文章とそうでない文章とでは，文章構成と質が歴然と異なります。論文のように論理性が要求される文章を書く際は，ただ上記の原則を意識するだけでぐんと書きやすくなるうえに，読者の理解度も高まるはずです。

2　より良い心理学研究のために

本章では，論文という研究の最終成果物の質を高めるためのポイントについて詳しくみてきました。とはいえ，単に構成を整え，ライティングテクニックを駆使しさえすれば，良い論文が書けるわけではありません。当然，良い研究という話題があってこそ，その質はよりいっそう高まることになります。最後に，少しだけ大きな視野で良い研究とは何かを考えて，本章を，そしてこのテキストを終えることにしましょう。

1　「研究」するということ

これまで繰り返し述べてきたように，研究とは，あらゆる現象の真理や原理を明らかにするために行われる知的な行為です。そして，何らかの事実や事象を，根拠をもって明らかにしていく作業でもあります。研究に着手する際には，「自分はこの研究で何を明らかにしようとしているのか」を明確にして臨む必要がありますし，研究を終える際には，「自分はこの研究で何を明らかにしたか」が明確になっていなければなりません。そして，その過程では「どのような根拠をもって明らかになったと主張できるのか」を明確に示さなければなりません。この３つの「明確さ」は，どれが欠けても研究は立ちゆかなくなります。

この３つの「明確さ」を実現するために必要なのは，先行するさまざまな知見を幅広く学ぶことで身につけた知識を拡充あるいは洗練させる積極的なアクションです。ただ「学ぶ」だけではなく，新しい知識の生産につながる行為なのです。

2 良い研究とは何か

では，研究という行為を経て得られた成果は，どのような基準でその「良さ」を評価されるのでしょうか。

①学術的価値

心理学に限らず，研究というのは高い専門性を有しています。つまり学術的な見地からの価値の高さが，研究の良さを決める最も主要な要素です。

学術的な価値の高さは，まず新しさにあります。そして，新しさを支えるのは，確実性と意外性という，一見矛盾するかのような２つの側面です。データに基づく事実や法則の発見，事象の解釈など，研究によって得られた知見は，過去にはなかった，つまりオリジナリティが高いもののほうが，**学術的価値**は高いです。意外性を高めるためには，先行研究の収集とそれらのメタ分析を丁寧にすることが大切です。やみくもに新しさだけを求めるのではなく，すでに蓄積されている「古い」知見を網羅的に収集し，それらを整理することによって，ニッチ（隙間）を見つけることが可能になります。

一方，皆さんも，これまでに経験のない，新しい情報に接したら，本当かどうか，信頼の置けるものかどうかをまず考えるでしょう。しっかりとした論理や実証に則った方法で明らかにされたものかどうか，何度試しても同じ結果が得られるかどうかなども気になります。新しさは，こうした確実性を伴っていることも重要です。確実性を高めるためには，ある研究者が１つの研究のなかでいくつもの調査や実験を繰り返すことや，他の研究者による追試を歓迎し，それを容易に行える環境づくりが有用です。

もちろん，確実とはいえないがユニークな理論を提案する（確実性は低いが意外性は高い）研究にも，誰もがうすうすわかっているようなことを実証的に追認する（確実性は高いが意外性は低い）研究にも，それぞれ一定の学術的価値があります。しかし，研究の方向性としては，確実性と意外性の両方を高めることが期待されています。

プラスα
メタ分析
「分析の分析」という意味の用語で，特定のテーマに関する複数の研究の結果を統合して，より高い見地から統合したり比較したりする分析。

②社会的価値

新しさとは異なる評価軸に，実用性があります。つまり，役に立つかどうかです。研究によって得られた知見や理論を応用することで，私たちの生活になんらかの利益がもたらされるのであれば，その研究の意義は増すことになります。つまり，実用性の高さは，研究の**社会的価値**を決めるものであるといえます。

心理学には，フィールド調査や観察のように実社会のなかでデータを収集する研究もあれば，実験室内ですべてが完結するような研究もあります。後者は前者と比べると，実用性とは縁遠いと思ってしまうかもしれません。しかし，決してそんなことはないのです。たとえば，人間や動物が経験をとおして行動を変容させていく過程に存在する基本的な原理を探究する学習心理学の知見は，さまざまな問題行動を改善するための行動療法の基礎理論として活用されるなど，応用が進んでいます。

すぐに実用に直結しなくとも，研究の社会的価値を念頭に置くことは重要です。そのために，研究の生態学的妥当性を常に意識するよう心がけましょう。研究が，人間が通常生活する環境に照らし合わせたときに意味のあるものになっているかどうかに思いを致すということです。実験室内で完結するものであろうが，フィールドをくまなく探索するものであろうが，あらゆる心理学研究は，人々が生活している現実のなかで生じている心理現象に根ざすものです。その本質を損なわないかたちで昇華させる研究こそ，望まれているといえるでしょう。

参照
生態学的妥当性
→5章

③２つの価値の両立

学術的価値と社会的価値の両立は，目指すべきところではあるものの，言うは易し行うは難しという面もあります。心理学のように社会生活との距離が非常に近い領域であっても，個々の研究レベルで近視眼的に判断されると実用性との結びつきが見えにくかったり，ごく小さかったりする場合も多いものです。あるいは，実用性の高さを追究することは，時として意外性発見の足かせとなる場合もあるかもしれません。ただ，それでもやはり，あらゆる人間と密接不可分の関係にある「心のはたらき」に関する新たな事実や法則，あるいは解釈を提供する以上は，それがいついかなるかたちであっても実用に付される可能性を想定してしかるべきでしょう。

実用に付される可能性を考慮するということは，**心理学における研究倫理**の問題とも関わります。つまり，心理学の知見が社会に悪影響を及ぼす可能性について注意を払い，できる限りそれを避ける必要がある，ということです。たとえば，研究成果が社会的な差別を助長するものであってはなりませんし，他の科学と同様に，軍事との結びつきも懸念されるところです。研究倫理は，とかく実施プロセスに関わるものに目が行きがちですが，研究と社会の結びつきを考慮するより俯瞰的な視点から考えることを心がけましょう。

3　心理学研究への船出

「素朴心理学」という言葉があります。心理学についての知識のない「普通の人」がもつ，心や心理学についての知識や信念のことです。心理学を研究しようとしたり，あるいは学ぼうとしたりというわけでなくとも，多くの人は，自らや他者の心のはたらきに関心を抱いており，それをよりよく理解したいと願っています。おそらく読者の皆さんの心理学を学びたい，あるいは研究したいという関心も，多かれ少なかれそういう素朴な思いから発露したものではなかったでしょうか。

とはいえそうした素朴な思いを「研究」といえるものにまで育てあげるのは，その過程を着実に踏むだけでもそうたやすいことではありません。このテキストの読者の皆さんに一番学び取っていただきたいのは，そのことです。研究は，とても面白くて，とても難しいのです。

卒業論文や修士論文などといった「駆け出し」の研究は，心理学を学び，それを研究するためのスキルやテクニックを身につけた証にはなるものの，個人的なリサーチ・クエスチョンの解を見つけ出すことで精一杯かもしれません。しかし，人が一人で生きる存在ではないのと同じように，研究もまた一人のためではなく，心理学という学問そのものの発展のために，また社会のためになされるべきものであることを常に心にとどめて臨んでいただければと思います。そんな心がけをもってなされた研究の成果が少しずつ新たに積み重なっていくことによって，心理学の土壌はより豊かになり，また厚みを増していくのです。

あなたの研究が，小さくとも優れた成果として結実しますように。

考えてみよう

「良い論文」を書くために，研究者が心がけるべきことはなんでしょうか。

本章のキーワードのまとめ

心理学における研究倫理	研究の実施プロセスだけではなく，その成果についても倫理的問題に配慮すべきである。なお，倫理審査を受けた研究の場合は，論文で必ずその情報（審査機関，承認番号など）を報告する必要がある。
科学論文	科学的方法に依拠して行われた研究成果をまとめた論文。目的・方法・結果・考察が的確に記述され，特にデータ収集や分析の手続きは読者が再現できる程度に詳細な情報を提供することが求められる。
テクニカル・ライティング	心理学研究のような科学的な情報を，正確かつ効果的に伝達するための文書作成技法。最も重要なのは，感情や憶測を交えずに，事実を正確に記述した文章を書くことである。
パラグラフ・ライティング	論理的に物事を伝達するための文章作成技法の一つで，段落（パラグラフ）を論理的に構成するために，段落冒頭の話題文と段落間のつながりを強く意識して書くのが原則である。
話題文	パラグラフ・ライティングにおいて，段落の内容の核心部分を一文で表わした文。多くの場合，段落の冒頭に位置づけられ，「見出し」の機能をもつ。
学術的価値	学術（専門的な研究として行われる学問）としての研究の価値のこと。学術的価値が高いのは，意外性があり，確実性に支えられた新しさをもつ研究である。
社会的価値	一般の社会にとって有用だったりその可能性があるという価値のこと。社会的価値が高いのは，得られた知見や理論を応用することで，われわれの生活に何らかの利益がもたらされる可能性がある研究である。

引用文献・参考文献

●第 1 章

引用文献

国立社会保障・人口問題研究所(編)(2018). 日本の将来推計人口　厚生労働統計協会

村井潤一郎(2012). Progress & Application 心理学研究法　サイエンス社

小塩真司・阿部晋吾・カトローニ ピノ(2012). 日本語版 Ten Item Personality Inventory (TIPI-J)作成の試み　パーソナリティ研究, **21**, 40-51.

参考文献

南風原朝和・市川伸一・下山晴彦(2001). 心理学研究法入門――調査・実験から実践まで　東京大学出版会

三浦麻子(著・監修)(2017). なるほど！心理学研究法　心理学ベーシック第 1 巻　北大路書房

高野陽太郎・岡 隆(編)(2017). 心理学研究法――心を見つめる科学のまなざし［補訂版］有斐閣

●第 2 章

引用文献

福原俊一(2015). リサーチ・クエスチョンの作り方[第 3 版]　健康医療評価研究機構(iHope)

平井啓(2016). 心理学研究におけるリサーチデザインの理想　心理学評論, **59**, 118-122.

Hulley, S., Cummings, S., Browner, W., Grady, D., & Newman, T. (2013). *Designing clinical research* (3rd ed.). Philadelphia, PA: Lippincott Williams & Wilkins. (ハリー, S. ほか　木原雅子・木原正博(訳)(2014). 医学的研究のデザイン[第 4 版]　メディカル・サイエンス・インターナショナル)

国立研究開発法人科学技術振興機構 (2016). 福澤 一吉(監修)　クリティカル・シンキングで始める論文読解 2-4. 根拠と主張の関係を保証する論拠　https://jrecin.jst.go.jp/seek/html/e-learning/900/lesson/lesson2-4.html (最終アクセス日：2019 年 7 月 8 日)

Morita, T., Miyashita, M., Yamagishi, A., Akiyama, M., Akizuki, N., Hirai, K., ... Eguchi, K. (2013). Effects of a programme of interventions on regional comprehensive palliative care for patients with cancer: a mixed-methods study. *Lancet Oncology*, **14**, 638-646.

Vitae (2011). Researcher Development Framework (RDF) 2011　https://www.vitae.ac.uk/vitae-publications/rdf-related/researcher-development-framework-rdf-vitae.pdf (最終アクセス日：2019 年 8 月 19 日)

参考文献

福原俊一 (2015). リサーチ・クエスチョンの作り方[第 3 版]　健康医療評価研究機構(iHope)

Hulley, S., Cummings, S., Browner, W., Grady, D., & Newman, T. (2014). *Designing clinical research* (3rd ed.). Philadelphia, PA: Lippincott Williams & Wilkins. (ハリー, S. ほか　木原雅子・木原正博(訳)(2014). 医学的研究のデザイン[第 4 版]　メディカル・サイエンス・インターナショナル)

三浦麻子(著・監修) (2017). なるほど！心理学研究法　心理学ベーシック第 1 巻　北大路書房

●第 3 章

引用文献

Asch, S. E. (1951). Effects of group pressure upon the modification and distortion of judgments. In H. Guetzknow (Ed), *Groups, Leadership, and Men* (pp.222-236).

公益社団法人日本心理学会 (2011). 公益社団法人日本心理学会倫理規程[第 3 版]　https://psych.or.jp/wp-content/uploads/2017/09/rinri_kitei.pdf (最終アクセス日：2019 年 7 月 9 日)

文部科学省 (2014). 研究活動における不正行為への対応等に関するガイドライン　http://www.mext.go.jp/b_menu/houdou/26/08/__icsFiles/afieldfile/2014/08/26/1351568_02_1.pdf (最終アクセス日：2019 年 2 月 19 日)

文部科学省・厚生労働省 (2014). 人を対象とする医学系研究に関する倫理指針　https://www.mhlw.go.jp/file/06-Seisakujouhou-12600000-Seisakutoukatsukan/0000168764.pdf (最終アクセス日：2019 年 2 月 19 日)

文部科学省・厚生労働省 (2015). 人を対象とする医学系研究に関する倫理指針　ガイダンス　https://www.mhlw.go.jp/file/06-Seisakujouhou-10600000-Daijinkanboukouseikagakuka/0000166072.pdf (最終アクセス日：2019 年 9 月 4 日)

日本学術会議 (2013). 声明　科学者の行動規範一改訂版一　http://www.scj.go.jp/ja/info/kohyo/pdf/kohyo-22-s168-1.pdf (最終アクセス日：2019 年 2 月 19 日)

参考文献

安藤寿康・安藤典明(編) (2005). 事例に学ぶ心理学者のための研究倫理　ナカニシヤ出版

公益社団法人日本心理学会 (2011). 公益社団法人日本心理学会倫理規程[第 3 版]　https://psych.or.jp/wp-content/uploads/2017/09/rinri_kitei.pdf (最終アクセス日：2019 年 7 月 9 日)

尾藤誠司 (2012). いざ、倫理審査委員会へ――研究計画の倫理的問題を吟味する　福原俊一(監修)　シリーズ・臨床家のための臨床研究デザイン塾テキスト 9　健康医療評価研究機構

●第 4 章，第 5 章

引用文献

Alter, A. L., & Oppenheimer, D. M. (2006). Predicting short-term stock fluctuations by using processing fluency. *Proceedings of the National Academy of Sciences,* **103**, 9369-9372.

Moon, J. R., Kondo, N., Glymour, M. M., & Subramanian, S. V. (2011). Widowhood and mortality: A meta-analysis. *PLoS ONE,* **6**(8), e23465.

入戸野宏 (2017). モノづくりにおける実験心理学の貢献可能性　心理学評論, **60**, 312-321.

Open Science Collaboration. (2015). Estimating the reproducibility of psychological science. *Science,* **349**, aac4716.

参考文献

大山正・中島義明(編) (2012). 実験心理学への招待――実験によりこころを科学する［改訂版］サイエンス社

レイ, W. J. 岡田圭二(編訳) (2013). 改訂エンサイクロペディア心理学研究方法論　北大路書房

高野陽太郎・岡 隆(編) (2017). 心理学研究法――心を見つめる科学のまなざし［補訂版］　有斐閣

●第 6 章

引用文献

金政祐司 (2006). 恋愛関係の排他性に及ぼす青年期の愛着スタイルの影響について　社会心理学研究, **22**, 139-154.

Leary, M. R. (1986). Affective and behavioral components of shyness: Implications for theory, measurement, and research. In W. H. Jones, J. M. Cheek, & S. R. Briggs (Eds.). *Shyness: Perspectives on research and treatment* (pp. 27-38). New York: Plenum Press.

三浦麻子・小林哲郎 (2015). オンライン調査モニタの Satisfice に関する実験的研究　社会心理学研究, **31**, 1-12.

参考文献

加藤司 (2007). 心理学の研究法――実験法・測定法・統計法　北樹出版

宮本聡介・宇井美代子(編著) (2014). 質問紙調査と心理測定尺度――計画から実施・解析まで　サイエンス社

村井潤一郎(編著) (2012). Progress & Application 心理学研究法　サイエンス社

●第 7 章

引用文献

Miura, A., & Kobayashi, T. (2016). Survey satisficing inflates stereotypical responses in online experiment: The case of immigration study. *Frontiers in Psychology*, **7**:1563.

三浦麻子・楠見孝・小倉加奈代 (2016). 福島第一原発事故による放射能災害地域の食品に対する態度を規定する要因――4 波パネル調査による検討　社会心理学研究, **32**, 10-21.

Thomson, R., Yuki, M., Talhelm, T., Schug, J., Kito, M., Ayanian, A., ... Visserman, M. L. (2018). Relational mobility predicts social behaviors in 39 countries and is tied to historical farming and threat. *Proceedings of the National Academy of Sciences*, **115**, 7521-7526.

吉武尚美 (2010). 中学生の生活満足度に関連するポジティブ・イベント　教育心理学研究, **58**, 140-150.

参考文献

大竹恵子(編著)　三浦麻子(監修) (2017). なるほど！心理学調査法　心理学ベーシック第 3 巻　北大路書房

清水裕士 (2014). 個人と集団のマルチレベル分析　ナカニシヤ出版

宇佐美慧・荘島宏二郎 (2015). 発達心理学のための統計学――縦断データの分析　誠信書房

●第 8 章

引用文献

Altmann, J. (1974). Observational study of behavior: sampling methods. *Behaviour*, **49**, 227-266.

Darwin,C. (1877) A biological sketch of an infant. *Mind*, **2**, 285-294.

繁多進 (1987). 愛着の発達――母と子の心の結びつき　大日本図書

前田嘉明 (1955). MAX PLANCK 比較行動生理学研究所に LORENZ 教授を訪ねて　動物心理学年報, **5**, 85-95.

村田孝次 (1992). 発達心理学史　培風館

Olson, W. C., & Cunningham, E. M. (1934). Time-sampling techniques. *Child Development,* **5**, 41-58.

佐藤郁哉 (2006). フィールドワーク[増訂版]――書を持って街へ出よう　新曜社

参考文献

麻生武 (2009). 「見る」と「書く」との出会い――フィールド観察学入門　新曜社

Martin, P., & Bateson, P. (1986). *Measuring Behavior: an introductory guide* (pp. 54-55). Cambridge University Press. (マーティン, P., & ベイトソン, P.　粕谷英一・近雅博・細馬宏通(訳) (1990). 行動研究入門　動物行動の観察から解析まで　東海大学出版会)

佐藤寛(編著) 三浦麻子(監修)(2018). なるほど！心理学観察法 心理学ベーシック第4巻 北大路書房

●第９章

引用文献

Flick, U. (2005). *Qualitative Sozialforschung.* Eine Einführung. Rowohlt Taschenbuch (フリック, U. 小田博志(監訳) 小田博志・山本則子・春日常・宮地尚子(訳)(2011). 質的研究入門――〈人間の科学〉のための方法論 春秋社)

Martin, P., & Bateson, P. (1986). *Measuring Behavior: an introductory guide* (pp. 54-55). Cambridge University Press. (マーティン, P., & ベイトソン, P. 粕谷英一・近雅博・細馬宏通(訳)(1990). 行動研究入門 動物行動の観察から解析まで 東海大学出版会)

参考文献

本郷一夫(2018). 実践研究の理論と方法 金子書房

井上英治・南正人・中川尚史(2013). 野生動物の行動観察法――実践 日本の哺乳類学 東京大学出版会

松浦均・西口利文(2008). 観察法・調査的面接法の進め方 ナカニシヤ出版

●第10章

引用文献

Corbin, J.M., & Strauss, A.L. (2007). *Basics of qualitative research: Techniques and procedures for developing Grounded Theory* (3rd ed.) Sage Publications, Inc. (コービン, J. M., & ストラウス, A.L. 操華子・森岡崇(訳)(2012). 質的研究の基礎――グラウンデッド・セオリー開発の技法と手順[第3版] 医学書院)

Flick, U. (2007). *Designing qualitative research.* London: Sage. (フリック, U. 鈴木聡志(訳)(2016). 質的研究のデザイン 新曜社)

池見陽・吉良安之・村山正治・田村隆一・弓場七重(1986). 体験過程とその評定――EXP スケール評定マニュアル作成の試み 人間性心理学研究, **4**, 50-64.

木下康仁(1999). グラウンデッド・セオリー・アプローチ――質的実証研究の再生 弘文堂

野村晴夫(2017). 自己語りと想起が促す生活史の再編――中高年期の調査の演繹的・帰納的分析 心理臨床学研究, **35**(1), 4-14.

佐藤郁哉(2008). 質的データ分析法――原理・方法・実践 新曜社

鈴木聡志(2007). 会話分析・ディスコース分析――ことばの織りなす世界を読み解く 新曜社

Willig, C. (2001). *Introducing qualitative research in psychology: adventures in theory and method.* Open University Press. (ウィリッグ, C. 上淵寿・小松孝至・大家まゆみ(訳)(2003). 心理学のための質的研究法入門――創造的な探求に向けて 培風館)

山本力・鶴田和美(2001). 心理臨床家のための「事例研究」の進め方 北大路書房

吉村浩一(1989). 心理学における事例研究の役割 心理学評論, **32**, 177-196.

参考文献

土居健郎(1992). 方法としての面接――臨床家のために 医学書院

佐藤郁哉(2008). 質的データ分析法――原理・方法・実践 新曜社

桜井厚(2002). インタビューの社会学――ライフストーリーの聞き方 せりか書房

●第11章

引用文献

Akechi, T., Hirai, K., Motooka, H., Shiozaki, M., Chen, J., Momino, K., ... Furukawa, T. A. (2008). Problem-solving therapy for psychological distress in Japanese cancer patients: preliminary clinical experience from psychiatric consultations. *Japanese Journal of Clinical Oncology*, **38**(12), 867-870.

Akechi, T., Nakano, T., Okamura, H., Ueda, S., Akizuki, N., Nakanishi, T., ... Uchitomi, Y. (2001). Psychiatric disorders in cancer patients: descriptive analysis of 1721 psychiatric referrals at two Japanese cancer center hospitals. *Japanese Journal of Clinical Oncology*, **31**(5), 188-194.

Akizuki, N., Yamawaki, S., Akechi, T., Nakano, T., & Uchitomi, Y. (2005). Development of an Impact Thermometer for use in combination with the Distress Thermometer as a brief screening tool for adjustment disorders and/or major depression in cancer patients. *Journal of Pain and Symptom Management*, **29**(1), 91-99.

Cohen, J. (1988). *Statistical Power Analysis for the Behavioral Sciences* (2nd ed.). Hillsdale, NJ: Lawrence Erlbaum Associates, Publishers.

Dattilio, F. M., Edwards, D. J. A., & Fishman, D. B. (2010). Case studies within a mixed methods paradigm: Toward a resolution of the alienation between researcher and practitioner in psychotherapy research. *Psychotherapy: Theory, Research, Practice, Training*, **47**(4), 427-441.

D'zurilla, T. J., & Goldfried, M. R. (1971). Problem solving and behavior modification. *Journal of Abnormal Psychology*, **78**(1), 107-126.

Hirai, K., Motooka, H., Ito, N., Wada, N., Yoshizaki, A., Shiozaki, M., ... Akechi, T. (2012). Problem-solving therapy for psychological distress in Japanese early-stage breast cancer patients. *Japanese Journal of Clinical Oncology*, **42**(12), 1168-1174.

平井啓・塩崎麻里子 (2007). サイコオンコロジー(4)　乳がん患者の感情と適応　日本心理学会第 71 回大会　東京：東洋大学

岩壁茂 (2013). 臨床心理学における研究の多様性と科学性――事例研究を超えて　臨床心理学, **13**(3), 313-318.

厚生労働省 (2017). 平成 29 年(2017)人口動態統計月報年計(概数)の概況　https://www.mhlw.go.jp/toukei/saikin/hw/jinkou/geppo/nengai17/dl/h7.pdf (最終アクセス日：2019 年 1 月 27 日)

Kugaya, A., Akechi, T., Okuyama, T., Okamura, H., & Uchitomi, Y. (1998). Screening for psychological distress in Japanese cancer patients. *Japanese Journal of Clinical Oncology*, **28**, 333-338.

McLeod, J., & Elliott, R. (2011). Systematic case study research: A practice-oriented introduction to building an evidence base for counselling and psychotherapy. *Counselling and Psychotherapy Research*, **11**(1), 1-10.

Mynors-Wallis, L. (2005). *Problem-solving treatment for anxiety and depression: a practical guide*. Oxford University Press. (マイナーズーウォリス, L.　明智龍男・平井啓・本岡寛子(監訳) (2009). 不安と抑うつに対する問題解決療法　金剛出版)

Nezu, A. M., Nezu, C. M., Friedman, S. H., Faddis, S., & Houts, P. S. (1999). *Helping cancer patients cope: A problem-solving approach*. Washington, DC, US: American Psychological Association.

Nezu, A. M., Nezu, C. M., Felgoise, S. H., McClure, K. S., & Houts, P. S. (2003). Project genesis: Assessing the efficacy of problem-solving therapy for distressed adult cancer patients. *Journal of Consulting and Clinical Psychology*, **71**(6), 1036-1048.

OCEBM Levels of Evidence Working Group (2011). The Oxford Levels of Evidence 2. Oxford Centre for Evidence-Based Medicine https://www.cebm.net/index.aspx?o＝5653 (最終アクセス日：2019 年 11 月 1 日)

Petrosino, A., Turpin-Petrosino, C., & Buehler, J. (2004). "Scared Straight" and other juvenile awareness programs for preventing juvenile delinquency. Campbell Systematic Reviews 2004.

Zigmond, A. S., & Snaith, R. P. 北村俊則(訳) (1993). Hospital Anxiety and Depression Scale. (HAD 尺度) 精神科診断学, **4**(3), 371-372.

参考文献

Hulley, S., Cummings, S., Browner, W., Grady, D., & Newman, T. (2007). *Designing clinical research* (3rd ed.). Philadelphia, PA: Lippincott Williams & Wilkins.(ハリー, S. ほか　木原雅子・木原正博(訳) (2014). 医学的研究のデザイン［第 4 版］　メディカル・サイエンス・インターナショナル)

原田隆之(2015). 心理職のためのエビデンス・ベイスト・プラクティス入門――エビデンスを「まなぶ」「つくる」「つかう」金剛出版

Mitchell H. Katz (2010). *Evaluating clinical and public health interventions: a practical guide to study design and statistics*. Cambridge, UK: Cambridge University Press. (ミッチェル, H. カッツ　木原雅子・木原正博(訳) (2013). 医学的介入の研究デザインと統計――ランダム化/非ランダム化研究から傾向スコア, 操作変数法まで　メディカル・サイエンス・インターナショナル)

●第 12 章

引用文献

浅野伍朗(監修) (2010). 自律神経のしくみ　からだのしくみ事典　(pp. 48-49)　成美堂出版

Clow, A., Thorn, L., Evans, P., & Hucklebridge, F. (2004). The awakening cortisol response: methodological issues and significance. *Stress*, **7**(1), 29-37.

CREST-IHEC 国際人エピゲノムコンソーシアム日本チーム HP　http://www.crest-ihec.jp/public/epigenome_qa.html (最終アクセス日：2019 年 7 月 14 日)

エコチル調査 HP　http://www.env.go.jp/chemi/ceh/ (最終アクセス日：2019 年 2 月 22 日)

Fukuda, S., Mure, K., Maruyama, S., & Morimoto, K. (2000). Effects of the Hanshin-Awaji earthquake on posttraumatic stress, lifestyle changes, and cortisol levels of victims. *Archives of Environmental Health*, **55**(2), 121-125.

Fukuda, S., Nojima, J., Motoki, Y., Yamaguti, K., Nakatomi, Y., Okawa, N., ... Kuratsune, H. A. (2016). potential biomarker for fatigue: Oxidative stress and anti-oxidative activity. *Biological Psychology* Jul;118:88-93. doi: 10.1016/j.biopsycho.2016.05.005. Epub 2016 May 17.

福田早苗・渡邉映理 (2016). 香りと疲労　抗疲労と香り　(pp. 50-54)　フレグランスジャーナル社

藤兼智子・高丸博之・豊田実・平田公一 (2008). microRNA とは何か. *Surgery Frontier*, **15**(4), 89-92.

Izawa, S., Miki, K., Tsuchiya, M., Mitani, T., Midorikawa, T., Fuchu, T., Komatsu, T., & Togo, F. (2015). Cortisol level measurements in fingernails as a retrospective index of hormone production. *Psychoneuroendocrinology*, **54**, 24-30.

Kirschbaum, C., Pirke, K.M., & Hellhammer, D.H. (1993). The 'Trier Social Stress Test'--a tool for investigating psychobiological stress responses in a laboratory setting. *Neuropsychobiology*, **28**(1-2), 76-81.

厚生労働省 HP　臨床研究法について　https://www.mhlw.go.jp/stf/seisakunitsuite/bunya/0000163417.html（最終アクセス日：2019 年 2 月 22 日）

日本生理心理学会（企画）　堀忠雄・尾崎久記（監修）　片山順一・鈴木直人（編）（2017）．生理心理学と精神生理学　第Ⅱ巻　応用　（p. 141）　北大路書房

日本心身医学会 HP　一般の皆さま　心身医学とは　http://www.shinshin-igaku.com/everyone/index.html（最終アクセス日：2019 年 2 月 22 日）

岡田隆夫（2017）．遺伝情報　楽しくわかる生物・化学・物理　（pp. 106-107）　羊土社

Selye, H. (1946). The general adaptation syndrome and the diseases of adaptation. *The Journal of Clinical Endocrinology & Metabolism*, **6**, 117-230.

白井輝（2017）．膠原病/アレルギー検査と治療　浅野嘉延・吉山直樹（編）　看護のための臨床病態学［第 3 版］　南山堂

田島正貴（2010）．疲労の生理学的計測――行動量評価　渡辺恭良（編）　別冊：医学のあゆみ　最新・疲労の科学-日本発――抗疲労・抗過労への提言　（pp. 52-57）　医歯薬出版株式会社

Thoma, M.V., Kirschbaum, C., Wolf, J.M., & Rohleder, N. (2012). Acute stress responses in salivary alpha-amylase predict increases of plasma norepinephrine. *Biological Psychology*, **91**(3), 342-348.

参考文献

日本生理心理学会（企画）　堀忠雄・尾崎久記（監修）　片山順一・鈴木直人（編）（2017）．生理心理学と精神生理学　第Ⅱ巻　応用　北大路書房

福田早苗・渡邉映理（2016）．香りと疲労　抗疲労と香り　（pp. 50-54）　フレグランスジャーナル社

渡辺恭良（編）　別冊：医学のあゆみ　最新・疲労の科学-日本発――抗疲労・抗過労への提言　（pp. 52-57）　医歯薬出版株式会社

●第 13 章

引用文献

American Psychological Association (2019). *Publication Manual of the American Psychological Association* (7th ed.). Washington, DC: American Psychological Association.

アメリカ心理学会（前田樹海・江藤裕之・田中建彦（訳）　APA 論文作成マニュアル［第 2 版］　医学書院）

日本心理学会（2015）．執筆・投稿の手びき（2015 年改訂版）　日本心理学会　https://psych.or.jp/manual/（最終アクセス日：2019 年 11 月 7 日）

参考文献

松井豊（2010）．改訂新版　心理学論文の書き方――卒業論文や修士論文を書くために　河出書房新社

坂本真士・大平英樹（2013）．心理学論文道場――基礎から始める英語論文執筆　世界思想社

戸田山和久（2012）．新版 論文の教室――レポートから卒論まで　NHK ブックス

考えてみよう 回答のためのヒント

このページでは，「考えてみよう」の回答例や回答するためのヒントを示しています。自分で考える際の参考にしましょう。

■第１章（14ページ）

1. 実験法でアプローチする場合は，参加者を初対面あるいは旧知の人物と会話する状況におき，発話量や視線，心拍数や発汗などを比較する実験室実験が可能である。調査法の場合であれば，参加者に対人不安を測定する標準化された尺度への回答を求めることができる。前者は客観的な測定であり，後者は主観的な報告である。

2. 観察法を使用する場合，ふだんどのように過ごしているか情報を得るために，家庭に出向いて，親子の遊び場面の観察を行うことなどがあげられる。面接法を使用する場合では，一日にどのくらい子どもと遊ぶか，何をして遊ぶのか，いつ頃からうまく遊べないと感じるようになったかを尋ねるなどが可能である。

■第２章（27ページ）

PICOの枠組みで検討すると下記のようになる。P：対象者は誰か限定されていない。高齢者，青年期の人，主観的ストレスが高い人など，対象者を決める。I：マインドフルネスが具体的に何か，他の人が再現できる形で示されていない。どういう内容を１日何回，どのような場所で，どれだけの期間実施するのかを決める。C：比較対照が不明。介入をしない群を設けるのか，すでに効果があると判明している別の介入を実施する群を設けるのか，事前と事後の比較をするのかを決める。O：「幸せ」をどう定義するのか示されていない。自己記入式の「幸福感」の得点の向上なのか，「抑うつ」の得点の低下なのか，数値でどの程度の差があればよいのか，いつ測定するのかを決める。

■第３章（42ページ）

研究への参加は自由であり，参加しなくても不利益を受けないことを伝えたうえで，インフォームド・コンセントを得ること（学校関係者や保護者からの同意，中学生本人からの同意）。対象者自身が封筒に入れて封をするなど学校関係者や他者に参加の有無や回答内容が漏れない，漏れるのではないかと心配しなくてよい方法で回収すること（科学性の観点からも重要）。いじめや虐待など対象者の安全に関わるような事項が記入された場合の対処方法を考えておくこと。など

■第４章（54ページ）

仮説：「ほめられると，何も言われないよりも，やる気が起こる」
独立変数：ほめること（言語的報酬）の有無
従属変数：意欲についての自己評価，課題の遂行成績など
交絡変数：ほめることとは別のコミュニケーション行為（言葉かけや注視等）

■**第５章**（66ページ）

実験室実験：無意味つづりの記憶と保持時間の関係を明らかにする。

フィールド実験：日常の買い物リストの記銘に及ぼす方略の効果を検討する。

自然実験：非常に大きな出来事（自然災害や事故）の記憶が時間とともにどのように変化するかを調べる。

■**第６章**（80ページ）

研究目的を明確にし，使用する項目や心理尺度が測定したい概念をきちんと測定できているかを入念に検討する。また，回答者に配慮した調査票の作成を行う。

■**第７章**（94ページ）

研究目的に依存するので，「王道」はない。本章で例示したような，教示文を数種類作成して条件ごとに回答パターンの違いを検討する，つまり実験的な操作を含むような調査であれば，不注意はデータの質を著しく損なうので，積極的に対処すべきだろう。一方で，心理尺度のなかには「あまり深く考えず思ったままを」答えることをわざわざ教示するものもある。こうしたケースでは，不注意を厳格に検出し，分析対象から除外するような強い対処をすることはむしろ望ましくないかもしれない。

■**第８章**（108ページ）

テーマ：子どもの性別によって，好みとするおもちゃが違うのかを調べる。

実験観察：一般的に男児，女児それぞれが好むとされるおもちゃ（男児：ミニカーなど，女児：着せ替え人形など）を実験室に準備し，男児，女児それぞれ個別にその実験室に連れてきたときに，どちらのおもちゃで遊ぶことが多いかを観察して比較する。

自然観察：幼稚園などで，男児，女児それぞれ数名ずつの観察を行い，どのようなおもちゃで遊んでいるかを記録して，その内容を比較する。

■**第９章**（124ページ）

1. 12か月齢の赤ちゃんのいる家庭を訪問し，赤ちゃんと，家族の様子を観察する。事象見本法により，赤ちゃんの指さしが生じたら，その指さしに付随する赤ちゃんの行動（赤ちゃんの発声や，指さしの直前・直後に家族のほうへ視線を向ける行動など）の有無を記録する。このように，赤ちゃんの指さしの事例を集めることによって，たとえば「赤ちゃんの指さしには発声が伴う場合が多い」であるとか，「赤ちゃんは指さしを産出する前後に，家族のほうへ視線を向けることが多い」といった特徴を見出すことができる。指さしに発声を伴わせているのは，赤ちゃんが自分の産出した指さしを周囲に気づかせようとしている可能性を示唆しているし，指さし産出の前後に家族のほうへ視線を向けるのは，自分の指さしに家族が気づいているかを，赤ちゃんが確認していることを示唆している。これらのデータを踏まえ，赤ちゃんが周囲にいる家族に「見せるために」指さしをしているかどうか，議論することができる。

2. 量的な方法には，ある行動にターゲットを当て，その行動が介入の前後で変化したかどうかを同じ場面（たとえば，同一のおもちゃで遊ぶ場面など）で観察し，時間見本法などで回数を比較するなどがある。質的な方法には，その観察場面で起こったことを丁寧に（分厚く）記述し，特定の場面（たとえば，ストレスがかかったときなど）での対象者の行動から，心の状態を深く掘り下げて解釈し，介入がどのような効果をもたらしたかを理解するなどがある。

■第 10 章（138 ページ）

面接法は，対象者との信頼関係を基盤に，柔軟に質問を追加したり回答を促したりしながら，対象者の内面についての詳細な言語データを得られるという利点をもつ。一方，対象者との関係が回答に予期せぬ影響を及ぼしたり，対象者によって面接者の応答が異なったりするほか，意識されず，言語化もされにくい内面については回答を得にくいという欠点をもつ（表 10-1 参照）。

一人の支援者と一人の支援対象者との間で展開する事例は，それぞれに異なるものだが，事例と事例の間には，似通ったところを見出すこともできる。こうした視点で，他の支援者による支援の事例を，あたかもわが事であるかのように引き寄せて読むことで，自分自身による支援の進め方に活かすことが可能になる。

■第 11 章（152 ページ）

医療従事者を対象として，心身のリラクゼーションの介入を行うと，無介入の場合と比べて，ストレスを低減する可能性が示唆されたが，そのエビデンスレベルは低いか中程度のものであった。

■第 12 章（166 ページ）

1. 目に見えない心の動きを数値で表すことが可能になる。体のなかで起こっているメカニズムを明らかにすることができる。など

2. 自分の知識，測定技術，資金等，身の丈にあったバイオマーカーを選択すること。リサーチ・クエスチョンに最適なバイオマーカーを選択すること。など

■第 13 章（178 ページ）

まず，リサーチ・クエスチョンを明確にし，研究の立ち位置を先行研究との関連も含めてわかりやすく説明する。そしてそのもとで計画・実施された研究内容をありのままに誠実に書き記すことが大切である。

索引

和文

欧文

執筆者紹介（執筆順）

三浦麻子（みうら・あさこ，大阪大学大学院人間科学研究科教授）編著者まえがき・第1章・第6章・第7章・第13章

小島康生（こじま・やすお，中京大学心理学部教授）第1章・第8章・第9章

平井　啓（ひらい・けい，大阪大学大学院人間科学研究科准教授）第2章・第3章・第11章

入戸野宏（にっとの・ひろし，大阪大学大学院人間科学研究科教授）第4章・第5章

金政祐司（かねまさ・ゆうじ，追手門学院大学心理学部教授）第6章・第7章

岸本　健（きしもと・たけし，聖心女子大学現代教養学部教授）第8章・第9章

野村晴夫（のむら・はるお，大阪大学大学院人間科学研究科教授）第10章

福田早苗（ふくだ・さなえ，関西福祉科学大学健康福祉学部教授）第12章

監修者

下山晴彦（しもやま・はるひこ，跡見学園女子大学心理学部教授）

佐藤隆夫（さとう・たかお，人間環境大学総合心理学部教授）

本郷一夫（ほんごう・かずお，東北大学名誉教授）

編著者

三浦麻子（みうら・あさこ）

大阪大学大学院人間科学研究科博士後期課程退学，博士（人間科学）
現在：大阪大学大学院人間科学研究科教授
主著：『なるほど！　心理学研究法』（単著）北大路書房，2017年

小島康生（こじま・やすお）

大阪大学大学院人間科学研究科博士後期課程修了，博士（人間科学）
現在：中京大学心理学部教授
主著：『心理調査の基礎――心理学方法論を社会で活用するために』（共著）有斐閣，2017年
　　　『共有する子育て――沖縄県多良間島のアロマザリングに学ぶ』（共著）金子書房，2019年

平井　啓（ひらい・けい）

大阪大学大学院人間科学研究科博士後期課程退学，博士（人間科学）
現在：大阪大学大学院人間科学研究科准教授
主著：『医療現場の行動経済学――すれ違う医者と患者』（共著）東洋経済新報社，2018年
　　　『はじめての質的研究法　医療・看護編』（共著）東京図書，2007年

公認心理師スタンダードテキストシリーズ④
心理学研究法

2020年3月30日　初版第1刷発行
2023年12月20日　初版第3刷発行
〈検印省略〉

定価はカバーに
表示しています

監修者　下山晴彦
　　　　佐藤隆夫
　　　　本郷一夫
編著者　三浦麻子
　　　　小島康生
　　　　平井　啓
発行者　杉田啓三
印刷者　坂本喜杏

発行所　株式会社　ミネルヴァ書房
607-8494　京都市山科区日ノ岡堤谷町1
電話代表 (075) 581-5191
振替口座 01020-0-8076

冨山房インターナショナル・新生製本

ISBN978-4-623-08614-6

Printed in Japan